湖南省教育厅科学研究优秀青年资助项目（编号：17B044
衡阳师范学院2018年度科学基金资助项目（编号：18D21

U0565432

青少年体力活动行为预测与干预研究

尹 龙 著

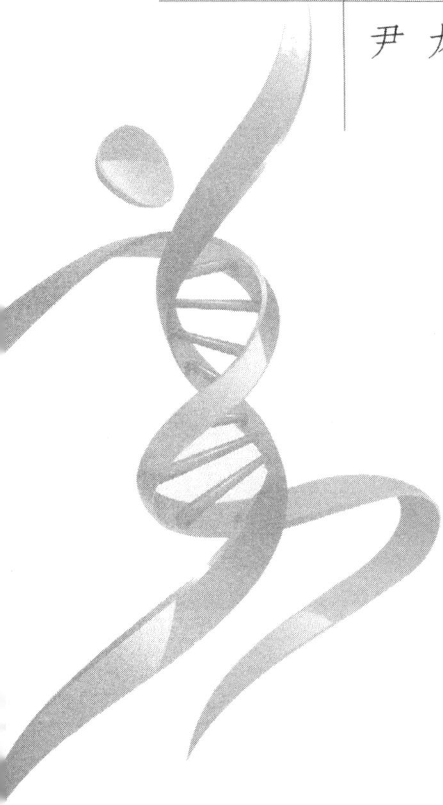

上海三联书店

前　　言

随着社会的快速发展，现代化的生活方式和应试教育桎梏导致青少年常处于久坐状态，体力活动机会减少。大量流行病学研究证实，体力活动不足是健康的重要独立危险因素之一，青少年时期建立的运动习性不但与自身未来各个成长阶段的健康密切相关，而且还有助于成年阶段终身体育习惯的养成。当前，我国青少年体质健康持续下滑，体力活动水平不高，普遍缺乏参加体育锻炼的兴趣和动机，而兴趣和动机是青少年参加和坚持体力活动行为的原始驱动力。体育课是激发青少年参加体力活动动机和培养兴趣和习惯的重要场所，研究整合自我决定理论和计划行为理论两个行为理论，从情境、动机、认知、行为之间的关系着手，构建一个预测青少年闲暇时间体力活动行为的跨情境理论模型，并通过体育课教学激励风格干预促进青少年闲暇时间体力活动水平。因此，研究的第一个目的是构建青少年跨情境体力活动行为预测理论模型；第二个目的是采用横向研究检验修订理论模型；第三个目的是采用纵向干预研究应用理论模型。

根据研究目的，采用三个层层递进的研究。研究一，构建青少年跨情境体力活动行为预测理论模型，梳理文献资料，运用归纳与演绎的理论分析方法，提出跨情境预测理论模型的因素结构和假设模型。研究二，青少年体力活动行为预测理论模型的检验，以多段抽样方式选取1111名11—18岁青少年为被试，采用体育课需求支持问卷、体育课动机问卷、体育锻炼动机问卷、计划行为理论问卷、青少年闲暇时间中高强度体力活动问卷进行测试，并进行结构方程模型分析。研究三，应用理论模型进行青少年体力活动行为纵向干预研究，采用双因素混合实验设计，从某合作中学高一年级随机抽取8个班，整群随机分为4个实验班，4个对照班，4位体育教师随机分配到实验班或对照班，每个老师任教2个自然班，实验班教师接受需求支持教学培训，对照组按常规方式上课，最终450个学生完成三次问卷测试，测评学生的体力活动自主动机、社会认知以及体力活动行为的变化。研究整合自我决定理论和计划行为理论的观点，把研究视角从单一情境（闲暇时间）扩展到多种情境（体育课和闲暇时间），运用结构方程模型验证了跨情境预测理论模型，并通过体育课教学干预，考察了体育教师课堂教学激励风格对学生的动机、社会认知和闲暇时间体力活动的影响，研究内容从理论上来说，是对心理学理论和体育教学理论一次有益补充和完善，从实践上来说，研究成果对体育教师专业发展，提高体育课教学质量和青少年体力活动水平有重要的参考价值。

感谢我的博士生导师司虎克教授，学生的成长和博士论文的脱稿离不开您的关爱、点拨和教诲，谢谢您多年来的指导和关心，在此表示衷心的感谢！感谢上海体育学院吴贻刚教授、吴瑛教授、丁海勇教授、唐炎教授、吴雪萍教授、王兴教授、舒盛芳教授、张剑教授、马海峰教授、韩冬教授、王德兴教授、刘阳教授等各位专家在研究过程中提出的宝贵意见！尤其感谢亦师亦友王丽娟教授在研究构思与写作中给予的指导与帮助，没有您的鼓励和解惑，我的论文将很难完成。研究涉及大量国外问卷和量化处理问题，感谢美国德州农工大学向平教授、明尼苏达大学高赞教授、俄亥俄州立大学李卫东教授、北德州大学张涛教授、路易斯安那州立大学陈森林教授、山西大学石岩教授、华东师范大学杨剑教授的大力支持和热心帮助！感谢衡阳师范学院数统学院黄海午博士、李龙博士、桂林理工大学王想博士在数据量化处理中及时的支招和排忧解难！感谢教学实验学校的主管领导、老师、任课班级学生的支持，没有你们的积极配合，本研究很难完成。感谢近几年我带的足球专修班学生，问卷的发放与输入都少不了你们的功劳。感谢殷怀刚、郭波、阳家鹏、刘小明、蔡广等各位同学的相扶相伴！最后感谢我的家人，感谢您们的理解与支持！特别感谢我的爱人李芳博士，谢谢你的支持和帮助！谢谢这一段让我们煎熬并有所收获的光辉经历！

此外，感谢湖南省哲学社会科学基金一般项目（编号：16YBA041），湖南省教育厅科学研究优秀青年项目（编号：17B044），衡阳师范学院科学基金启动项目（编号：18D21）三个研究项目对本书出版的资助。

最后，囿于本人能力和学识，本书难免存在疏漏和不足之处，欢迎广大读者批评指正！

尹　龙

2020 年 8 月 18 日于衡阳师范学院

目　　录

表目录

图目录

第1章 绪　论

1 研究背景

1.1 时代诉求:青少年体质健康下滑已是全球关注的焦点问题

由教育部、国家体育总局、卫生部等多部门组织的五次全国大规模学生体质健康测试结果显示,我国青少年学生的耐力、力量、速度等身体素质持续下降,第六次测试结果显示身体素质下滑趋势得到一定程度的缓解,但肥胖和视力不良检出率持续攀升,且慢性非传染性疾病呈现低龄化倾向[1]。青少年学生运动猝死或“未老先衰”现象时有发生。“少年强则国家强,青年兴则民族盛。”青少年的体质健康关乎国家强弱、中华民族复兴的百年大计,青少年体育锻炼和体质健康问题已经引起了国家和社会极高的关注[2]。针对这些问题,国家政府部门出台了系列指导文件和法规制度。20 世纪 50 年代,借鉴原苏联的经验,在社会和学校推行《劳卫制》。20 世纪70年代中期，国家为鼓励包括青少年在内的人们群众参加体育锻炼，颁布了《国家体育锻炼标准》。20世纪90年代，国家以法律的形式保证青少年学生每天在校期间的体育活动，颁布了《体育法》，国家教委联合国家体委和卫生部也相继颁发了学校体育工作条例和卫生工作条例。21世纪以来，《学生体质健康标准》的试行更是为青少年的身体锻炼起到了非常积极的作用，但随着时代的发展，青少年学生体质健康标准也需要不断变化和完善，教育部近年来在学生体质健康监测评价上颁布了系列文件和部署了系列工作，尤其是国务院在中央7号文件中，明确把"保证中小学每天一小时体育活动"写进政府工作报告。这些政策制度和措施为我国青少年体质健康提升作出了巨大贡献，但从这些文件的内容来看，大多属于宏观指导性意见，尚缺乏符合实际情况和可操作性强的详细计划，从目前的报道和研究来看，这些政策和措施的效果非常有限[3;4]。

欧美发达国家的青少年体质健康同样不容乐观，各国政府高度重视青少年学生的体质健康，不断出台提升学生体质健康的措施和政策，如美国运动医学会和疾病控制中心联合颁布的《体力活动推荐》，国民体力活动联盟制定的《国民体力活动计划》，2014年国民体力活动联盟颁布了全美第一个儿童和青少年体力活动工作报告，英国、法国、加拿大等发达国家同样也颁布了相关制度和措施。由此可见，青少年学生体质健康下滑已经引起了各国的高度重视，如何提升青少年的体质健康已是全球的关注的焦点问题。

1.2　现实需要:我国青少年体力活动水平亟待提高

体力活动不足与静态活动较多已经成为全球问题,是 21 世纪最重要的公共健康问题[5]。改革开放以后,我国经济和科技发展迅速,城镇化建设越来越好,人们物质生活条件不断改善,人们的生活方式发生了根本性改变,久坐静态化已成生活中的常态,体力活动机会逐渐减少,各种慢性疾病逐年增加[6]。

交通便利发达和电子产品盛行,进一步导致青少年体力活动水平越来越低。一方面,体力活动机会减少,如青少年上下学时都是采用各种交通工具,步行方式明显减少,另一方面,休闲娱乐时间被各种网络游戏或电子化设备占有,静态化趋势越来越严重。当前,青少年体力活动不足在许多发达或者发展中国家普遍存在,如美国青少年每天运动 1 小时的比例为 8%[7],欧洲比利时、匈牙利、荷兰、希腊、瑞士五个国家 10—12 岁青少年仅有 4.6%的女生和 16.8%的男生能够达到每天至少运动 1 小时的推荐量[8],我国中小学学生体力活动状况也不容乐观,研究显示仅有 22.7%的 9—18 岁青少年报告每天体育锻炼 1 小时以上,并随着年龄的增大体力活动水平逐渐减少[9],其他区域性调查也显示各省市青少年体育活动不足状况,2010 年上海市教委调研结果表明青少年学生体育锻炼不足,调查学生中 71.61%每天体育锻炼时间不足 1 小时,且随年级上升而升高,大学生最高(91.08%),其次高中生(81.73%)、初中生(72.95%),小学生(53.37%)最低[10]。青少年学生体力活动不足容易引发各种慢性疾病,如肥胖、骨密度等[11]，而规律性体力活动可以改善其身心状况。此外还有研究显示，青少年时期养成的体力活动习惯会持续影响到成年阶段[12—14]。因此，我国青少年体力活动水平急需提高，相关部门应尽快组织制定多部门、多学科、具有可操作性的体力活动指南[4]。值得一提的是，近期，由国家儿童医学中心、上海交通大学医学院附属上海儿童医学中心联合上海体育学院颁布了首部《中国儿童青少年身体活动指南》。

1.3 核心问题：青少年参加体力活动的兴趣和动机总体水平不高

一个人是否参与体力活动涉及生理、心理、社会、经济、政策等多方面情况，因此，影响青少年参加体力活动的因素诸多，如经济因素、政策因素、认识与方法、习惯养成、外部条件及课业压力等[15]。当前大多学者探讨该问题时主要是从外在因素来分析，不可否认，传统文化观念和应试教育等外在因素对青少年参加体力活动有重要影响，但也有部分学者研究显示青少年学生缺乏体力活动兴趣和动机是首要因素，经济和政策只是制约体力活动的充分非必要条件[15]。因此，激发青少年体力活动行为动机是参加和维持体力活动的关键，也是加强体育教育和提升学生体质健康水平的重要工作之一。

体育科学领域往往只注重竞技体育相关的运动员训练的生理生化机制、心理调节和技能表现，与大众健康相关的体力活动研究较少得到关注。随着社会的高速发展，人类体力活动不足已成为全球的公共健康问题，体育科学理论应更加关注全民健身的“健康”效应。西方发达国家 20 世纪 80 年代兴起的锻炼心理学也必将在全球化的浪潮中引入中国，运用心理学和行为学理论预测和干预体力活动行为将是促进人们积极参与体力活动的有效途径[16]，尤其是处于运动能力和体力活动行为发展关键期的青少年。青少年时期的规律体力活动习惯不但与自身未来各个成长阶段的健康密切相关，而且还有助于成年阶段终身体育习惯的养成，因此促进青少年体力活动是我们的重要使命[17]。

1.4 提升渠道：体育课对闲暇时间体力活动水平的跨情境促进

学校的重要任务和目标之一就是通过体育课和课外体育锻炼促进青少年的身心健康水平。体育课在大部分国家都是必修课，属于学校的规定课程，我国教育部文件《义务教育课程设置实验方案》(教基[2001]28号)规定的义务教育阶段体育(体育与健康)课占总课时10—11%的比例，1—2年级体育课相当于每周4课时，3—6年级体育课和7—9年级体育与健康课相当于每周3课时，高中阶段也规定为每周2课时。因此，体育课是有机会让绝大多数青少年参加足够多的体力活动项目，是青少年学习体育知识和运动技术的重要场所，也常常被认为是提高青少年体质健康水平的重要渠道。美国卫生与公共服务部门早在2000年颁布的“健康公民2010”计划中就明确提出体育课中的中高强度体力活动时间至少应该达到50%[18]。然而实际上，由于教学、个人和环境因素，体育课中的体力活动水平往往会有很大差异，有时很低[19]。英国学者Fairclough通过心率监控器对英国5所中学的66堂体育课 122 个学生进行监控发现，男生在每节体育课的中高强度活动时间为 39.4%±19.1(约 18.9±10.5 分钟)，女生为 29.1%±23.4(约 16.1±14.9 分钟)，学生参加每节体育课的中高强度活动大约为 18 分钟，相当于每天 60 分钟中高强度体力活动推荐量的三分之一[20]。而且，考虑到体育课的各种因素限制，体育课只占青少年体力活动量的少部分，体育课不是提高体力活动水平和体质健康的万能药，体育课只有融合课外体育锻炼、家庭和社区等体力活动机会才能更有效提升青少年的体力活动水平[21]。因此，我们需要通过一系列的适当课程和体育教师的言传身教，影响学生参加体力活动的态度、情感和能力感知，通过这些个人的社会心理变量的中介作用，跨情境促进青少年参加课外体育锻炼的意向和实际参与行为。前人的研究也证实了体育课上学生的自主性、能力感、关系感、自主动机、乐趣感能够直接或间接预测课外体育锻炼行为[22]。

青少年阶段绝大部分时间都是在学校度过，以学校为基础的体力活动干预计划受到了许多发达国家的重视，如美国疾病控制与预防中心(CDC)2008 年提出的综合性学校体力活动项目(Comprehensive School Physical Activity Program, CSPAP)，该计划提倡在学校和学区范围内让每个在校的学生每天达到 60 分钟以上的体力活动时间，体育课是促进学生体力活动水平的重要方面，它协同校内外其他体力活动形式提高学生包括知识、技能和信心在内的体育素养，帮助学生养成体育生活方式[23]。长期高质量的体育课不仅能提升学生课中体力活动水平，更重要的是能提升课后的体力活动水平，促进学生终身体育习惯的养成。此外,考虑到青少年时期体力活动下降趋势,家长和教师尝试在校外环境增加孩子体力活动的挑战(如学习压力,缺乏设施,不安全社区,电子产品的强吸引力等),在体育课中增加动态的学习时间也是发达国家公共卫生的重点[24]。国外影响力大且以体育课为基础的体力活动干预研究有美国儿童青少年心血管健康促进实验(Child and Adolescent Trial for Cardiovascular Health, CATCH,McKenzie,1996)[25]、美国运动、游戏和娱乐活动课程(Sports, Play and Active Recreation for Kids,SPARK,Sallis,1997)[26]、美国初中学生体力活动与健康饮食的干预计划(Middle School Physical Activity and Nutrition, M-SPAN, McKenzie,2004)[27]、美国初中女生体力活动干预研究(Trial of Activity for Adolescent Girls,TAAG,Webber,2008)[28]等项目。体育课程干预形式主要有体育教师的教学策略(Teaching strategies)和健身的生活方式(Fitness infusion)两种[24],研究设计既有采用随机对照实验,也有采用整群随机对照实验和准实验设计以求更好的生态效度。近期,以自我决定理论为理论基础的干预研究也逐渐增多,自主动机的培养和形成是自我决定理论的核心部分,它为改进体育教师的教学策略和提高学生的体力活动水平提供了理论借鉴[29—31]。

2 问题的提出

从上述的现实和理论背景分析可以看出,提升青少年的体力活动水平非常重要,当前青少年参加体力活动的兴趣不高和动机普遍不强，借鉴心理学和锻炼心理学理论来解释、预测、干预青少年体力活动行为尤为迫切。当前有许多理论模型尝试从体力活动行为过程的不同角度进行分析，尝试从不同视角提取变量预测体力活动行为，目前受到学者们广泛关注、认可并在实践研究中得到多次验证的理论模型主要有社会认知理论、自我效能理论、健康信念理论、阶段变化理论、期望价值理论、行为计划理论、自我决定理论等等。其中计划行为理论（The Theory of Planned Behavior，TPB）是研究青少年体力活动行为的一个重要预测模型，最初的计划行为理论认为个人的行为态度和知觉行为控制、外在环境的主观规范三个变量能够通过行为意向的调节作用预测人类行为，随后计划行为理论不断拓展。自我决定理论（Self-determination Theory，SDT）强调人类行为的自我决定程度，并将动机按自主程度分为动机连续体，认为社会环境可以通过满足自主、能力、关系三种基本心理需要增强人类的内部动机，促进外部动机的内化，提升幸福感和在对应活动上的成绩和持续程度。自我决定理论融合了认知主义心理学和人本主义心理学理论的优点，为众多的动机理论提供了整合的基础。随着研究的深入，许多学者发现单个理论解释预测行为时受到一定的局限性，整合不同心理理论解释预测人类行为是一个非常重要的趋势。基于此，研究整合自我决定理论和计划行为理论构建一个解释预测青少年体力活动行为的理论模型，并运用理论模型以准实验的方法对体育课教学的社会情境进行干预，达到提高青少年体力活动水平的目的。为了更好地解释该问题，研究从以下三个方面来进行具体的讨论。

（1）研究一：青少年跨情境体力活动行为预测理论模型构建。梳理计划行为理论和自我决定理论，找到两个理论整合的切入点，提出跨情境理论模型的因素结构和假设模型。

（2）研究二：采用横截面调查验证、修订跨情境整合理论模型。在研究一的基础上根据计划行为理论和自我决定理论的成熟量表进行本土化修订和验证，选择研究样本进行横断面调查，运用结构方程模型检验和修正研究一中提出的整合理论模型。

（3）研究三：青少年体力活动行为干预研究。在研究一、二的基础上根据跨情境整合理论模型进行体育课社会情境干预研究，验证理论模型对青少年体力活动行为的干预和提升作用。

3　研究意义

现代化的生活方式和应试教育桎梏导致青少年常处于久坐状态，体力活动机会减少。大量流行病学研究证实，体力活动不足是健康的重要独立危险因素之一，青少年时期建立的运动习性不但与自身未来各个成长阶段的健康密切相关，而且还有助于成年阶段终身体育习惯的养成。当前，我国青少年体质健康持续下滑，体力活动水平不高，普遍缺乏参加体育锻炼的兴趣和动机，而兴趣和动机是青少年参加和坚持体力活动行为的原始驱动力。体育课是激发青少年参加体力活动动机和培养兴趣和习惯的主要场所，研究整合计划行为理论和自我决定理论来解释预测青少年闲暇时间体力活动行为，并通过体育课教学激励风格干预促进青少年闲暇时间体力活动水平,研究具有重要的理论和实际应用价值。

理论意义:计划行为理论和自我决定理论是欧美学者广泛关注、认可和反复验证的理论模型,但近期发现单个理论模型不能充分解释、预测、干预青少年体力活动行为,研究整合计划行为理论和自我决定理论,弥补了单个理论模型的自身缺陷,并把研究视角从单一情境(闲暇时间段体力活动行为)扩展到多种情境(体育课和闲暇时间段体力活动行为),对体力活动研究的心理学理论是一次有益补充和完善。

实践意义:预测理论模型跨情境探索体育课情境、青少年动机、社会信念认知变量与体力活动行为之间的关系能更加清楚和深刻理解青少年体力活动行为水平和规律,为提升青少年体力活动水平、加快学校体育改革、促进青少年体质健康提供参考依据。

4　研究主要内容

(1) 青少年体力活动行为预测理论模型构建。

梳理计划行为理论和自我决定理论的内涵与外延,找到两个理论整合的切入点,为构建青少年体力活动行为预测的理论假设模型提供理论基础。在文献梳理的基础上提出跨情境整合理论模型的因素结构和假设模型。

(2) 青少年体力活动行为预测模型检验。

根据研究(1)中提出的青少年体力活动行为预测整合理论模型,运用相关成熟量表对某省青少年学生进行抽样调查,考察青少年体力活动水平和行为规律。

首先,对研究需要的计划行为理论和自我决定理论相关的成熟问卷或量表进行本土化修订和验证。相关问卷主要包括体育课需求支持问卷,体育课动机问卷,体育锻炼动机问卷,计划行为理论相关变量问卷,青少年闲暇时间中高强度体力活动问卷。问卷的修订采用 AMOS 软件进行,选用卡方自由度比(x^2/df)、拟合优度指标(GFI)、基准线比较估计量(NFI,TLI,CEI)、基准简约指标值(PCFI)、渐进残差均方和平方根(RMSEA)等指标考察问卷的结构效度。

然后,抽样选择某省部分中学进行横断面调查考察青少年体力活动水平和行为规律,发放相关问卷进一步验证修订理论模型,确定正式的整合理论模型。整合理论模型的修订采用 Mplus 软件实现,模型的适配度评价指标为卡方自由度比(x^2/df)、比较适配指数(CFI)、非规准适配指数(TLI)、渐进残差均方和平方根(RMSEA)、标准化残差均方和平方根(SRMR)。

(3) 青少年体力活动行为纵向干预研究。

采用实验组对照组重复测量准实验设计(双因素混合实验设计)对青少年体力活动行为进行 1 个学期的纵向干预研究。在某地一高中一年级随机抽取实验班和对照班各 4 个,每个班人数大约 60 人,男女生比例相当。实验班体育教学采用需求支持情境教学方式(教师课堂教学激励风格),对照班采用常规教学方式教学,不做任何干预措施,需求支持情境体育教学方式主要从满足学生的自主、能力、关系三个基本心理需求方面设计教学策略。纵向干预研究主要考察学生体育课中需求支持行为感知、自主动机水平对闲暇时间体力活动行为意向和参与水平的影响机制，即对青少年体力活动行为预测和干预理论模型进行跨情境的实证研究。验证体育课需求支持感知对青少年闲暇时间体力活动行为的跨情境影响，即情境、动机、认知与体力活动行为之间的因果关系。

5　研究技术路线图

根据研究目标和研究内容，研究技术路线详见如下流程图(图 1)。

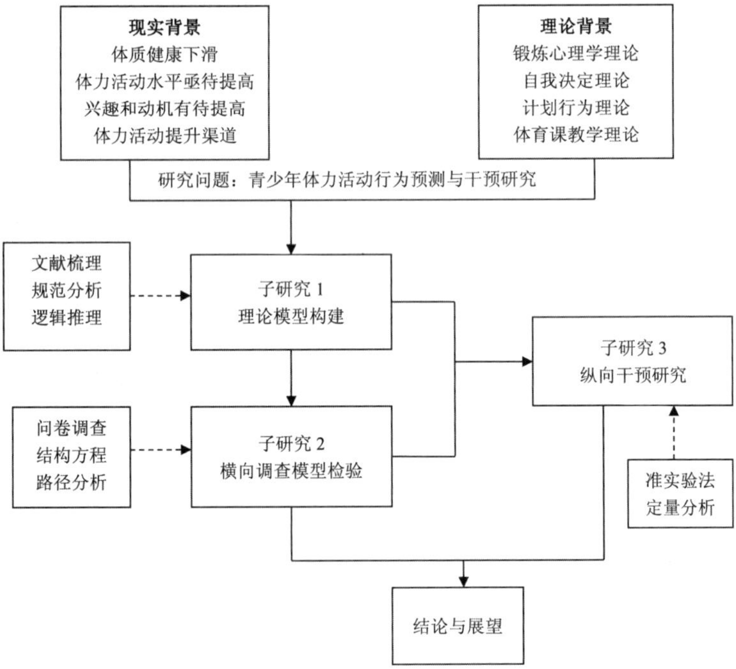

图 1　研究技术线路图

6 研究创新点

(1) 视角创新:整合“自我决定理论”和“行为计划理论”的观点,综合考察青少年参与体力活动行为的情境、动机、认知与行为之间的关系,构建了整合理论模型,并把研究视角从单一情境(闲暇时间)扩展到多种情境(体育课和闲暇时间)。

(2) 方法创新:采用横向和纵向相结合的研究设计,运用结构方程模型和纵向干预研究构建青少年参与体力活动行为的情境、动机、认知与行为之间的关系,是一次方法上的探索与创新。

(3) 内容创新:研究考察了体育教师在课堂中提供的社会情境对学生的动机、社会认知和闲暇时间体力活动的影响,研究内容从理论上来说,是对心理学理论和体育教学理论一次有益补充和完善,从实践上来说,研究成果对体育教师专业发展,提高体育课教学质量和青少年体力活动水平有重要的参考价值。

第 2 章　文献综述

1　基本概念界定

青少年：青少年是儿童过渡到成人的重要阶段，这段时期内建立的运动习性不但与自身未来各个成长阶段的健康密切相关，而且还有助于成年阶段终身体育习惯的养成。世界卫生组织把青少年的年龄段界定为 10—19 岁（WHO，2008）。根据我国国家学生体质健康测试标准和实际学习情况，本研究青少年调查对象为初一至高三学生，考虑到初三和高三学生的升学压力，毕业班的学生未作为调查对象。

体力活动（Physical Activity，PA）：是指由骨骼肌收缩引起的能量消耗高于基础水平的任何身体活动（Casperson，1985）[32]，体力活动按强度分为高强度、中强度、低强度三种类型，其中，中高强度体力活动能量消耗大，对青少年的健康效应大[4]。体力活动是锻炼的上位概念，但处于重学习任务阶段的青少年的中高强度体力活动基本等同于体育锻炼，研究中把两者视为同一概念，可以交互使用。根据前人的研究[33;34]，本研究中的体力活动特指闲暇时间内的中高强度体力活动，闲暇时间是指学校学习之余的课外体育活动时间以及周末、节假日，主要包括除学校课间操以外的课间、课外体育活动以及周末、节假日[33;35]。综合国内外学者的观点，本研究中青少年体力活动行为定义为初一至高二（初三除外）学生在学习之余的闲暇时间里（包括除学校课间操以外的课间、课外体育活动以及周末、节假日），以身体练习活动为基本形式、以身心娱乐和健康促进为目标、以自由为原则的一种有意识的积极的中高强度体育活动。由于研究涉及到体育课和闲暇时间两种重要的体力活动行为情境，因此在文中同时出现体育课和闲暇时间时，青少年体力活动行为又表达为闲暇时间体力活动行为，以区别体育课中的体力活动行为。

需求支持：自我决定理论认为人有自主、能力、关系三个方面的基本心理需求，社会环境可以通过支持这三个方面的心理需求来增强人的内部动机，促进外部动机内化。本研究中需求支持是指体育教师在课堂中通过教学行为和师生间情感交流营造的一种包含自主支持、能力支持、关系支持的社会环境。

激励风格：激励风格是指教师在课堂中用于激励学生从事学习活动的人际间情感和行为，激励风格是一个相对比较稳定的心理特质，具有反复性和持久性[36—38]。

自主动机：依据自我决定理论，自主动机（Autonomous Motivation）是指个体出于自己的兴趣爱好和意愿而从事某行为的动机，它包括内部调节（Intrinsic Regulation）、整合调节（Integrated Regulation）、认同调节（Identified Regulation）三种具体的动机调节形式。它的对位概念是控制动机（Controlled Motivation），控制动机是指个体出于外界的压力或自身的内疚而从事某行为的动机，它包括外部调节（External Regulation）、内摄调节（Introjected Regulation）两种具体的动机调节形式[39]。依据动机连续体，自主动机得分通常采用相对自主指数的形式表达（Relative Autonomy Index，RAI），借鉴 Vallerand[40]和 Standage[41]的做法采用不同权重对除无动机之外的四个调节形式进行赋权形成自主动机指数：2×内部动机＋认同调节－内摄调节－2×外部调节，得分越高代表越自主，得分为负值代表个体为控制动机。

态度：依据计划行为理论，态度是指对将来行为的一般立场和评估，由行为信念（Behavioral beliefs）和行为后果评价（Evaluations of behavioral outcomes）共同决定[42]。

主观规范：依据计划行为理论，主观规范是指行为主体按照重要他人（如父母、教师、同伴等）的期望做出特定行为的倾向程度，包括规范信念（Normative beliefs）和遵从动机（Motivation to comply）[42]。

知觉行为控制：指个体对参加将来行为的外部障碍（如资源、机会等）和内部困难（如能力、技能等）评估，包括控制信念（Control belief）和知觉力（Perceived power）[42]。

意向：指对未来行动或行为的计划和努力程度[42]。

跨情境：体育课和闲暇时间是青少年体力活动行为的两种重要情境，本研究跨情境是指青少年体育课情境对闲暇时间情境体力活动行为的影响，研究的视角从体育课情境跨越到闲暇时间情境。

2 国内体力活动研究

2.1 数据来源

中国期刊全文数据库更新快，但数据噪音较多且不提供引文信息下载，因此研究选择中国社会科学引文索引数据库（CSSCI）作为查询数据来源，依据体力活动的定义和国内的多种理解，检索策略：分别以体力活动、身体活动、体育行为、体育锻炼、锻炼行为、体育活动为主题词，检索范围：1998年—2014年，检索时间：2015年9月15日，检索到1101篇，经软件查重后得到1001篇体力活动相关文献。

2.2 体力活动研究文献计量分析

运用Citespace软件对体育活动研究成果机构进行计量分析发现，上海体育学院、北京体育大学、浙江大学、华东师范大学、武汉体育学院、天津体育学院、广州体育学院、西安交通大学、成都体育学院、山西大学是排名前十位的单位。纵观这些学校大多是专业院校或者综合性大学，国际交流和学科交叉多是成果丰硕的主要原因。这一领域的核心作者主要有华东师范大学的季浏教授、杨剑教授，西安交通大学陈善平教授，山西大学石岩教授，北京体育大学王正珍教授、毛志雄教授、谢敏豪教授，国家体育总局体育科学研究所江崇民研究员、张彦峰副研究员，武汉体育学院段艳平副教授、黄志剑教授，上海体育学院陈佩杰教授、周成林教授，浙江大学教育学院体育学系王进教授、邱亚君副教授、周丽君副教授、司琦副教授，中南民族大学体育学院张铁明教授。研究选择发文量三篇以上的作者运用 bibexcel 软件进行作者共现分析，并得到一张合作网络图(见图 2)，从图中可以发现该领域 5 个主要的研究团队，第一个团队，由华东师范大学季浏教授领衔，团队主要以华东师范大学杨剑教授、武汉体育学院段艳平博士，黄志剑教授、香港体育学院姒刚彦教授、德国拜罗伊特大学体育科学学院的 Walter Brehm 教授等成员组成，该团队国内外专家众多，学术思想交流机会多，研究成果丰硕；第二个团队，西安交通大学陈善平教授领衔其本校同事组成了稳定的团队，陈善平教授博士就读于西安交通大学管理科学与工程专业，跨学科跨专业的教育背景为研究打下了坚实的基础；第三个团队，以北京体育大学王正珍教授为中心的团队，团队成员主要为同事和博士生组成；第四个团队，由上海体育学院

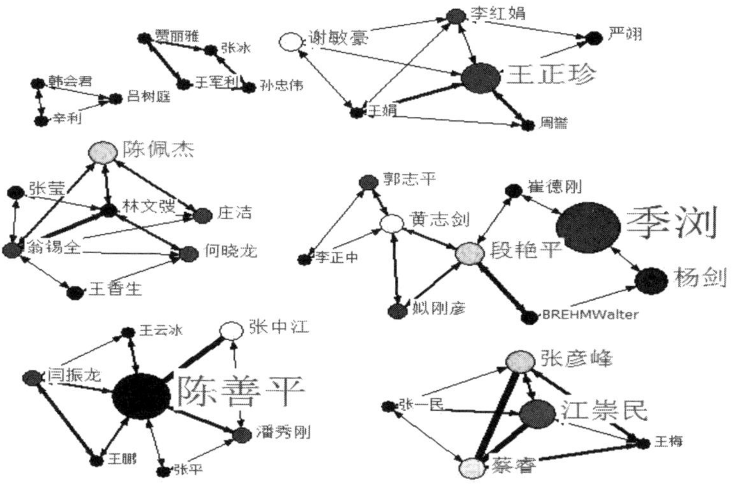

图 2　国内体力活动研究领域合作网络图(作者发文量≥3)

院长陈佩杰教授领衔的博士师生和同事组成，重点研究儿童青少年体力活动的测量和评价，深入研究了建成环境和体力活动的关系、儿童青少年体力活动与认知能力等的表观遗传学关系；第五个团队，国家体育总局体育科学研究所江崇民研究员的同事和博士师生组成，负责了全国范围的几次群众体育锻炼调查。这些团队为该领域进一步的交流和学习提供了较好的情报信息。值得一提的是浙江大学在该领域成果也较多，但并没有形成稳定的团队，主要还是以个人的单兵匹马研究为主。

2.3 体力活动研究内容分析

运用美国情报学专家陈超美教授研发的 Citespace 软件对中国社会科学引文索引数据库（CSSCI）中收录的 1001 篇相关文献运用定量与定性相结合的方法对其关键词和引用文献进行共现分析，揭示我国体力活动研究前沿热点及发展趋势。

2.3.1 关键词共现分析

关键词是作者表达一篇文章主题的重要途径，是一篇文献的核心和精华，它对于研究的主题变化有重要代表性意义，因此高频次出现的关键词经常被文献计量学者用来预测一个研究领域的研究热点[43]。研究利用 CitespaceⅢ对关键词进行共现分析，将 1998—2014 以 2 年为一个分割线，在阈值项选项中选择 top 50 per slice，选择最小生成树精简算法（Minimum Spanning Tree），对 1001 篇文献的关键词进行去重及合并后进行分析。生成了 261 个节点，341 条连线的关键词共现图谱，图谱中的每一个节点代表一个关键词，节点的大小代表其中心度，节点旁的字体则代表了关键词的出现频次的多少，连线的多少则说明其共现的系数[44]。表 1 代表出现频次 10 以上的热点关键词，并对关键词进行聚类分析后得出图 3 的 11 个聚类群，其中有 5 个聚类群最明显。

表 1　国内体力活动研究高频关键词一览表

频次	中心度	关键词	频次	中心度	关键词
295	0.29	体育锻炼	15	0.05	身心健康
201	0.36	体育活动	14	0.06	中学生
127	0.3	大学生	14	0.02	体质
56	0.16	体力活动	13	0.06	体育人口
48	0.16	群众体育	13	0.02	体育意识
47	0.13	体育行为	13	0.09	体育消费
43	0.17	身体活动	13	0.04	健康
40	0.1	心理健康	13	0.01	研究生
33	0.23	学校体育	11	0.04	体育教学
32	0.16	课外体育活动	11	0.01	影响因素
26	0.11	全民健身	11	0.02	课外体育锻炼
25	0.1	锻炼行为	11	0.03	身体素质
25	0.17	青少年	11	0.07	高校体育
18	0.12	老年人	10	0.03	休闲体育
17	0.1	体育教育	10	0.01	健康状况
17	0.03	运动心理学	10	0.02	普通高校
15	0.04	社区体育	10	0	运动处方

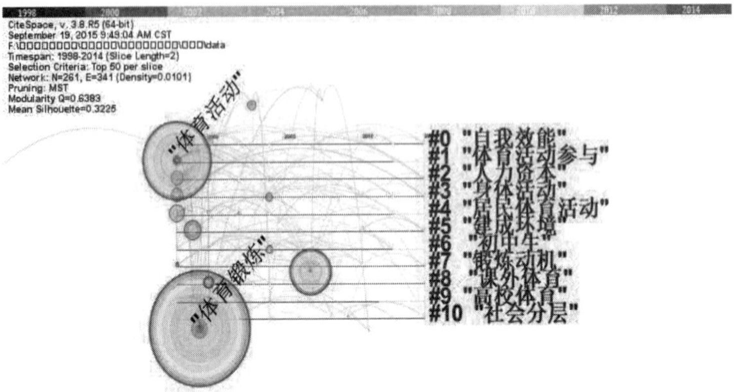

图 3　国内体力活动研究关键词聚类图

2.3.2　基于关键词共被引文献的知识群分析

通过高被引文献的共被引分析，可以更进一步了解本研究领域的知识基础和研究热点。研究利用 CitespaceⅢ对中国社会科学引文索引数据库（CSSCI）检索到的有关体力活动的 1001 篇体力活动相关文献进行了参考文献的共被引分析，得到一个共被引文献的知识图谱。选取参考文献作为分析的节点，以 2 年为时间分割线，阈值设置为（TOP50），运行软件 8.789 秒得到 405 节点，338 条连线的共被引知识图谱后，然后通过聚类绘制基于关键词（label cluster with keywords terms）共被引文献图谱（如图 4 所示）。

表 2 中列出的是被引频次排在前 20 位的体力活动研究领域的经典文献以及他们被共同引用的次数，被高度引用的参考文献不仅是该领域的经典文献，也是该领域研究的知识基础，有着极高的学术价值。

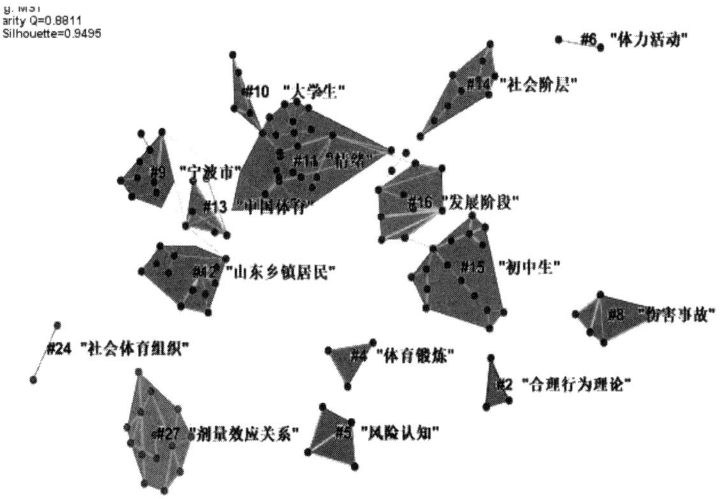

图 4　国内体力活动研究基于关键词共被引文献图谱

表 2　高共被引文献表(前 20 名)

排名	共被引次数	共被引文献
1	28	中国群众体育现状调查课题组编. 中国群众体育现状调查与研究[M]. 北京:北京体育大学出版社,1998.
2	17	卢元镇编著. 中国体育社会学[M]. 北京:北京体育大学出版社,1996.
3	16	司琦. 大学生体育锻炼行为的阶段变化与心理因素研究[J]. 体育科学, 2005, 25(12):76—83.
4	14	张力为,任未多主编. 体育运动心理学研究进展 国家体育总局体育科学技术成果专辑[M]. 北京:高等教育出版社,2000.
5	14	范立仁,顾美蓉,王华倬,于秀,刘玫瑾,王小宁. 全国学生参加课外体育活动现状的研究[J]. 体育科学, 2000, 20(2):7—11.

（续表）

排名	共被引次数	共被引文献
6	12	张发强. 中国社会体育现状调查结果报告[J]. 体育科学,1999,19(1):4—7.
7	11	张力为,毛志雄主编. 体育科学常用心理量表评定手册[M]. 北京:北京体育大学出版社,2004.
8	11	程小虎,卢标,张凯. 对大学生体育锻炼行为阶段性特点的调查研究[J]. 体育与科学,1998,19(2):55—58.
9	10	张力为,毛志雄. 体育锻炼与心理健康的关系(综述)[J]. 广州体育学院学报,1995,15(4):42—47.
10	10	梁德清. 高校学生应激水平及其与体育锻炼的关系[J]. 中国心理卫生杂志,1994,8(1):5—6.
11	9	Caspersen C J. Physical activity, exercise, and physical fitness: definitions and distinctions for health-related research. [J]. Public Health Reports, 1985, 100(2):126—131.
12	9	姒刚彦. 当代锻炼心理学研究[J]. 体育科学,2000,20(1):62—64+66.
13	9	陈善平,李树茁,闫振龙. 基于运动承诺视角的大学生锻炼坚持机制研究[J]. 体育科学,2006,26(12):48—55.
14	8	中国群众体育现状调查课题组编. 中国群众体育现状调查与研究2001年[M]. 北京:北京体育大学出版社,2005.
15	8	任未多. 身体活动与运动锻炼的心理效应[J]. 体育科学,1997,17(3):75—81.
16	8	刘一民,孙庆祝,孙月霞. 我国大学生体育态度和体育行为的调查研究[J]. 中国体育科技,2001,37(1):29—32+39.

（续表）

排名	共被引次数	共被引文献
17	8	卢元镇著. 体育的社会文化审视[M]. 北京：北京体育大学出版社，1998.
18	8	卢元镇等著. 全民健身与生活方式[M]. 北京：北京体育大学出版社，2001.
19	8	蒋碧艳，祝蓓里. 上海市大中学生的心理健康及其与体育锻炼的关系[J]. 心理科学，1997，20(3)：235—238+287.
20	7	丁雪琴，高潮，张小燕，殷恒婵. 体育运动与青少年心理健康的调查研究——对北京香港青少年心理压力诱因的调查及对比研究[J]. 体育科学，1998，18(5)：83—86.

笔者结合关键词聚类文献共被引图和高共被引文献等定量信息，把体力活动研究定性分成 5 个不同的视角：体力活动或体育锻炼现状调查与分析；体力活动与身体健康的关系研究；体力活动与心理健康的关系研究；体力活动的影响因素；锻炼心理学理论模型解释预测体力活动行为。

（1）体育锻炼现状调查与分析

体育锻炼现状调查是研究的重点，不同地区不同对象的体育锻炼调查成果较多，其中有三次全国性的群众体育锻炼调查，分别是 1997 年、2001 年和 2007 年，主要调查参与者的基本特征、锻炼内容和时空特征、组织形式、障碍因素等。从高共被引文献中也可以看出，中国群众体育现状调查课题组基于全国群众体育调查结果编制的两本书籍是该领域共同引用次数较多的文献。上海体育学院章建成教授主持完成的中国青少年课外体育锻炼现状及影响因素研究报告[15]和国家体育总局群众体育司范立仁完成的全国学生课外体育活动现状调查研究[45]是针对学生主体的大规模调查代表性作品。目前大部分调查研究是针对某个地区的大学生、社区居民、残障等特殊人群,随着老龄化的到来,老年人的体育锻炼调查也得到了高度重视,调查的主要目的是掌握锻炼人群的基本情况,调查问卷大多自行设计,未经标准化处理,研究手段的不完善而引发了对其研究结果可信性的疑问[46]。值得一提的是,2015年国家体育总局委托国家体育总局体育科学研究所、国家国民体质监测中心于2015年1月1日至4月30日对我国城乡居民在2014年里参加体育健身活动的状况进行了调查,由于国家体育总局公布《2014年全民健身活动状况调查公报》时间与综述撰写不匹配,故没有对该成果进行述评。

(2) 体力活动与身体健康的关系研究

随着我国社会经济的快速发展,日常生活中科技化程度不断提高的同时,人类体力活动明显不足,体力活动不足已经成为发达和发展中国家最大的公共健康问题。体力活动与身体健康之间关系的探讨已成为当今研究热点,尤其是体力活动与心血管疾病的关系日益受到公众和科学研究者的重视[47]。国外关于体力活动与身体健康的关系已得到大量的研究证实。国内关于体力活动与身体健康的实证研究并不多,近期北京体育大学王正珍教授的研究团队在这一领域研究成果相对较多。如,详细介绍美国的"Exercise is Medicine"健身新理念[48]和体力活动不足生理学[6]的研究进展,并综述和实证研究了体力活动和相关疾病的关系与健康促进作用[49;50]。随着科技的不断发展和生活方式的改变，人类的体力活动减少将越来越严重，体力活动与身体健康的关系研究应融合医学、心理学、体育学等学科形成交叉学科才能更深更科学。

（3）体力活动与心理健康的关系研究

随着社会的快速发展，人与人之间的竞争越来越激烈，由此导致的心理问题非常多，从儿童青少年到老年人群中心理问题普遍存在。体育锻炼不仅对身体健康有促进作用，还对心理健康也有很大的改善。关于体育锻炼和心理健康的关系研究成果也较为丰硕。北京体育大学张力为教授早在 1995 年就综述了体育锻炼促进心理健康、控制心身疾病的诸多研究，并对国外几个假说作了介绍[51]。北京体育大学毛志雄教授基于国外学者的元分析、叙事性综述以及 2000 年之后的研究报告，研究显示身体锻炼对焦虑、抑郁、应激反应、心境状态、自尊和认知功能等心理健康指标有小到中等效果量的促进作用，并探讨了身体锻炼与心理健康的诸多第三变量，认为今后的研究应注重积极心理学视角和体育锻炼与心理健康的“剂量反应”检验[52]。天津体育学院孙延林教授综述研究表明有规律地参加体育锻炼不仅有益于认知功能的提高，减少老年人的认知退化以及改善智力落后儿童的认知能力，而且可以作为焦虑和抑郁的预防和治疗的手段之一，此外，体育锻炼也可以提高自我概念，有助于良好心理品质的形成[53]。

（4）体力活动的影响因素研究

体力活动涉及的因素较多，研究者从不同的视角进行了分析。华南师范大学著名体育社会学家卢元镇教授从生活质量与社会健康水平、余暇时间、生活消费和体育消费水平、体育场地设施情况、体育价值观念和态度五个方面对大众体育锻炼进行了社会学分析[54]。常生从家庭因素的角度分析了大学生体育锻炼的影响因素，研究显示，父母、兄弟姐妹参加锻炼状况与大学生体育锻炼行为的关系呈正相关，父母学历和对子女参加体育锻炼的态度与大学生体育锻炼行为相关性不大；大学生的原居住地与其参加体育锻炼行为有一定相关，男生的体育锻炼情况要明显优于女生[55]。2009 年国家科技支撑计划课题组成员对中国 8 所城市（6 个地区）青少年课外体育锻炼现状及影响因素进行了调研，聚类分析显示经济因素、政策因素、认识与方法、习惯养成、外部条件及课业压力是妨碍青少年课外体育锻炼参与行为的 6 个制约因素，并通过 logistic 回归分析显示学生对课外体育锻炼的兴趣、健身的认识度、锻炼的价值取向、锻炼动机及锻炼习惯养成与青少年课外体育锻炼行为相关性较大，尤其是兴趣和动机影响最大，学校体育课教学应加强对青少年锻炼兴趣的培养，激化其健身动机，对青少年终身锻炼习惯的形成至关重要[15]。

（5）行为科学理论解释预测体力活动行为

20 世纪 80 年代前后，西方国家受工业化、城镇化的影响，体力活动作为改善身心健康的手段备受推崇，锻炼心理学因此而兴起，随着产生了一系列的锻炼行为科学理论。1980 年我国体育运动心理学会成立，1986 年加入国际运动心理学会，标志着我国运动心理学现代发展的迅速开始，90 年代中期国外锻炼心理学和体育教育心理学理论开始引入我国，北京体育大学马启伟教授、首都体育学院的刘淑慧教授、华东师范大学的祝蓓里教授等老一辈运动心理学专家为中外学术交流和理论引进起到了很好的桥梁作用。90 年代后期我国开始产生部分成果，1997 年天津体育学院孙延林教授首次介绍体育教育心理学理论中的能力知觉、自我决定理论和体育课学生的内部动机关系[56]，1998 年华中理工大学程小虎应用锻炼心理学中阶段性行为改变模式理论对大学生体育锻炼行为阶段进行了调查与分析[57]，随后，首都体育学院李京诚教授也对国外的锻炼心理理论模型进行了介绍和比较[58;59]。20 世纪以来，国内运动心理学得到快速发展，博士学科点迅速增加，研究成果主要体现在几个拥有博士学位点的师生团队中，如北京体育大学博士生导师张力为教授、毛志雄教授、华东师范大学博士生导师季浏教授、武汉体育学院的姒刚彦教授（现调任到香港体育学院）、天津体育学院的姚家新教授。此外，西安交通大学陈善平教授的跨学科背景也为其产生大量成果打下了较好的基础，浙江大学的司琦博士、王进教授等拥有国外求学的经历也助推成果的大量产生。

国内已有成果大多是运用成熟的锻炼心理学理论解释预测体力活动行为，如司琦运用阶段变化理论模型对大学生和听力障碍学生体育锻炼行为阶段进行了调查与干预研究[46;60]，邱亚君运用阶段变化模型理论对休闲体育行为发展阶段动机和限制因素进行了理论与实证研究[61;62]，杨剑基于阶段变化模型（Transtheoretical Model，TTM）对肥胖小学生进行了体育锻炼的干预研究，研究发现基于 TTM 的较长时间干预有效提高肥胖儿童的自我效能及自尊水平，强化其锻炼动机，使其控制体重和心理健康朝向良心循环发展[63]。方敏运用阶段变化理论和计划行为理论对青少年锻炼行为的阶段和各变量之间的关系进行了研究[64—66]。沈梦英等人根据连续体理论TPB和阶段理论HAPA两个理论的优点进行了整合，构建一个解释、预测及干预的成年人锻炼行为的整合理论模型[67]。冯玉娟用自我决定动机和TPB预测高中生身体活动的意向和行为，研究显示整合理论对意向有较好的预测力，但对行为预测力不够[68]。段艳平博士运用柏林锻炼阶段模型和FIT模型对中德两国大学生和成年人锻炼行为变化阶段进行了理论与实证分析[69;70]，并采用了横断面调查研究大学生身体活动变化阶段与能量消耗的关系[71]，成年人身体活动变化阶段与健康变量的关系[72]。陈善平以运动承诺理论为基础，采用深度访谈和结构方程模型提出并验证大学生坚持体育锻炼的心理机制和影响因素的作用机制[73;74]。

3 国外体力活动行为科学理论研究

20世纪60至80年代，西方欧美国家工业化和城镇化建设加快，社会经济发展和人们生活水平显著提高，体力活动作为改善身心健康的手段备受推崇，研究者也从只关注精英运动员的训练水平和成绩表现转向大众的体力活动与身心健康水平，各种体力活动相关的会议举办、相关学术组织和刊物创建促进了体力活动研究的快速发展。1965年国际运动心理学会成立，标志着运动心理学开始作为一门独立的学科，运动心理学主要包括竞技心理学、体育心理学和锻炼心理学三个方向。近年来，人们体力活动水平呈下降趋势，很多时候人们都是处于一种“久坐状态”，怎样促进和保持人们的体力活动水平成为锻炼心理学的重要研究内容，运用心理学理论模型来解释预测体力活动行为较为普遍，一系列的体力活动行为科学理论顺应而出。其中受到学者们广泛关注、认可并在实践研究中得到多次验证的理论模型有计划行为理论。

3.1　计划行为理论

3.1.1　理论概述

计划行为理论(Theory of planned behaviour，TPB)是Ajzen在20世纪80年代基于理性行为理论(Theory of Reasoned Action，TRA)提出的一个旨在解释有意行为的社会认知理论。该理论认为行为意向是个体行为的最近前因变量，行为意向又受态度、主观规范、知觉行为控制的影响[75]。行为意向是指对未来行动或行为的计划和努力程度，态度是指对将来行为的积极或消极评估，主观规范是指感受到重要他人(如父母、教师、同伴等)对将来行为的期望评估和压力，知觉行为控制是指个体对参加将来行为的外部障碍(如资源、机会等)和内部困难(如能力、技能等)评估，知觉行为控制不但影响个体的行为意向还可以直接预测将来的行为[42]。计划行为理论在提出后的30多年里得到了广泛应用，大多数研究结果支持计划行为理论。同时，计划行为理论也受到许多研究的挑战和质疑。国内第一篇系统研究理性行为理论和计划行为理论的论文是1999年原北京体育师范学院（现为首都体育学院）李京诚发表在天津体育学院学报《合理行为，计划行为与社会认知理论预测身体锻炼行为的比较研究》一文[59]。

3.1.2　体育领域中计划行为理论研究的计量分析

数据来源：检索Web of science核心合集（包括SCI-Expanded，SSCI，A&HCI）数据库中自我决定理论在体育领域中研究的文献，检索策略：以“The-ory of planned behavior”or“TPB”and“physical activity＊”or“physical educatio-n＊”or“exercise＊”为主题检索词；文献类型：article和review；语种：English，检索出相关文献408篇（1994年—2015年，虽然计划行为理论是80年代提出来的，但WOS核心合集数据库中收录的第一篇有关体育领域中计划行为理论研究文献是1994年），更新时间为2015年9月30日，检索时间为2015年10月1日。

运用Web of science数据库自带分析功能可以知道计划行为理论的相关文献涉及学科广泛，主要集中在公共环境与职业健康、体育科学、综合心理学、心理学、酒店休闲体育与旅游、应用心理学、临床心理学、营养与饮食、教育学与教育研究、社会心理学等学科领域，从1994年收录的第一篇文献开始，迄今每年增长迅速，引用次数也是成指数形式增长。英格兰、加拿大、美国、澳大利亚是该领域中主要的4个国家，研究机构主要分布在加拿大的维多利亚大学、加拿大的阿尔伯塔大学、苏格兰的阿伯丁大学、英国的诺丁汉大学、英国的谢菲尔德大学、加拿大的达尔豪斯大学、英国的伯明翰大学、英国的利兹大学、澳大利亚的科廷大学、美国的宾夕法尼亚州立大学。该领域中载文量最多的期刊有《Psychology Health》(健康心理)、《British Journal of Health Psychology》(英国健康心理学杂志)、《Psychology of Sport and Exercise》(运动与锻炼心理学)、《International Journal of Behavioral Nutrition and Physical Activity》(国际行为营养学与体育活动杂志)、《Journal of Sport & Exercise Psychology》(运动与锻炼心理学杂志)、《Appetite》(食欲)、《American Journal of Health Behavior》(美国健康行为杂志)、《BMC Public Health》(英国医学委员会公共健康)《British Journal of Social Psychology》(英国社会心理学杂志)、《Health Education Research》(健康教育研究),这些期刊对该领域的文献比较感兴趣,为我们阅读和投稿指明了方向。该领域的核心作者(载文量 10 篇以上)主要有 Rhodes R E(39)、Courneya K S(33)、Hagger M S (24)、Blanchard C M(20)、Chatzisarantis N L D(15)、De Bruijn G J (15)、Plotnikoff R C(13)、Sniehotta F F(13)、Hamilton K (12)、White K M (12)、Brug J(11)、Conner M(11)、Downs DS(11)、French D P(10)、Ginis K A M(10)。通过 Bibexcel 和 Ucinet 软件进行作者共现分析得到如下作者合作网络图,从图 5 可以看出,体育领域中计划行为理论研究的作者已经形成了一个以加拿大的维多利亚大学 Rhodes RE、加拿大的阿尔伯塔大学 Courneya K S、加拿大的达尔豪斯大学 Blanchard C M 三个人为核心的合作团队,尤其是 Rhodes R E,此外,澳大利亚科廷大学 Hagger M S 和 Chatzisarantis N L D 两位作者合作的次数也比较多。

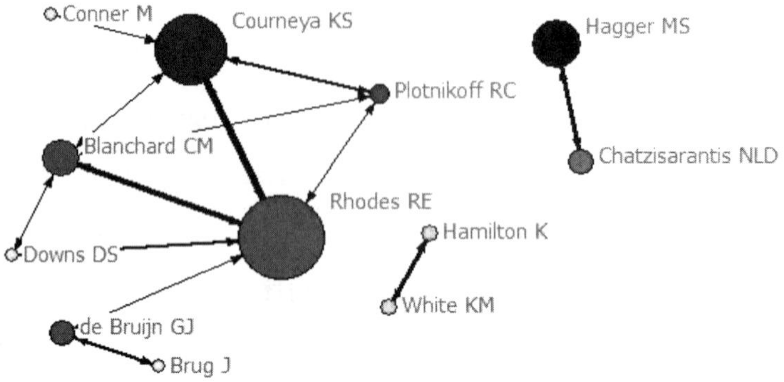

图 5　体育领域中计划行为理论研究
作者合作网络图(作者发文量≥10)

3.1.3　体育领域中计划行为理论研究的内容分析

运用美国情报学专家陈超美教授研发的 Citespace 软件对 Web of Science 中收录的相关 408 篇相关文献运用定量与定性相结合的方法对其关键词和引用文献进行共现分析，揭示计划行为理论在体育领域中的研究前沿热点及发展趋势。

关键词是一篇文章主题的最佳体现单位，是一篇文献的核心和精华，它对于作者想表达的文献主题具有很强的代表性意义，因此高频次出现的关键词经常被文献计量学者用来预测一个研究领域的研究热点[43]。关键词共现分析利用文献计量工具 Citespace Ⅲ进行，将 1994—2015 年以两年为一个分割线，在阈值项选项中选择“Threshold Interpolation(阈值插值)”，阈值分别设定为(3，3，23；2，2，23；3，3，25)，选择最小生成树精简算法(Minimum Spanning Tree)，对 408 篇文献的关键词进行去重及合并后进行分析。生成了 241 个节点，543 条连线的关键词共现图谱，图谱中的每一个节点代表一个关键词，节点的大小代表其中心度，节点旁的字体则代表了关键词的出现频次的多少，连线的多少则说明其共现的系数[44]。从中提取出频次大于 30 次的热点关键词制成表 3。

表 3　体育领域中计划行为理论研究高频关键词一览表（频次≥30）

关键词	频次	关键词	频次
physical activity	223	beliefs	44
planned behavior	169	determinants	44
intentions	134	exercise behavior	43
exercise	128	intervention	42
reasoned action	114	children	38
attitudes	90	adolescents	37
theory of planned behaviour	86	validity	35
self-efficacy	80	efficacy	34
theory of planned behavior	74	model	33
health	69	implementation intentions	31
meta-analysis	63	motivation	30

通过高被引文献的共被引分析，可以更进一步了解本研究领域的知识基础和研究热点[43;76]。研究利用 CitespaceⅢ对检索到的有关体育领域相关文献进行了参考文献的共被引分析，选取参考文献作为分析的节点，以 2 年为时间分割线，阈值设置为（TOP50），运行软件得到 254 个节点，450 条连线的共被引知识图谱，并把共被引 50 次以上的文献作为该领域的经典文献（见表 4），这些文献该领域研究的知识基础，在本领域中有着极高的学术价值和基础作用。

表 4 体育领域中计划行为理论研究高共被引文献(共被引次数≥50)

排名	共被引次数	中心度	共被引文献
1	340	0.2	Ajzen I. The theory of planned behavior [J]. Organizational Behavior & Human Decision Processes，1991，50(2):179—211.
2	156	0.09	Armitage C J，Conner M. Efficacy of the Theory of Planned Behaviour: A meta-analytic review [J]. British Journal of Social Psychology，2001，40(4):471—499.
3	150	0.06	Hagger M S，Chatzisarantis N L D，Biddle S J H. A meta-analytic review of the theories of reasoned action and planned behavior in physical activity: Predictive validity and the contribution of additional variables [J]. Journal of Sport & Exercise Psychology，2002，24(1): 3—32.
4	109	0.08	Godin G，Kok G. The theory of planned behavior: a review of its applications to health-related behaviors [J]. American Journal of Health Promotion Ajhp，1996，11(2): 87—98.
5	93	0.13	Ajzen I，Fishbein M. Understanding attitudes and predicting social behavior [M]. Prentice-Hall，1980.
6	88	0.27	Godin G，Shephard R J. A simple method to assess exercise behavior in the community. [J]. Canadian Journal of Applied Sport Sciences Journal Canadien Des Sciences Appliquees Au Sport，1985，10(3):141—146.

（续表）

排名	共被引次数	中心度	共被引文献
7	88	0.15	Hausenblas H A, Carron A V, Mack D E. Application of the theories of reasoned action and planned behavior to exercise behavior: A meta-analysis[J]. Journal of Sport & Exercise Psychology, 1997, 19(1):36—51.
8	81	0.23	Ajzen I: From Intentions to Actions: A Theory of Planned Behavior, Kuhl J, Beckmann J, editor, Action Control: Springer Berlin Heidelberg, 1985:11—39.
9	73	0.07	Conner M, Armitage C J. Extending the Theory of Planned Behavior: A Review and Avenues for Further Research [J]. Journal of Applied Social Psychology, 1998, 28(15): 1429—1464.
10	70	0.08	Baron R M, Kenny D A. The moderator－mediator variable distinction in social psychological research: Conceptual, strategic, and statistical considerations [C]. Journal of Personality and Social Psychology, 1986:1173—1182.
11	68	0.2	Fishbein M, Ajzen I. Belief, attitude, intention, and behavior : an introduction to theory and research [M]. Addison-Wesley Pub. Co. , 1975.
12	55	0.09	Hu L T, Bentler P M. Cutoff criteria for fit indexes in covariance structure analysis: Conventional criteria versus new alternatives [J]. Structural Equation Modeling: A Multidisciplinary Journal, 1999, 6(1):1—55.

（续表）

排名	共被引次数	中心度	共被引文献
13	53	0.07	Rhodes R E，Courneya K S. Investigating multiple components of attitude，subjective norm，and perceived control：An examination of the theory of planned behaviour in the exercise domain [J]. British Journal of Social Psychology，2003，42(1)：129—146.
14	52	0.06	Ajzen I. Perceived Behavioral Control，Self-Efficacy，Locus of Control，and the Theory of Planned Behavior[J]. Journal of Applied Social Psychology，2002，32(4)：665—683.
15	52	0.06	Aiken L S，West S G. Multiple regression：Testing and interpreting interactions [M]. Sage Publications，Inc，1991.
16	51	0.04	Downs D S，Hausenblas H A. The Theories of Reasoned Action and Planned Behavior Applied to Exercise：A Meta-analytic Update [J]. Journal of Physical Activity & Health，2005.

通过关键词共现和参考文献的共被引分析，结合前面的计量分析仔细研读文献发现，计划行为理论自提出以来，由于理论模型的简洁性及便于操作性，在锻炼心理学领域中得到了广泛的应用，很多作者都基于该理论做了大量的实证研究，绝大多数研究成果显示出计划行为理论的三个前因变量对行为意向和具体行为具有较好的预测力。

但是在研究过程中发现该理论存在着以下不足，(1)对行为意向前因变量的概念与操作化存在争议。Rhodes 认为计划行为理论中前因变量的二分亚类已经得到广泛支持，认为态度变量的概念操作化应包含情感性态度（affective）和工具性态度（instrumental），主观规范应进一步分为指令性规范（injunctive）和描述性规范（descriptive），知觉行为控制应分为主观控制（controllability）和自我效能（self-efficacy），最后运用 meta 分析得出不同的研究对象变量之间具有不同的效用[77]。此外，Conner 研究认为过去行为是预测未来行为的最强因子，预测效果比知觉行为控制变量更强[78]。（2）仍然有近 50％的行为意向和实际行为的方差未得到解释，Sheeran 对过去二十几年基于此理论的实证研究进行的 meta 分析发现，行为态度、主观规范和主观行为控制感对行为意向的预测率保持在 40％—50％之间，同时行为意向和主观行为控制感对健康行为的预测率保持在 20％—40％[79]。（3）多数情况下，选择新行为的意向并不能导致实际的行为变化，所以行为意向是一个较好的但并不完美的锻炼行为预测变量[80]。有研究认为意向—行为之间存在着鸿沟，主要是由于忽视了行为意向—行为关系间的调节因素和转化的心理过程，并证实了“计划”、“执行意向”、“障碍自我效能”、“情感”、“社会支持”等变量是锻炼意向到行为之间的第三变量[81—84]。（4）计划行为理论虽然在解释和预测锻炼行为上是比较成功的理论模型，但它在行为干预领域中的应用却受到了质疑[85]。计划行为理论不仅可以用来解释和预测行为，还能用来干预行为，但是目前很少有研究者运用计划行为理论对行为进行干预研究，绝大多数研究仅停留在对行为的解释和预测上，很大程度上降低了计划行为理论的实用价值[42]。

总之,虽然计划行为理论对体力活动行为具有良好的解释力和预测力,但众多学者对理论模型的变量概念和操作化存在不少的争议,而且该理论在干预领域中的应用受到质疑。近期有不少学者尝试整合不同理论模型来解释预测行为。其中,计划行为理论和自我决定理论的整合得到了国外学者的高度关注,研究认为计划行为理论没有解释个体行为的内部原因,而内部原因恰恰是个体追求行为的最初原动力,自我决定理论中自主动机与个体的兴趣、价值感、幸福感等内部因素紧密相连,能使个体体验到一种能力感、关系感和自主感,对个体行为的参与和坚持性意义重大(Deci&Ryan, 1985, 2000)[86;87]。

3.2 自我决定理论

3.2.1 理论概述

动机是行为的起源和原动力,一直是心理学研究的重要问题。自心理学诞生以来,动机研究经历了本能论、驱力论和认知论三个重要时期。本能论把人的行为归结为本能;驱力论受行为主义影响,强调行为是对环境刺激的反应,认为有机体在环境中产生许多需要,在需要缺乏时机体内部产生一种称之为内驱力的刺激,刺激引起反应,释放一定的能量或冲动,组织和推动行为获取需要的满足。本能论和驱力论将人看作自然的一部分,强调"物性"的一面。20 世纪中期人本主义心理学逐步出现,以马斯洛等人为代表将人性、价值、自我实现等纳入到心理学研究范围,对心理学研究产生巨大影响,最终形成了动机研究的认知论,动机认知论研究充分关注目标、价值、自我实现等认知信念对行为的调节和支配作用。基于这一背景，自我决定理论由美国心理学家 Deci 和 Ryan 于 20 世纪 70 年代提出。

自我决定理论（Self-Determination Theory ，SDT）是美国学者 Deci 和 Ryan 在 20 世纪 70 年代末提出的关于人类行为的动机理论，主要包括了五个子理论[88]：认知评价理论（Cognitive Evaluation Theory，CET）该理论将外部环境区分为控制性和信息性，认为信息性的外部环境促进个体的内部动机及随后的行为，控制性的外部环境作用相反[86;87]；有机整合理论（Organismic Integration Theory，OIT）突破了以往将动机分为内在和外在的二分法，将外部动机创造性的划分为外部调节、内摄调节、认同调节和整合调节四个部分，并引入内化概念，提出四种外部动机处于内化程度不同的连续体上，整合动机内化程度最高，因为具有更多的自我决定而被称为自主性动机，其作用效果相当于内部动机[86;87]；因果定向理论（Causality Orientations Theory，COT）将人类的动机取向区分为自主定向、控制定向与非个人定向三个类型；基本心理需求理论（Basic Psychological Needs Theory，BPNT）是自我决定理论的核心，其强调滋养个体自我整合活动的环境因素的特征，提出自主、能力与关系三大心理需求的满足是促进个体的人格及认知结构成长与完善的条件，强调了环境因素通过内在心理需要的中介对个体的行为与心理健康产生影响的作用机制[86;87]；目标内容理论（Goal Contents Theory，GCT），该理论是自我决定理论的新近发展，主张不同类型的目标内容会产生不同的激励作用，强调内部目标对心理满意度和幸福感的促进作用。

根据 Deci 和 Ryan(1985)的观点,人类天生有自主、能力与关系三种基本需求。在自我决定理论中,人类需求指的是"对于持续的心理成长,正直和幸福至关重要的先天心理营养素"[87]。这些需求将人类与其他现存物种所共享的动机(如食物、住宿等需求)相区分。该理论假设心理营养素可以通过各种社会情境得到满足,这些情境可以预测动机状态和积极结果变量,如学业成绩等。具体而言,自主需求是指个人将自己视为行为的起源,即自我决定或自我管理的需要。自主性不等于独立性和自由意志,自主性是个体在充分认识环境信息和个人需要的基础上,当外部事件对目标行为产生压力时,进行自由选择的程度[89]。自由意志是指对规则的蔑视或不服从,而自我决定理论假定个体的行为是符合社会规范的,个体的行为或受自主性引导或受外在力量控制[90]。能力需要是指个体对参与行为的效能感知或对环境的控制需要,在某项活动中个人越能感知自己,内在动机就越强烈。关系需求是指个体与他人的联系程度与归属感[91]。向平教授把自我决定理论应用到体育课堂教学环境中,并把三个基本心理需求细化如下,自主性关系到学生需要在学习中有发言权,能力感涉及学生理解他们的学习并达到理想结果的需要,而关系感则指学生需要感受与老师,同学或班级的联系,学校如何满足这些需求,决定了学生对学校教育的态度、学习的内在动机和成就[92]。

Deci 和 Ryan 将动机概念化为一个过程,在这个过程中,个体通过整合不断自我发展,自我调节他/她的行动以满足需求[87]。人类往往处于一种或多种动机状态，即：无动机，外在动机和内在动机。无动机被定义为个体既不是内在的也不是外在的动机状态。当个人不重视某项活动或行为，不预期其相关结果，或者没有能力执行时，往往会发生这种情况[93]。外在动机是指受外部偶然事件调节的动机状态，例如通过奖励或惩罚个人参与行为以获得预期结果[93]。内在动机是指个体参与活动是出于内在兴趣和享受，而不是为得外部事件的一种动机状态[94]。

自我决定理论的核心重点是理解和利用外部动机调节内化的过程。理论认为动机调节类型存在一个连续体，连续体表示个体行为的无自我决定到自我决定的一个动态过程。这些调节形式包括整合调节、认同调节、内摄调节、外部调节，希望通过这些调节形式将一个人的从外在动机转向内在动机。根据连续体不同动机类别的性质和特点，自我决定理论把行为动机分为自主动机和控制动机，自主动机包括内部调节、整合调节、认同调节三种调节形式，控制动机则包括内摄调节和外部调节两种调节形式。

3.2.2　体育领域中自我决定理论研究的计量分析

研究以 Web of Science（包括 SCI-Expanded，SSCI，A&HCI）数据库中体育领域中自我决定理论研究的文献，文献类型：article、review，语种：英文，检索策略：以"self-determination theory * " or "Causality Orientations theory" or "Cognitive Evaluation theory * " or "Organismic Integration theory * " or "Basic Psychological Needs theory * " or "Goal Contents theory * " and "physical activity * " or "physical education＊"or"exercise＊"为主题方式，检索出相关文献829篇(1996年—2015年，虽然自我决定理论是70年代提出来的，但WOS核心数据库中收录的第一篇有关自我决定理论的文献是1996年)，更新时间为2015年7月27日，检索时间为2015年7月28日。

运用Web of Science数据库自带分析功能可以知道自我决定理论的相关文献涉及学科广泛，主要集中在应用心理学、体育科学、教育学、社会心理学、医学等学科领域，从1996年收录的第一篇文献开始，迄今每年增长迅速，引用次数也是成指数形式增长。研究的主要机构主要集中在北美和欧洲各国的高校，其中以美国的美国罗切斯特大学、比利时根特大学、英国伯明翰大学、加拿大的麦吉尔大学以及魁北克大学为代表。这个领域中载文量最多的期刊主要有《Psychology of Sport and Exercise》(运动与锻炼心理学)、《Journal of Sport & Exercise Psychology》(运动与锻炼心理学杂志)、《Journal of Teaching in Physical Education》(体育教育教学杂志)、《International Journal of Behavioral Nutrition and Physical Activity》(国际行为营养学与体育活动杂志)、《Research Quarterly for Exercise and Sport》(锻炼与运动研究季刊)、《BMC Public Health》(英国医学委员会公共健康)、《Journal of Educational Psychology》(教育心理学杂志)、《Motivation and Emotion》(动机与情感)、《Psychology Health》(心理健康)、《Journal of Applied Social Psychology》(应用社会心理学杂志)等，这些刊物比较倾向于收录自我决定理论在体育领域中的应用文献，给我们指明投稿和学习的方向。这一领域的核心作者(载文量 15 次以上)主要有 Hagger M S、Ntoumanis N、Vansteenkiste M、Standage M、Duda J L、Chatzisarantis N L D、Wilson P M、Lonsdale C、Sabiston C M、Markland D、Ryan R M、Haerens L、Thogersen-Ntoumani C。通过 Bibexcel 和 Ucinet 软件进行作者共现分析得到如下作者合作网络图，从图 6 可以看出，自我决定理论研究的作者已经形成了一个大的合作网络，其中 Hagger M S、Ntoumanis N、Vansteenkiste M、Standage M、Duda J L、Chatzisarantis N L D 五位作者该团队成员中的核心。

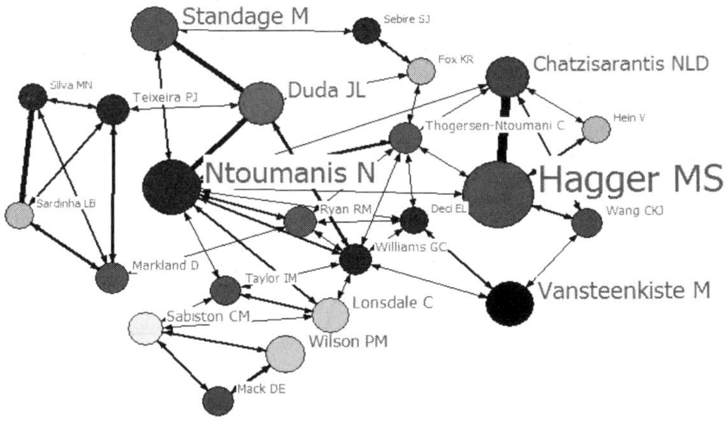

图 6　体育学科中自我决定理论研究
合作网络图(作者发文量≥10)

3.2.3　体育领域中自我决定理论研究的内容分析

运用美国情报学专家陈超美教授研发的 Citespace 软件对 Web of Science 中收录的相关 829 篇相关文献运用定量与定性相结合的方法对其关键词和引用文献进行共现分析，揭示自我决定理论在体育领域中的研究前沿热点及发展趋势。

（1）热点分析：关键词共现分析

关键词是一篇文章主题的最佳体现单位，是一篇文献的核心和精华，它对于作者想表达的文献主题具有很强的代表性意义，因此高频次出现的关键词经常被文献计量学者用来预测一个研究领域的研究热点[43]。研究利用 CitespaceⅢ对关键词进行共现分析，将 1996—2015 以两年为一个分割线，在阈值项选项中选择"Threshold Interpolation（阈值插值）"，阈值分别设定为（2，1，20；3，2，25；4，3，30），选择最小生成树精简算法（Minimum Spanning Tree），对 829 篇文献的关键词进行去重及合并后进行分析。生成了 133 个节点，107 条连线的关键词共现图谱，图谱中的每一个节点代表一个关键词，节点的大小代表其中心度，节点旁的字体则代表了关键词的出现频次的多少，连线的多少则说明其共现的系数[44]。关键词频次大于 30 次的被提取出来制成表 5。

表 5　体育领域中自我决定理论研究高频关键词一览表（频次≥30）

关键词	频次	关键词	频次
self-determination theory	653	School	60
intrinsic motivation	336	need satisfaction	59
physical-activity	252	Performance	56
Motivation	230	randomized controlled-trial	53
Exercise	151	Participation	52
Behavior	125	perceived competence	48
physical-education	122	Satisfaction	46
autonomy support	105	Perceptions	44
Sport	96	perceived autonomy support	43
extrinsic motivation	96	Meta-analysis	40

（续表）

关键词	频次	关键词	频次
Autonomy	89	Validation	40
Health	85	fit indexes	39
Model	82	Adults	38
Cognitive evaluation theory	81	Perspective	38
Adolescents	75	Scale	38
Children	73	trans-contextual model	36
Students	73	Obesity	35
Intervention	68	psychological needs	35
planned behavior	67	Adherence	34
determination theory perspective	65	quality-of-life	33
Education	65	Internalization	32
Competence	64	Intentions	30

综合体育领域中的自我决定理论相关文献对表 5 中的高频关键词进行分类来看，自我决定理论应用广泛，在体育领域中的应用主要集中在其五个子理论（认知评价理论、基本心理需求理论、有机整合理论、因果定向理论、目标定向理论）通过动机的各种表现形式（内部动机、外部动机、认知、自主支持、意愿、信仰、能力感知、基本心理需求等）对体育教育课堂（儿童、学生、青少年）、休闲时间的体力活动以及特殊人群（肥胖人群、孕妇、慢性冠心性疾病等人群）的运动与锻炼参与进行预测和调控，然后进一步实施干预通过随机对照试验验证自我决定水平及动机对体力活动参与的预测作用。另外，跨情境模型的应用进一步扩展了自我决定理论的应用

范围。

（2）基于标题共被引文献的知识群分析

运行 Citespace，选择 cited reference 为节点，设置 threshold interpolation(C,CC,CCV 分别为 2. 1. 21,7. 5. 40,8. 6. 50)，以 pathfinder 方法将 1996—2015 年间的 829 篇文献的参考文献以两年为阶段绘制基于标题(label cluster with title terms)共被引文献图谱，得到由 155 个节点，129 条连线组成的 20 个知识集群，如图 7 所示，不同颜色代表不同的聚类族群。

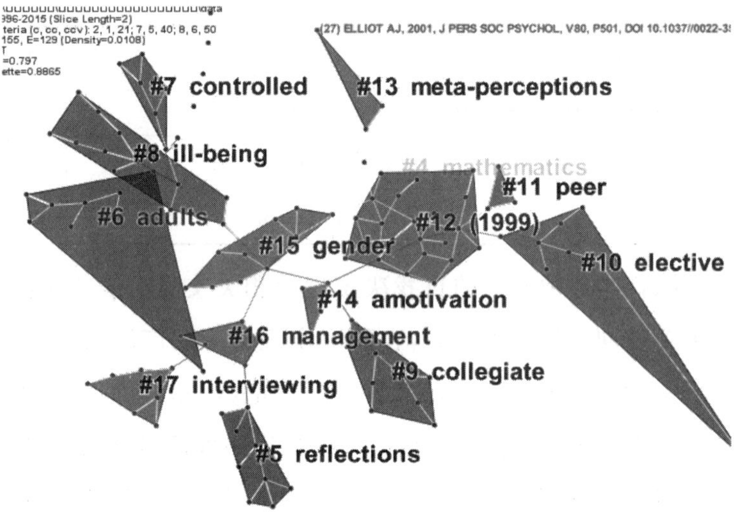

图 7　基于标题共被引文献聚类图谱

从每个重要族群所构成的频次较高的检索词可以大致了解自我决定理论在体育领域中的研究前沿。表 6 是由 20 个族群中最大的 8 个族群特征，从 TFIDF(term frequency-inverse document frequency，词频）、LLR(label by log-likelihood ratio，对数似然比）和 MI(label by mutual information，交互信息）检索的形式得出的高被引文献的研究主要内容[95]。表 7 是关键节点中具有重要代表性的 8 篇文献。

表 6　八个重要知识群一览表

知识群代码	被引频率	中心度	TFIDF 词频检索	LLR 对数似然比检索	MI 交互信息检索	发表年份
4	33	0.16	Mathematics	motivation	College	2001
12	22	0.826	Adherence	motivation	Maintenance	1992
8	12	0.899	Student	Physical education	Setting	2005
15	10	0.873	Gender	people's	College	1996
5	9	0.933	Reflections	Women	People	2004
6	9	0.689	Adults	coach	Levels	1998
9	9	0.888	Collegiate	predictors	PETE	1994
10	8	0.957	Elective	extending	Transcontextual	2003

表 7　八个重要知识群中的每个知识群对应的引用文献列表

中心度	作　者	文　献	发表年份
0.18	Tessier Damien	The effect of an intervention to improve newly qualified teachers' interpersonal style, students motivation and psychological need satisfaction in sport-based physical education.	2010
0.18	Ferrer Caja E	Predictors of intrinsic motivation among adolescent students in physical education.	2000
0.25	Standage, Martyn	Students' Motivational Processes and Their Relationship to Teacher Ratings in School Physical Education: A Self-Determination Theory Approach.	2006
0.3	Wang CKJ	Young people's motivational profiles in physical activity: a cluster analysis.	2001

（续表）

中心度	作　者	文　　献	发表年份
0.44	Silva Marlene N.	Helping overweight women become more active: need support and motivational regulations for different forms of physical activity.	2010
0.33	Almagro Bartolome J.	Prediction of sport adherence through the influence of autonomy-supportive coaching among spanish adolescent athletes.	2010
0.33	Amorose AJ	Intrinsic motivation: relationships with collegiate athletes' gender, scholarship status, and perceptions of their coaches' behavior.	2000
0.62	Barkoukis Vassilis	Extending the trans-contextual model in physical education and leisure-time contexts: examining the role of basic psychological need satisfaction.	2010

文献与其引用文献之间的关系可以反映一种学术传播的现象，而频繁被引用的高引用文献表明其在概念、理论或方法上对于这个领域具有相当的贡献[96]。由表 6 中的标签聚类词结合表 7 中的高被引代表文献可以看出，自我决定理论在体育领域中的应用主要包括三类，综述研究、应用研究、多理论跨情境应用研究。

（1）综述研究。通过元分析和文献回顾对自我决定理论相关变量间的实验研究，比如奖励等外部因素对内部动机的影响作用，成就目标与内部动机的相互关系等，其代表文献主要是 Deci 对 128 篇关于外部奖励对内部动机的影响效果研究进行的 Meta 分析，验证了切实的奖励对于儿童青少年的内部动机的不利性大于大学生，而口头上的奖励对于大学生的强化作用明显强于儿童[97]。

（2）应用研究。自我决定理论在体育中的应用范围极广，既可以运用到竞技体育层面，也可以运用到学校体育层面，同时普通人群和特殊人群的体力活动即大众体育层面也是适用的。①竞技体育。教练员对于运动员的影响无疑是巨大的，教练员的人际风格和自主支持都对运动员的运动参与动机与运动坚持与努力程度起着重要的预测作用。Almagro Bartolome 一文中证实了教练员营造的自主支持情境可以预测运动的自主感知而自主动机又可以直接预测运动的内部动机，从而进一步预测运动员训练的坚持性[98]。Amorose，Anthony. J 为了找出大学生运动员的性别、奖学金数量以及对教练行为的感知与内部动机之间的关系，进行了相关调查后结果发现奖学金高的男性运动员内部动机水平较高；感知到教练员的训练和指导行为的运动员内部动机水平较高[99]。②学校体育。体育教师的课堂教学风格以及教学方法，课堂的设计以及课堂氛围与情境都会对学生的体育参与动机和行为起到预测作用，Tessier Damien 通过教师人际风格课程的培训的干预研究后发现，经过培训后的教师会更注意改善教学风格（自主支持，课堂结构和人际关系介入），达到了提升学生需求满意度、自我决定动机的目的，学生参与体育课更为积极了[100]。此外教师的评价与鼓励和学生的自我决定水平之间也是有强相关关系的，Ferrer-Caja 为了检测社会因素、个体差异、内部动机以及体育课堂上的努力与坚持程度之间的相互关系，运用结构方程模型检测相关变量之间的关系，结果发现能力感知和目标定向可以直接预测学生的内部动机，并且可以为内部动机和动机氛围、教学风格之间起中介作用，而内部动机又可以对青少年的体力活动的坚持与努力起直接预测作用，目标、任务定向又可以为学习氛围对能力感知和自我决定水平的影响其中介作用，但是对青少年体育课堂参与的内部动机、坚持与努力程度起最强预测作用的变量是任务目标定向、能力感知和学习情境[101]，Standage 在 2006 年的研究中也证实了教师的评价与鼓励和学生的自我决定水平之间的强相关关系，其团队对 384 名英国中学生的自我支持、自主、能力、关系和自我决定动机以及他们各自体育老师对他们的课堂努力和坚持的评价数据进行收集，运用结构方程模型进行分析后发现自我决定动机水平可以正向预测教师对学生的评价[41]。③大众体育。肥胖以及肥胖可能引起的包括心血管疾病和肌肉骨骼疾患等非传染性疾病已经引起了包括世界卫生组织在内的各国卫生部门的普遍重视，规律运动作为治疗和预防这些非传染性疾病的有效措施之一也得到各国科研人员的一致共识。怎样引导和指导这些人群参与体力活动，增强其参与动机，提高其参与行为也是自我决定理论研究人员的研究热点之一。Silva 针对 239 名肥胖女性做了一项为期一年的不同体力活动形式的控制体重的干预研究，通过随机控制对照实验对比日常生活的体力活动和有组织的体力活动对体力活动水平的影响及受动机调节的显著性变化，结果发现中等强度以上的体力活动主要受内部动机的驱动，而生活方式类的体力活动受动机调节的作用不是很明显，行为调节主要是受自主感知、能力感知的影响，这些结果支持使用自我决定理论理解体重控制情境下的体力活动动机是现实可行的，还强调通过干预后虽然两种形式的体力活动受内在动机调节的方式不一（日常生活型受直接预测，组织型则受间接预测），但无论是日常生活型的体力活动组还是有组织的体力活动组的体力活动水平和动机都有了一定程度的提高[102]。Wang 研究通过聚类分析将青少年体力活动动机聚类成五个层级：自我决定，高内部动机，低内部动机，适度的外部动机、无动机[103]。

（3）多理论跨情境应用研究。当前单独的一种理论和情境对于问题的说明已经略显单薄，因此综合多种理论模型对某一现象的说明和解释逐渐流行起来。跨情境模型一种动机综合理论模型，Barkoukis 综合自我决定理论、计划行为理论、内外部动机的层次模型来解释学校体育课堂的动机对学生课后闲暇时间的体力活动参与的影响过程，结果发现基本心理需求满意度可以直接预测体育课堂和休闲时间体育参与动机，同时还能预测学生的原始意愿即态度和行为控制感知，基本心理需求满意度还能对体育课堂的自主动机的自主支持感知中介作用[104]。

4　计划行为理论和自我决定理论的整合研究

通过对计划行为理论和自我决定理论综述发现，计划行为理论和自我决定理论研究体力活动行为的视角各不相同，计划行为理论假设体力活动是一个意向行为，个体在形成参与行为意向前是经过深思熟虑的，会考虑到行为的属性以及他们记忆中关于行为潜在价值的信念。自我决定理论是一个以需求为基础的有机体动机理论，主要从外在报酬或惩罚与动机定向来解释人类动机与行为，关注特定情境下个人动机的质量和影响动机的环境因素，这个理论的中心是区别自主动机和控制动机，拥有自主动机的个体参加行动时经历的是一种个人选择和自主意识，代表了真实的自我价值，他们能够更加坚持行为，不需要外部的奖励和强迫，而拥有控制型动机的个体是迫于外部压力和责任意识才参加特定行为，一旦外部刺激不存在，行为立即停止。这意味着培养个体自主动机是提升体力活动水平的重要工作，青少年参加体力活动行为时既有意向又有自主动机可能会使体力活动行为的坚持性更好，自我决定理论和计划行为理论单一理论在研究的视角上各有利弊，整合这两个理论模型研究体力活动行为可能会更全面。Deci 在创建自我决定理论时就认为动机理论能为计划行为理论模型中社会认知信念和期望价值变量提供源泉解释[86]，随后 Hagger 和 Chatzisarantis 把两个理论整合研究推上高潮。

研究通过 Web of Science（包括 SCI-EXPANDED，SSCI，A&HCI）核心合集数据库检索计划行为理论与自我决定理论整合研究文献，检索策略：主题：（“theory of planned behavior” or “TPB”） *AND* 主题：（“self-determination theory” or “SDT”） *AND* 主题：（“physical activit * ” or “physical education” or “sport * ” or “exercise * ”），时间跨度：所有年份，检索时间：2015 年 10 月 6 日，共检索到相关文献 44 篇。其中，

Hagger Ms、Chatzisarantis Nld、Chan Dkc、Shen B是该研究方向的核心作者，值得一提的是韦恩州立大学 Shen B(沈波)原是上海体育学院的排球专项老师。

Chatzisarantis 研究认为计划行为理论和自我决定理论在解释预测行为时各有短处，自我决定理论不能跟踪动机定向转化为意图和行为的具体过程，计划行为理论能为解释行为与意向提供有效依据，但不能辨别行为的原始驱动力(内部动机)[105]，Hagger 认为计划行为理论和自我决定理论的整合解释体力活动行为能起到互补作用，整合应以自我决定动机和信念认知系统的联系为基础，信念系统受态度、主观规范、知觉行为控制三个意向的近端前因变量巩固加强[106]。并且整合模型能为自主动机影响个体行为决策程序和转变将来行为提供解释机制。因此，自我决定动机中的自主动机可能是计划行为理论模型中态度、知觉行为控制、主观规范的远端预测变量。此外，Shen 用自主支持感知作为一个独立变量来反映和预测自我决定动机也得到了验证[107]。

综述计划行为理论时发现很多学者对行为和意向之间的鸿沟作了不少研究，有研究证实了“计划”或“执行意向”是锻炼意向到行为之间的第三变量[81;82]，Terry 和 Conner 分析了计划行为理论模型中知觉行为控制变量应该包含内部信心和外部困难控制两个方面，但计划行为理论变量的操作性定义中只针对外部困难控制，因而知觉行为控制的测量中要包含自我效能和知觉行为控制(原模型中)[78;108]。

5 小　结

国内体力活动研究呈现出五个分别由季浏、陈佩杰、王正珍、江崇民、陈善平领衔的研究团队。研究内容主要集中在体力活动或体育锻炼现状调查与分析、体力活动与身体健康的关系研究、体力活动与心理健康的关系研究、体力活动的影响因素、锻炼心理学理论模型解释预测体力活动行为五个方面。已有成果从研究数量看,研究青少年体力活动行为数量相对较少。从研究方法看,我国体力活动研究大多为定性思辨和宏观描述研究,科学规范的调查研究和干预研究少之又少。从研究角度看,多从哲学、社会学和经济学角度探讨,从行为科学或心理学理论分析较少。行为科学理论关注行为的动机、需求、兴趣、情感等心理属性,也就是说青少年只有从体力活动行为中获得快乐才会全身心投入,兴趣、需求和动机是参与和坚持体力活动行为的原始驱动力。随着锻炼心理学的快速发展、国际交流机会增多以及各个学科之间的不断融合,国内也开始出现一批运用国外成熟行为科学理论解释预测体力活动的学者,如毛志雄、季浏、司琦、段艳平、陈善平、王丽娟、方敏、孙开宏等,但他们主要是运用单一的理论模型来解释预测体力活动行为,如阶段变化模型、柏林锻炼阶段模型、计划行为理论、运动承诺理论,整合两个理论模型解释预测并干预体力活动行为的研究并不多见,尤其是整合计划行为理论和自我决定理论。因此,从研究的理论基础来看,单一理论运用较多,整合不同理论相互补充和完善运用较少。

计划行为理论和自我决定理论是西方学者广泛关注、认可并在实践研究中得到多次验证的行为科学理论。计划行为理论认为行为意向是影响行为最直接的因素，行为意向反过来受态度、主观规范和知觉行为控制的影响。该理论打通了个体与环境间的鸿沟，将客观社会环境及物质条件等因素对个体的约束转变为个体的主观感知，解释了客观环境因素对行为的作用机制[84]。虽然计划行为理论对体育锻炼行为具有良好的解释力和预测力，但它在干预领域中的应用受到质疑，且没有解释个体行为的内部原因，而内部原因恰恰是个体追求行为的最初原动力。而自我决定理论认为，自我决定动机与个体的兴趣、价值感、幸福感等内部因素紧密相连，能使个体体验到一种能力感、关系感和自主感，对个体行为的参与和坚持性意义重大。因此，自我决定动机是行为的最前因变量和内部动因，且有研究显示自我决定理论对体力活动行为的干预也具有可行性和操作性。

青少年很大一部分时间是在学校度过，体育课和课外体育活动是青少年提高体力活动的理想环境，体育课是学生系统学习体育知识和运动技术的重要场所，长期高质量的体育课不仅能提升学生课中体力活动水平，更重要的是能提升课后的体力活动水平，促进学生终身体育习惯的养成。因此，以体育课为基础的青少年体力活动干预促进研究受到西方国家的高度重视。但大多研究成果要么只关注体育课情境，要么只注重闲暇时间情境，既有体育课又有闲暇时间的跨情境研究较少。

综上所述，从现有青少年体力活动行为研究的数量、方法、视角、内容、情境、理论基础等多方面来看，整合不同行为科学理论从心理层面相互补充解释、预测、干预青少年体力活动行为的跨情境研究已是体育学、公共卫生学、心理学等多学科的前沿课题和重要趋势，也是本研究的切入点和逻辑起点。

第3章　青少年体力活动行为预测理论模型构建

中小学正式开设体育课程已有100余年的历史。100余年的历史中尤其是新中国成立后近70年来，体育课程为我们留下许多优良传统和宝贵经验，值得我们继承和发扬。从宏观层面来说，明确了学校体育在学校教育系统中的定位，保证了体育课程的必修课程地位，国家多次颁布政策文件为体育课程良好运行保驾护航。从中观层面来说，许多学校都有体育教学规章制度，体育课教学得到学校制度层面保障。从微观层面来说，中小学体育课程非常重视基础知识、基本技术、基本技能的“三基”教学，注重学生的思想教育（爱国主义、社会主义、集体主义这三个主义）和体质健康，体育教学中强调教师的基本功和课堂教学组织的规范性，重视体育教学的效果评价[109]。尽管我国中小学体育课程为我们留下了许多宝贵经验和优良传统，新中国成立以来也进行了8次基础教育课程改革，然而，我们的学校体育在促进儿童青少年身心健康方面产生的作用并不明显[110]，体育课程的目标到底是为了提高学生体质亦或运动技能等基本矛盾问题并没得到理论和实践的一致认可[111;112]，甚至于出现“学了十二年体育课什么都学不会”[109]，“一项运动技能都没有掌握”[113]，“学生喜欢体育却不喜欢体育课”[114;115]等不良局面。针对这些问题，新课改提出了许多新的体育教学理念，但由于各种因素的影响，这些教学新理念与教学过程的实际操作还存在一定的差距[110]。

课程实施是课程改革的中心环节，课堂教学是课程实施的基本途径。因此，体育教师在课堂教学中的理念和行为改变是体育课程改革能否成功的关键环节[116]，但有专家认为目前广大的一线中小学体育教师的知识结构和能力与新课标要求还不相匹配[116;117]。美国著名体育教育研究学者 Ennis 认为，运动技能是个人积极运动生活方式的基石之一，体育课应着重发展学生的基本运动技能和提高学生的认知能力，学生的运动技能学习需要教师提供有效的教学和时间管理策略，体育教师营造的这种积极学习环境应努力促进学生的能力感知和动机水平[118;119]。北京师范大学体育与运动学院院长毛振明教授认为目前的体育课程与教学改革的重点应该为全面提高体育课教学质量，更明确的把体育课程与教学的终极目标转到为终身体育这一基点上来，让学生更好地学懂、学会、学乐[109]。人民教育出版社体育与艺术分社耿培新社长认为，践行课改应该注重实证研究，教学的许多细节，如教什么内容，采取什么组织教法、教学效果等，如果得到科学的实证，教学质量的提高才能落地，许多课程和教学改革的理论与实践问题也会不断深化[116]。因此，本研究综合考虑当前体育课程和教学改革的发展与问题，拟从体育教师的课堂教学行为和社会情境视角来实证考察其对学生体力活动的认知、情感、动机以及参与行为的影响。

体育课和课外体育锻炼是青少年提升体力活动水平的主渠道。体育课虽然有机会让绝大多数青少年参加足够多的体力活动项目，是青少年学习体育知识和运动技术的重要场所，但由于时间、场地器材、人数等因素限制，每节体育课的中高强度活动大约为 18 分钟，相当于每天 60 分钟中高强度体力活动推荐量的三分之一[20]。因此，有学者认为如果把体育课等同于体力活动是一种“短视”行为，有限的课时内将整个班级通过简单的任务练习达到目标心率和增加能量消耗，牺牲运动技能传授的做法，不是解决青少年形成积极运动生活方式的有效方案[118]。体育课只有将运动技能、学习动机、学生认知和积极运动生活方式联系起来，融合课外体育锻炼、家庭和社区等体力活动机会才能更有效提升青少年的体力活动水平，形成终身体育习惯。因此，对青少年体力活动进行预测需要综合考虑体育课和闲暇时间两个体力活动情境。而情境、动机、认知和行为等变量正是大量行为理论模型考虑的因素，研究寻求一个既能容纳这些变量又能符合青少年体力活动实际情况的理论模型。

人们体力活动水平趋低背景下，怎样促进和保持人们的体力活动水平成为心理学、行为学、医学等多学科的重要研究内容，一系列的体力活动行为科学理论顺应而生，众多动机理论和模型从不同角度对体力活动行为进行了解释、预测。学者段艳平认为应用到身体活动行为的大量心理学理论可以分为连续体理论和阶段理论[120]，英国学者 Biddle 将众多应用到体力活动行为中的社会心理模型分为信念-态度型理论、能力基础型理论、控制基础型理论和决策型理论四类[121]。这些理论从不同的角度和假设对体力活动行为进行了分析和探讨，如计划行为理论是以信念为基础的态度理论，侧重于根据对某一特定行为的未来结果的估计和个人对这些结果的评估来进行行为预测；相比之下，自我决定理论[86;87]采取了一种沉浸在人文主义传统中的有机体方法，侧重于从满足先天心理需求的动机行为和动机定向的情境预测。这一章重点介绍解释体力活动行为的两个关键理论：计划行为理论和自我决定理论，根据我国中小学体育课程和教学的实际情况构建青少年体力活动行为预测理论模型，为后续的横向与纵向研究提供理论基础。

1 研究目的

根据我国中小学体育课程与教学改革情况，通过详细梳理计划行为理论和自我决定理论，找到两个理论整合的切入点，构建一个符合我国青少年体力活动实际情况的跨情境预测理论模型。

在文献梳理的基础上提出跨情境预测理论模型的因素结构和假设模型。

2 研究方法

首先，收集阅读大量有关中小学体育课程与教学改革的书籍和文献，归纳分析体育课程与教学改革的发展与不足。

其次，大量阅读自我决定理论和计划行为理论的相关中外文文献，认真梳理两个理论的核心观点。

最后，运用归纳与演绎的方法，整合自我决定理论和计划行为理论，并根据青少年体力活动的两个情境提出预测理论模型的因素结构。

3　行为预测理论观点梳理

3.1　计划行为理论

计划行为理论是 Ajzen 在 20 世纪 80 年代基于理性行为理论（Theory of Reasoned Action，TRA）提出的一个旨在解释有意行为的社会认知理论，当前已经被应用到许多与健康相关的行为中。这个理论中，行为意向被认为是一种激励机制，代表了人们愿意为执行任何未来计划的行动或行为而投资的计划和努力程度。行为意向在理论中被概化为个体行为的最近前因变量，并且是关于未来行为表现的一组个人、规范和控制相关的基于信念的社会认知结构的功能函数，即行为意向又受态度、主观规范、知觉行为控制的影响[75]。态度是指对将来行为的一般立场和评估，由行为信念（Behavioral beliefs）和行为后果评价（Evaluations of behavioral outcomes）共同决定。主观规范是指行为主体按照重要他人（如父母、教师、同伴等）的期望做出特定行为的倾向程度，包括规范信念（Normative beliefs）和遵从动机（Motivation to comply）。知觉行为控制是指个体对参加将来行为的外部障碍(如资源、机会等)和内部困难(如能力、技能等)评估,也就是说,知觉行为控制包括控制信念(Control belief)和知觉力(Perceived power),知觉行为控制不但影响个体的行为意向还可以直接预测将来的行为[42]。

从图8可以看到,在这个模型中假设行为意向是对行为起直接导向作用,在行为态度、主观规范、知觉行为控制和行为中起中介作用。这意味着行为意向解释了态度、主观规范和知觉行为控制对行为的影响,行为意向将这些构念转换为行为是必要的。当知觉行为控制准确反映了参与行为受到的实际环境阻碍或阻力的程度时,则可以作为实际控制的"代理"衡量标准,直接影响行为,不需要通过行为意向的中介作用(见图中虚线部分)。社会文化因素、经验、性别、年龄等个

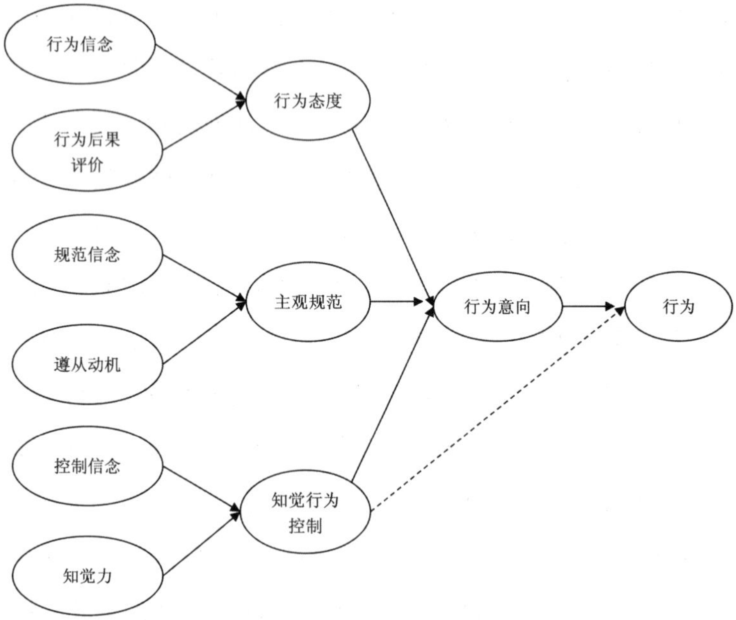

图8　计划行为理论结构模型图

体和社会形成的各种信念通过态度、主观规范、知觉行为控制间接影响行为意向和行为。而态度、主观规范、知觉行为控制虽是独立的变量，但往往受到共同信念的影响，因此既彼此独立又相互影响。

Hagger 等通过开放式问题和内容分析甄选出青少年体力活动行为信念和行为结果评价、规范信念和遵从动机、控制信念和知觉力变量的测量的有效指标[122]。例如，青少年体力活动行为信念和态度中，“有趣”、“ 减轻体重”、“结交朋友”、“提高运动技能”、“受伤”、“太热出汗太多”等是主要的期望结果和突显信念。规范信念和主观规范方面，父母和朋友对体力活动行为影响大。控制信念和知觉力方面，天气因素、家庭作业、爱好、运动技能是主要的促进或阻碍因素。

计划行为理论在提出后的 30 多年里，因为其在解释社会行为中的有效性和相对简约灵活性，在体力活动领域中得到了广泛应用，大多数研究结果支持计划行为理论。在 McEachan 等人(2011)最近的元分析中，发现这种理论在预测健康促进行为如体力活动和饮食方面更有效，在整个研究中的解释行为方差分别为 23.9%和 21.2%[123]。从元分析的结果可以看出，还有很大一部分行为或者行为意向方差没有被解释。许多研究认为理论中的变量需要进一步细分，如态度分为情感性态度和工具性态度，主观规范分为指令性规范和描述性规范等。行为意向与行为之间存在中介变量。理论模型中需要增加新变量加大行为意向或者行为得方差解释率。如模型中态度、主观规范、知觉行为控制变量在一些远端变量和意向与行为之间起中介作用，如人格、经验等。

然而，计划行为理论创造人 Ajzen 在理论创建时就指出，该理论应该被看作是一个灵活的框架，其中可以纳入其他变量，只要它们对预测意图做出有意义和独特的贡献，并且有一个理论上的优先性[124]。

3.2 自我决定理论

20 世纪 70 年代末美国学者 Deci 和 Ryan 提出一种解释人类行为为什么发生的理论——自我决定理论，该理论关注外部环境和人际因素与个体动机之间的互动发展，从有机辩证的角度阐述了外部环境促进内部动机及外部动机内化的过程[125]。

自我决定理论认为人对某种行为的调节可以是内部动机(自我决定)，外部动机(控制)或是无动机(无意向)。拥有内部动机的个体参加活动是出于体验乐趣，学习新事物或发展能力，外部动机则是个体期望得到某种“结果”或出于心理内疚[87]。相对于传统的内部、外部动机二分法，自我决定理论认为动机调节类型存在一个连续体，连续体表示个体行为的无自我决定到自我决定的一个动态过程。从图 9 中可以看出，连续体的一端代表着内部动机，内部动机意味着行为调节是自我决定的，不受外部环境因素影响。连续体的中间区域由 4 种相对自主程度不同的外部动机组成，按照自主程度的高低顺序，这些调节形式包括整合调节、认同调节、内摄调节、外部调节。整合调节是指个体参加的活动与自身核心价值观和信念相吻合，例如，有些学生可能希望积极参加体育课，不是因为他们喜欢，而是因为体育课被认为是健康生活方式的重要组成部分。然而，儿童青少年由于年龄偏小通常还未形成正确的核心价值观，可能尚未有整合感经历，因此，外部动机的这个整合调节维度通常不在儿童青少年中评估[126]。认同调节是个体认可行为的价值，但不是真正喜欢的一种较自主的外部动机。内摄调节是指为了避免内心愧疚、自责而参加活动，行为由内部因素控制。外部调节是指个体行为为了获得奖励或逃避惩罚，受外部因素控制水平最高的动机。连续体的另一端代表着无动机，无动机是指没有意向和动机参加某项行动。根据连续体不同动机类别的性质和特点，自我决定理论把行为动机分为自主动机和控制动机，自主动机包括内部调节、整合调节、认同调节三种调节形式，主要指个体出于自我兴趣、个人信念和认可的价值而参加某行为的动机，控制动机则包括内摄调节和外部调节两种调节形式，主要指个体出于外部条件（报酬、限期）或内部压力（内疚、自责）而参加某行为的动机。

行为	无自我决定					自我决定
动机类型	无动机	外部动机				内部动机
调节类型	无调节	外部调节	内摄调节	认同调节	整合调节	内部调节
因果控制点	无个性	外部	有些外部	有些内部	内部	内部

图 9　自我决定理论的动机调节连续体图

自我决定理论认为人随着认知的不断发展，会有一种整合外部环境，不断学习，积极向上的先天内化倾向，但这个倾向不会必然发生，需要外部环境满足个体的自主、能力、关系三个方面的需求。当外部环境满足个体的自主、能力、关系三个方面的心理需求时，个体能坚持参加的行为，促进外部动机内化形成自主动机，不能满足时，个体消极或回避行为的参与，外部动机内化产生障碍形成控制动机[87]。Vallerand 在自我决定理论的基础上提出了内、外部动机的层次模型[127]，该模型认为社会环境因素会影响人的自主、能力、关系三个方面的基本需求，进而出现不同的动机调节形式和动机结果，即社会环境→心理需求满足→动机调节形式→动机结果（认知、情感、行为），强调了心理需求满足和动机调节在社会环境和结果变量之间的中介作用。值得注意的是，个体的三个基本心理需求是互补的一个整体，即只有在三种基本心理需求都得到支持时才能实现最佳功能和真正的整合行为。已有研究也表明三个基本心理需求可以作为一个整体因素[128;129]，干预研究也显示三个基本心理需求协同支持比各个支持有更好的行为参与[130]。

4　青少年体力活动行为预测理论的整合

4.1　理论整合的互补性

计划行为理论假设体力活动是一个意向行为，个体在形成参与行为意向前是经过深思熟虑的，会考虑到行为的属性以及他们记忆中关于行为潜在价值的信念，也就是说个人认为行为能否产生理想结果（态度），产生的理想结果是否和重要他人的想法一致（主观规范），行为实施时有足够的个人资源且外部障碍不大（知觉行为控制）三个方面都会影响行为意向的产生。计划行为理论在体育领域得到了大量应用，能有效解释体力活动行为意向及行为，对理解体力活动行为作出了很大贡献[131]。但计划行为理论也受到静态观察和变量操作化方面的多种质疑[132]。

自我决定理论是一个以需求为基础的有机体动机理论，主要从外在报酬或惩罚与动机定向来解释人类动机与行为，关注特定情境下个人动机的质量和影响动机的环境因素，这个理论的中心是区别自主动机和控制动机，拥有自主动机的个体参加行动时经历的是一种个人选择和自主意识，代表了真实的自我价值，他们能够更加坚持行为，不需要外部的奖励和强迫。控制动机的个体行动时表现出来的是迫于外部压力和责任意识，只有外部刺激存在时才参与行动，一旦外部刺激移除，行为立即停止。从体力活动的角度来看，自主动机是适应性的，因为这意味着参与者坚持参与行为是不受外界刺激或强化的影响。这意味着培养自主的体力活动动机可能是旨在提高人口活动水平的健康促进干预措施的重要举措。

从上面论述可知，计划行为理论和自我决定理论解释体力活动行为的角度各异，两个理论虽得到了广泛应用，但它们在预测效应上都存在短处。自我决定理论不能跟踪动机定向转化为意向和行为的具体过程，计划行为理论为解释意向和行为差异提供了有效依据，但不能辨别行为产生的原始驱动力[105]。例如，计划行为理论不能区分个体参加体力活动行为是出于自我意愿还是外界压力，自我决定理论则能解释个体参加体力活动行为的自我决定或控制信念。因此，整合这两个社会心理学理论可以克服这些弊端，即将他们的变量和假设整合在统一的动机模型中来解释体力活动意向和行为。整合后既能辨别青少年参加体力活动的原始驱动力，又能探析青少年的信念认知系统。

整合的基础由 Deci 和 Vallerand 提出，他们认为动机理论能为计划行为理论意向模型中的社会认知信念和期望的起源提供解释，拥有自主动机定向的个体倾向于形成更好的体力活动行为态度和控制感，而态度和控制感是计划行为理论中决定行为意向的两个关键因素，也就是说计划行为理论中态度和知觉行为控制变量与动机定向保持一致[86;133]。因此，整合时应以自主动机和信念认知系统的联系为基础。自主动机应该假设为态度和知觉行为控制的远端预测变量，意向为行为的近端变量。自主动机又受外界环境的影响，环境对需求的支持是形成自主动机的前提条件。

4.2　青少年体力活动行为两种情境的关联性

王则珊教授、周登嵩教授、赖天德教授、毛振明教授、杨文轩教授等一批著名的学校体育学专家对终身体育思想进行了大量思考和论证。其中，陈琦博士运用终身体育思想对我国学校体育改革和发展做了很好的剖析，研究认为终身体育思想是统领学校体育其他指导思想(健康第一、素质教育、体质教育、技能教育、快乐体育)的最佳选择，学校体育应该把培养学生的体育兴趣、爱好、终身体育习惯和运动能力作为根本目标，强调学校体育应该为终身体育打好基础[134—136]。王则珊教授研究认为，“养成教育”是培养学生体育锻炼习惯和奠定学生终身体育基础的中心环节，体育教师不仅要上好体育课，重视养成教育，而且要在课后闲暇时间促进学生体育锻炼习惯养成[137]。

毛振明教授在多种场合谈到，终身参加体育锻炼的人，在青少年时期一般都有良好的体育课经历和体验[109]，体育教育研究专家 Ennis[138]和锻炼心理学研究专家 Biddle[139]采用实证研究方法对大量毕业学生的体力活动研究发现，青少年早期体力活动经历对未来参与体力活动态度和期望的塑造作用是终身体育最可靠的预测因素之一。因此，无论是从经验判断还是客观数据均表明青少年早期体力活动经历对终身体育非常重要，青少年早期体力活动经历中必然不能缺少体育课堂中对体力活动形成的认知和情感体验。研究结果提示我们，体育课堂中采用合适的教学内容和教学策略提高学生的运动知识与技能、动机水平、能力感知和体育课的乐趣感，这可能会导致青少年闲暇时间体力活动水平提升和终身体育习惯的养成[119]。

著名锻炼心理学研究专家 Hagger，根据青少年体育课和闲暇时间体力活动的关系，创建了跨情境模型（The Trans-Contextual Model）[140]，该模型在随后的十余年中得到了快速发展和应用。跨情境模型包括三个主要方面：体力活动行为自主支持感知会影响教育情境中的自主动机，教育情境中的自主动机能够预测闲暇时间情境中体力活动的自主动机，闲暇时间情境中的体力活动自主动机能够预测参加体力活动的意向和实际行为。Hagger 的跨情境模型中社会情境仅指自主支持单一维度，但不少研究者认为自主支持在集体主义文化中表现不突出，Reeve 认为集体主义文化范围内的教师更倾向于采用控制性教学激励风格，因为他们认为这是一种文化规范的课堂实践[37]，甚至于个人主义文化范围内，Haerens 针对比利时中学体育课教学研究发现，教师运用自主支持教学风格也比较少见[141]。美籍华人学者孙海春博士更是认为，学校教育环境的本质是控制性的，学生在体育中的自主动机可能会受到外部控制的影响，他们的自主需求可能只是“表面上”得到满足，体育课教学中应该首先考虑对学生的能力支持[142]。然而，实际上个体的三个基本心理需求是一个互补的整体，即只有在三种基本心理需求都得到支持时才能实现最佳功能和真正的整合行为，三个基本心理需求协同支持比单个支持有更好的行为参与[130]。教师课堂教学研究中发现，自主性支持，能力支持（教学结构）和关系支持并不是独立的，而是教师与学生交往行为中的互补维度，当教师同时支持这三种心理需求时，学生的动机才会达到最佳[143]。因此，构建预测模型时，体育课教学社会情境应考虑三个维度在内的多维情境。

5 青少年体力活动行为预测理论模型的因素结构

研究根据计划行为理论、自我决定理论以及 Hagger 的跨情境模型，初步构建预测理论模型（见图 10）。根据自我决定理论和前人的研究[140]，体育课中教师提供的社会情境（需求支持）正向影响学生课堂中的自主动机（假设 1，图 10 路径 1）。根据 Vallerand 的动机层次模型，不同层次水平中自我决定形式动机有相互作用[127]，自我决定形式的活动产生的适应性结果就是无论在什么情境下，从事类似活动时都会倾向于体验自主性。也就是说，如果学生在体育课堂中对体力活动形成了自主动机，那么他可能会在课外积极寻找机会参加类似的体力活动，以体验活动带来的乐趣感和满足感[140]。因此，研究假设 2 为：体育课情境中的自主动机将影响闲暇时间中体力活动的自主动机（图 10 路径 2）。体育课中的需求支持将通过体育课情境中的自主动机影响闲暇时间内的自主动机（图 10 路径 3，假设 3）。

理论整合部分已论述计划行为理论和自我决定理论整合时，应以自主动机和信念认知系统的联系为基础。因此，研究假设闲暇时间内体力活动的自主动机通过态度、主观规范、知觉行为控制三个计划行为理论的信念结构，与体力活动意向和行为有关系。具体假设为，闲暇时间内体力活动的自主动机正向影响态度（假设 4）、知觉行为控制（假设 5），对主观规范没有影响（假设 6），图 10 中路径 4、5、6 表示它们之间的假设。根据计划行为理论，态度（假设 7）、主观规范（假设 8）、知觉行为控制（假设 9）显著影响行为意向，如图 10 中路径 7、8、9。闲暇时间内体力活动自主动机通过态度（假设 10）、知觉行为控制（假设 11）正向影响行为意向，通过主观规范（假设 12）对行为意向没有影响。知觉行为控制（假设 13）、行为意向（假设 14）显著影响体力活动行为，见路径 10、11。

此外，体育课上教师提供的需求支持和学生的体力活动自主动机，通过模型中展现出的动机序列，对闲暇时间内体力活动行为应该有显著的间接效应，即假设 15：需求支持对体力活动行为有显著的间接效应，见图 10 路径 12 所示，假设 16：体育课中的自主动机对体力活动行为有显著的间接效应，见图 9 路径 13 所示。闲暇时间内的自主动机通过一组基于信念的态度、主观规范、知觉行为控制、行为意向对体力活动行为有显著的间接效应(假设 17,图 10 中路径 14)。理论模型所有假设的直接和间接效应如表 8 所示。

表 8　预测理论模型中假设的直接和间接效应汇总一览表

假设	自变量	因变量	中介变量	预测
假设 1	需求支持(体育课)	自主动机(体育课)	—	正向
假设 2	自主动机(体育课)	自主动机(闲暇时间)	—	正向
假设 3	需求支持(体育课)	自主动机(闲暇时间)	自主动机(体育课)	正向
假设 4	自主动机(闲暇时间)	态度	—	正向
假设 5	自主动机(闲暇时间)	知觉行为控制	—	正向
假设 6	自主动机(闲暇时间)	主观规范	—	无
假设 7	态度	行为意向	—	正向
假设 8	主观规范	行为意向	—	正向
假设 9	知觉行为控制	行为意向	—	正向
假设 10	自主动机(闲暇时间)	行为意向	态度	正向
假设 11	自主动机(闲暇时间)	行为意向	主观规范	无
假设 12	自主动机(闲暇时间)	行为意向	知觉行为控制	正向
假设 13	知觉行为控制	体力活动行为	—	正向
假设 14	行为意向	体力活动行为	—	正向
假设 15	需求支持(体育课)	体力活动行为	自主动机(体育课) 自主动机(闲暇时间) 行为意向前因变量 行为意向	正向
假设 16	自主动机(体育课)	体力活动行为	自主动机(闲暇时间) 行为意向前因变量 行为意向	正向
假设 17	自主动机(闲暇时间)	体力活动行为	行为意向前因变量 行为意向	正向

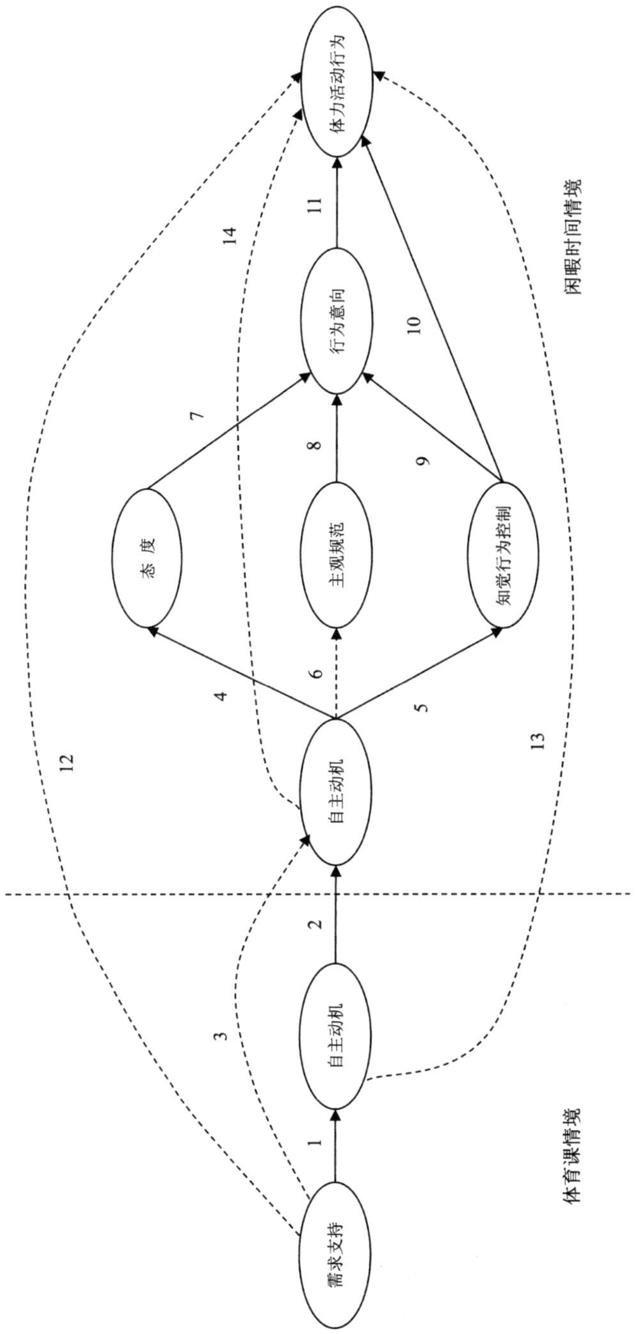

图10　预测理论模型假设图

最后，考虑到人口学变量可能会对青少年的体力活动行为有影响，模型中对体重指数(Body Mass Index，BMI)、性别(Sex)、家庭社会经济地位(SES)、年级(Grade)四个人口学变量进行了统计学控制处理。

6　小　　结

本研究根据我国中小学体育课程与教学改革的发展与问题，认为体育教师课堂教学提供的社会情境和行为是落实课程标准的关键环节。体育课和课外体育锻炼是我国青少年提升体力活动水平的主渠道。体育课只有通过运动技能学习载体，与学生学习动机、认知、积极运动生活方式联系起来，融合闲暇时间体力活动才能更有效提升体力活动水平，让学生形成终身体育。

计划行为理论假设体力活动是一个意向行为，个体在形成参与行为意向前是经过深思熟虑的，会考虑到行为的属性以及他们记忆中关于行为潜在价值的信念。自我决定理论是一个以需求为基础的有机体动机理论，主要从外在报酬或惩罚与动机定向来解释人类动机与行为，关注特定情境下个人动机的质量和影响动机的环境因素。自我决定理论不能跟踪动机定向转化为意向和行为的具体过程，计划行为理论为解释意向和行为差异提供了有效依据，但不能辨别行为产生的原始驱动力。自我决定理论的自主动机和计划行为理论的信念认知系统的联系是两个理论整合的切入点。

根据体育课程教学的目标和体力活动行为理论整合的观

点，研究归纳提出青少年跨情境体力活动行为预测理论模型，该模型包含情境、动机、认知、行为变量，具有八因素结构特征。理论模型考察体育课堂中教师提供的需求支持社会情境，通过动机和社会认知变量的中介作用，促进青少年体力活动行为的动机序列过程。下一步还需要对此理论模型的因素结构和假设进行检验。

第4章　青少年体力活动行为预测模型检验

青少年体力活动不足已成为21世纪最大的公共健康问题[6]。我国青少年体力活动状况也不容乐观，研究显示仅有22.7%的9—18岁中小学学生每天体育锻炼1小时以上，并随着年龄的增大，体力活动水平逐渐减少[9]。体育课和课外体育锻炼是我国青少年提升体力活动水平的主渠道。体育课的主要目的之一是为学生提供基本的运动知识和技能，以便在闲暇时间内选择和参加适宜的锻炼项目。尽管已有研究表明学生体育课经历和情感体验对闲暇时间体力活动有影响[22;144]，然而，对于体育教师或体育课程如何有效引导青少年在闲暇时间进行有规律的体力活动的研究相对较少。因此，研究在上一章提出的预测理论假设模型基础上，运用横截面调查探讨中国文化背景下，体育课堂教学中教师提供的社会情境（需求支持）对青少年闲暇时间体力活动行为的影响，即对青少年体力活动行为预测理论模型进行检验。

1　研究目的

首先，在对研究工具进行跨文化的信效度检验基础上，比较不同人口学变量的体力活动、计划行为理论变量、自主动机、需求支持是否存在差异。

其次，采用横截面调查考察青少年体力活动水平和行为规律，并运用结构方程模型验证修订理论模型。

2　研究对象与方法

2.1　研究对象

研究以湖南省中学生为调查对象，探索青少年参加体力活动行为的情境、动机、意向、态度等认知变量与行为之间的关系。

2.2　研究方法

2.2.1　问卷调查法

（1）研究工具

通过大量查阅文献和有关专家的指导下，找出研究需要的5个问卷进行翻译、修正和信效度检验。

首先，运用回译法检验语言等值性，先找两个英文和汉语双语言专家分别进行翻译与回译，将翻译版本和原版仔细对比，并结合相关专家意见进行反复斟酌，然后将初稿送至6位具有中英文背景的体育教育领域专家进行内容效度鉴定，鉴定按“可行、基本可行、不可行”三级程度进行定性评价。从内容效度专家检验表（表 9）可以看出，5 位专家认为可行，1 位专家认为基本可行，最后根据意见进行了修改完善。并邀请 30 位中学生填写中文问卷进行预研究，反馈量表中的表述清楚、易懂，内容效度高。

表 9　内容效度专家检验一览表

姓名	职称	研究方向	所在单位	量表可行性
WLJ	教授	体育教育	上海体育学院	可行
GZ	教授	体力活动干预	明尼苏达大学	可行
XP	教授	体育教育	德州农工大学	可行
LWD	副教授	体育教育	俄亥俄州立大学	基本可行
CSL	副教授	体育教育	路易斯安那州立大学	可行
ZT	副教授	青少年体育健康促进	北德州大学	可行

其次，预调查，完成问卷的跨文化检验。首次引进的问卷先进行项目分析，然后采用探索性和验证性因子分析检验问卷的结构效度，在国内已经经过信效度检验的问卷只做验证性因子分析。验证性因子分析采用 Amos20.0，检验指标主要为卡方值（x^2），自由度（df），卡方自由度比值（x^2/df），卡方自由度比值容易受样本大小影响，通常认为该值在 5 以内可接受，渐进残差均方和平方根（RMSEA），该值小于 0.08 可接受，比较适配指数（CFI）、规准适配指数（NFI）、增值适配指数（IFI）、拟合优度指数（GFI），这四个指标大于 0.9 表示数据与模型适配较好[145]。（吴明隆，2010）预调查对象为湖南省衡阳市随机抽取的 2 所初中和 2 所高中共 500 名学生，调查在体育课或晚自习时间进行，并要求体育教师进行回避。预调

查共发放问卷500份，回收有效问卷450份，有效回收率为90%，其中初中生230名，初一学生120名，初二学生110名，高中生220名，高一学生120名，高二学生100名，年龄范围为11—18岁。

体育课需求支持问卷

该问卷包含自主支持、能力支持、关系支持三个维度，详见附件1。自主支持指体育教师的教学活动让学生有自主感，该维度采用Williams的Health Care Climate Questionnaire（HCCQ）量表[146;147]，并修改为体育课情境，共6个题项，如"体育老师在课堂教学中鼓励我们提问"。能力支持和关系支持均根据Standage研究使用的量表[128]，能力支持主要指课堂教学中体育教师的合理教学结构使学生感到有能力参加体育活动，此为4个题项，如"体育老师让我们觉得自己能够完成课堂中的活动"。关系支持是指学生感觉到教师的投入和关心，为5个题项，如，体育老师很关心我们。体育课自主支持问卷在我国已有运用并具有较好的信效度[148;149]，但体育课需求支持问卷作为一个包含三个维度的整体问卷在国内首次引进，需进行跨文化背景的信效度检验。

项目分析以问卷总得分前后27%的极端值进行独立样本T检验，比较结果的差异值称为决断值，通常认为决断值需要≥3，相关分析是指题项与问卷总分之间的相关，相关系数越高表明题项与整体问卷同质性越高。表10显示所有题项的决断值均大于判标准则3，题项与总分的相关系数均大于0.6以上，均达到显著性水平，所有的题项有效。

表10　体育课需求支持预测问卷项目分析和相关分析一览表

题号	题　项	决断值	相关系数
1	我们觉得体育老师在课堂中给我们提供了很多选择机会	25.245***	0.690**
2	体育老师让我们觉得自己能够完成课堂中的活动	21.217***	0.639**
3	体育老师支持我们	30.360***	0.752**
4	我们认为体育老师在课堂中很理解我们	32.810***	0.763**
5	体育老师让我们觉得自己很擅长体育	28.636***	0.714**
6	体育老师鼓励我们在练习中团结协作	29.284***	0.710**
7	体育老师相信我们在课堂中有能力做得很好	32.097***	0.758**
8	体育老师帮助我们得到提高	30.851***	0.728**
9	体育老师尊重我们	30.589***	0.735**
10	体育老师在课堂中鼓励我们提问	35.269***	0.764**
11	体育老师让我们觉得自己能够做得更好	32.767***	0.775**
12	体育老师很关心我们	39.959***	0.796**
13	体育老师课堂教学中会认真倾听我们打算怎么做	37.278***	0.771**
14	体育老师对我们很友好	31.788***	0.742**
15	体育老师提出一种解决问题的新方法之前，会尽力了解我们的想法	36.249***	0.767**

注：*** 表示 $P<0.001$；** 表示 $P<0.01$

探索性因子分析显示体育课需求支持问卷有3个公共因子，进一步验证性因子分析显示（见图11），$x^2=342.076$，$df=76$，$x^2/df=4.501$，RMSEA＝0.064，CFI＝0.966，NFI＝0.959，IFI＝0.966，GFI＝0.996，表明问卷具备较好的结构效度。并对初中组、高中组和中学生组（包括初中组和高中组)做多群组验证性因子分析显示两两之间未达到显著水平,因此,后续的分析采用中学生组作为分析对象。预测问卷的外在信度采用再测法,选取 30 个 13—15 岁青少年间隔两周先后填答同一问卷,自主支持维度的外在信度为 0.83,能力支持为 0.76,关系支持为 0.77。内在信度采用 Cronbach's alpha 系数,该系数超过 0.7 表明构念的内部一致性高,信度检验得出自主支持的 Cronbach's α 系数为 0.87,能力支持为 0.79,关系支持为 0.85。

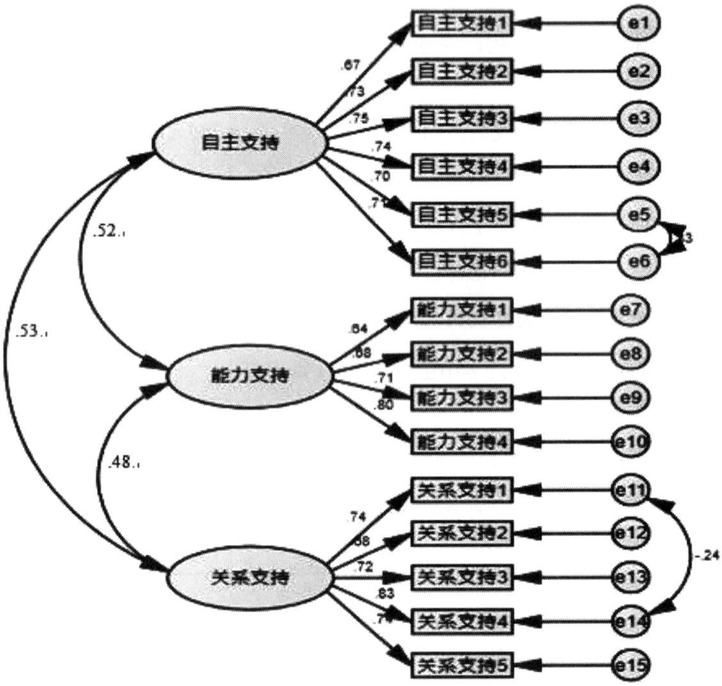

图 11 体育课需求支持问卷验证性因子分析

体育课动机问卷

体育课动机问卷最初由 Goudas[150] 等人根据自我决定理

论的成果提出，后经新加坡、香港学者传入内陆，目前该问卷已在我国大量使用，主要测量学生体育课中的行为调节，包括无动机、外部调节、内摄调节、认同调节、内部动机5个分量表。研究采用香港浸会大学钟伯光翻译并修订的问卷，该问卷也称原因知觉量表[151]，问卷5个分量表均含3个题项，详见附件2。验证性因子分析显示（见图12），x^2＝328.655，df＝80，x^2/df＝4.108，RMSEA＝0.053，CFI＝0.971，NFI＝0H962，IFI＝0.971，GFI＝0.962，符合模型拟合标准，量表结构效度较好。Cronbach's α系数值表明有较好的内在信度，无动机为0.95，外部调节为0.79，内摄调节为0.70，认同调节为0.80，内部动机为0.79。无动机、外部调节、内摄调节、认同调节、内部动机五个维度的再测信度分别为0.86，0.83，0.78，0.82，0.88。该问卷在国内学者孙开宏的研究中信效度得到有效支持[148;152]。研究中采用指数的形式表达体育课动机定向，借鉴Vallerand[40]和Standage[41]的做法采用不同权重对除无动机之外的四个调节形式进行赋权形成体育课自主动机指数：2×内部动机＋认同调节－内摄调节－2×外部调节，得分越高代表越自主。

体育锻炼动机问卷

英国学者Markland根据自我决定理论研制了一系列体育锻炼动机问卷，即著名的Behavioural Regulation In Exercise Questionnaire (BREQ)，随后BREQ得到了不断的修改和完善，目前已成为锻炼心理学中测量行为调节连续体的广泛使用工具。研究使用香港浸会大学刘靖东针对大陆和香港大学生样本，做了信效度检验的中国版锻炼行为调节问卷

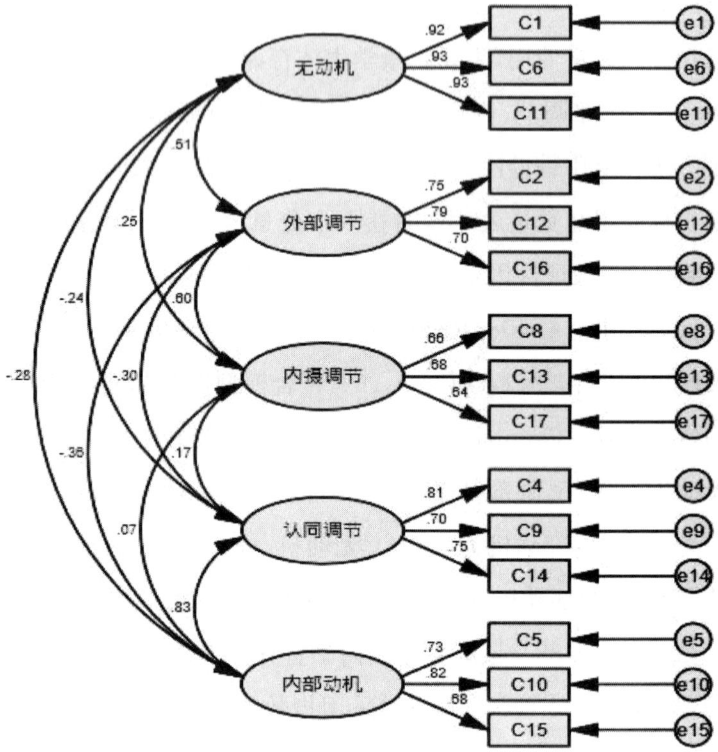

图 12　体育课动机问卷验证性因子分析

(C-BREQ-2)[153]，该问卷包含无动机、外部调节、内摄调节、认同调节、内部动机 5 个维度，详见附件 3。验证性因子分析显示（见图 13），$x^2=446.283$，$df=124$，$x^2/df=3.599$，RMSEA＝0.048，CFI＝0.949，NFI＝0.930，IFI＝0.949，GFI＝0.956，符合模型拟合标准，问卷结构效度较好。预测问卷的外在信度采用再测法，选取 30 个 13—15 岁青少年间隔两周先后填答同一问卷，无动机维度的外在信度为 0.87，外部调节为 0.71，内摄调节为 0.70，认同调节为 0.88，内部动机为 0.89。内在信度采用 Cronbach's alpha 系数，该系数超过 0.7

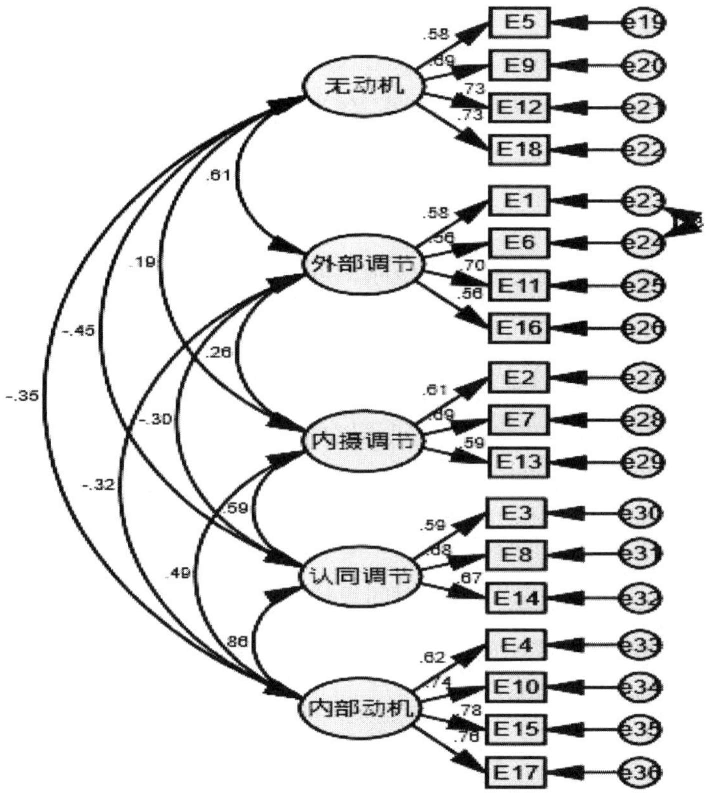

图 13　体育锻炼动机问卷验证性因子分析

表明构念的内部一致性高，信度检验得出无动机的 Cronbach's α 系数为 0.78，外部调节为 0.73，内摄调节为 0.70，认同调节为 0.70，内部动机为 0.82。该问卷已在国内得到许多学者的信效度检验支持[154;155]。研究中锻炼动机采用指数的形式，采用不同权重对除无动机之外的四个调节形式进行赋权形成体育锻炼自主动机指数：2×内部动机＋认同调节－内摄调节－2×外部调节，得分越高代表越自主。

计划行为理论问卷

计划行为理论在锻炼领域已经得到广泛应用，根据该理论形成的问卷已经得到国内外学者的信效度检验[33;122]。本研究采用上海体育学院王丽娟教授的中文版计划行为理论问卷[33]，包含行为意向(Intention)、锻炼态度(Attitude)、知觉行为控制(perceived behavioral control，PBC)和主观规范(Subjective norm)四个变量，详见附件4。行为意向包括3个题项，例如"我希望在下周空余时间里最少锻炼三次，每次运动都让我喘不过气。"锻炼态度包含3个题项，1个工具性态度项目(好的—差的)，2个情感性态度项目(无趣—有趣，无聊—兴奋)，例如"我认为在下周空余时间里最少锻炼三次(每次运动能让我喘不过气)这件事是……"。主观规范包含1个题项，"在我身边重要的人(如父母、老师、朋友)当中，绝大多数认为我应该在下周空余时间里最少锻炼三次。"尽管使用单一题项反映主观规范是相当普遍[156]，但单一题项有可能影响统计中的测量误差[157]。知觉行为控制包含3个题项，主要指青少年学生克服外在困难或阻碍参加体育锻炼的控制程度。如"我认为自己在对于是否在下周空余时间里最少锻炼三次(每次运动能让我喘不过气)的选择上的控制力是……"四个维度的选项中使用"喘不过气"是用来代替中高强度，以保证学生更好地理解锻炼强度。验证性因子分析显示(见图14)，x^2=101.536，df=28，x^2/df=3.627，RMSEA=0.049，CFI=0.987，NFI=0.982，IFI=0.987，GFI=0.982，符合模型拟合标准，问卷结构效度较好。预测问卷的外在信度采用再测法，选取30个13—15岁青少年间隔两周先后填答同一问卷，锻炼意向的外在信度为0.86，锻炼态度为0.85，知觉行为控制为0.78，主观规范为0.94。内在信度采用Cronbach's alpha

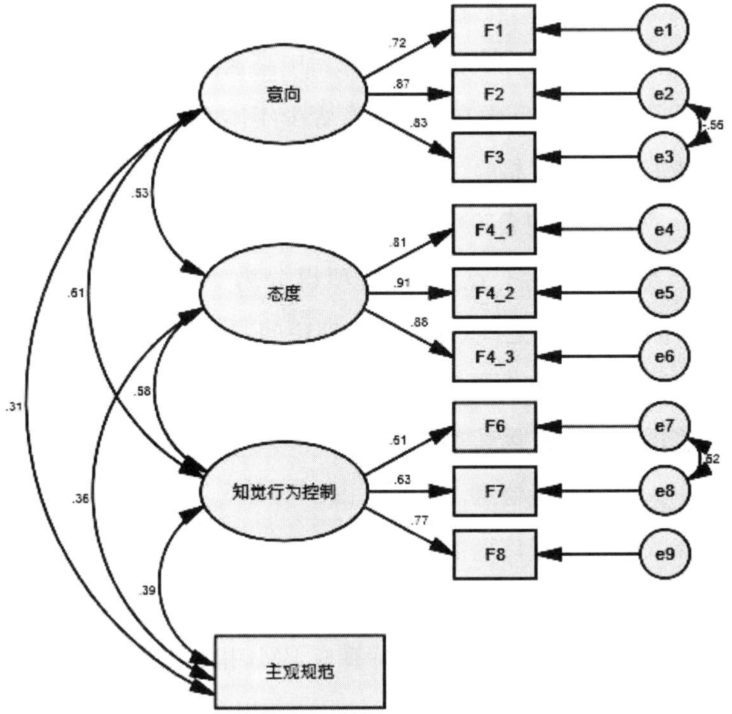

图 14　计划行为理论问卷验证性因子分析

系数，该系数超过 0.7 表明构念的内部一致性高，信度检验得出锻炼意向的 Cronbach's α 系数为 0.82，锻炼态度为 0.90，知觉行为控制为 0.80。

青少年闲暇时间中高强度体力活动问卷

中高强度体力活动采用 Godin Leisure Time Exercise Questionnaire (GLTEQ)[158]，该问卷让青少年回忆上一周（7 天）从事体力活动的时间、频率、类型，详见附件 5。研究中，列举了不同强度的运动项目，帮助调查对象回忆上一周空闲时间内（如上学前，下课时间，放学后，假日）参加 30 分钟以上的中等强度（微微出汗但不是很累）和高强度运动（心跳加速，汗流浃背)次数。调查对象填答高强度次数×9MET(代谢当量,梅脱)+中强度次数×5MET=中高强度体力活动能量消耗值。GLTEQ问卷在我国儿童青少年体力活动研究中已得到较好的信效度检验[33;154]。

以上所有问卷除中高强度体力活动问卷和体育锻炼动机问卷外均采用七点计分,选项得分为1(非常不同意)至(非常同意)7分之间(计划行为理论问卷部分选项表达形式除外),体育锻炼动机问卷采用5点计分,选项得分为0(不是真的)至4(非常真实)。

人口学变量信息

人口学变量信息主要包括性别,年龄,年级,身高体重,生源地,学校名称以及家庭社会经济地位相关指标,详见附件6。其中身高体重按照公式折算成BMI指数,家庭社会经济地位包括父母的受教育程度、父母职业以及家庭月收入,三项指标按照主成分分析形成家庭社会经济地位指数。

(2) 调查对象

采用多段抽样选取样本,首先按照湖南的地理位置(东、西、南、北、中)从14个地级市(州)中整群随机抽样5个城市(长沙、湘西自治州、永州、常德、衡阳),然后在入选的城市中随机抽取初、高中各1所,鉴于初三和高三的升学压力,毕业班的学生未作为调查对象,再从入选的初中和高中每个年级随机抽取1个班共20个班作为调查对象,共发放1300份问卷,回收问卷1171份,问卷回收率为90.08%,回收后剔除无效问卷60份(包括随意勾选,未完全作答)后剩余1111份有效问卷,有效回收率为85.46%。有效调查对象中,男性491

名(44.2%),女性 620 名(55.8%),性别比例基本平衡;年龄范围为 11—18 周岁(M=14.74,SD=1.53);年级分布上,初一、初二、高一、高二学生各 272 名(24.5%),275 名(24.8%),425 名(38.3%),139 名(12.5%),具体见表 11。

表 11　调查对象具体情况一览表(N=1111)

年级	男生		女生		总计	
	人数	百分比(%)	人数	百分比(%)	人数	百分比(%)
初一	131	50.8	141	48.8	272	49.7
初二	127	49.2	148	51.2	275	50.3
初中总计	258	47.2	289	52.8	547	100
高一	163	70.0	262	79.2	425	75.4
高二	70	30.0	69	20.8	139	24.6
高中总计	233	42.3	331	58.7	564	100

(3) 研究程序

从高校选择十名体育教育专业学生进行问卷调查培训,抵达抽样学校后,征求学校领导、班主任、体育教师的同意,利用体育课或晚自习时间对抽样班级进行现场发放,发放时告诉学生调查的目的和填写方式并当场解答学生填答过程的疑问,强调自愿性和保密性,可随时退出问卷填写,体育教师积极回避。整个问卷大约需要 25—30 分钟的时间,填答完毕后当场回收问卷。

2.2.2　数理统计法

(1) 数据的预处理和转换

通过 SPSS20.0 对数据的多次预处理及时发现数据的缺

失值和异常数据，并根据研究需要把相关数据进行了转换。缺失值的置换采用缺失值前后两个观测值数值的平均数作为缺失值的数值，数据中的异常值根据可能的错误进行纠正，如数据输入导致。数据的转换包括问卷中变量数据的转换和人口学变量转换，问卷中变量数据转换已在研究工具中详细描述，人口学变量转换主要包括年级、身高体重、父母的受教育程度、父母职业以及家庭月收入六个变量。原始问卷中年级包含初一、初二、高一、高二 4 个年级，通过均值比较，发现初一学生和初二学生没有差异，高一和高二学生没有差异，因此，最终把初一、初二学生合并为初中组，高一、高二学生合并为高中组。

身高体重按照体重(千克)/身高^2(米)的换算方式求出体重指数(Body Mass Index,BMI)，并根据《国家学生体质健康标准(2014 年修订版)》中体重指数(BMI)单项评分标准(初一男生，正常 BMI 为 15.5～22.1，低体重为≤15.4，超重为 22.2～24.9，肥胖为≥25.0，初一女生的正常 BMI 为 14.8～21.7，低体重为≤14.7，超重为 21.8～24.4，肥胖为≥24.5，初二男生，正常 BMI 为 15.7～22.5，低体重为≤15.6，超重为 22.6～25.2，肥胖为≥25.3，初二女生，正常 BMI 为 15.3～22.2，低体重为≤15.2，超重为 22.3～24.8，肥胖为≥24.9，高一男生，正常 BMI 为 16.5～23.2，低体重为≤16.4，超重为 23.3～26.3，肥胖为≥26.4，高一女生，正常 BMI 为 16.5～22.7，低体重为≤16.4，超重为 22.8～25.2，肥胖为≥25.3，高二男生，正常 BMI 为 16.8～23.7，低体重为≤16.7，超重为 23.8～26.5，肥胖为≥26.6，高二女生，正常 BMI 为

16.9～23.2，低体重为≤16.8，超重为 23.3～25.4，肥胖为≥25.5）进行分类。

按照惯例，将父母的受教育程度、父母职业以及家庭月收入六个变量按照不同权重进行赋值后采用主成分方法形成家庭社会经济地位指数（Socioeconomic Status，SES）。具体步骤如下，第一步，变量赋权。受教育程度：按照问卷中题项顺序（初中及以下、高中、大专、大学本科、研究）分别赋值 1—5 分。职业：按照问卷题项顺序分别赋值为 3 分、2 分、1 分。家庭月收入：按照问卷题项顺序分别赋值为 1—8 分。第二步，将赋权后的得分保存为标准分。第三步，用三个变量的标准分进行主成分因子分析，保存因子得分，得到家庭社会经济指数。第四步，将家庭社会经济指数得分三等分为高、中、低三个层次[159]。

（2）数据分析

首先，使用 SPSS 20.0 对变量进行描述性统计和 Pearson 相关计算变量的均值、标准差、相关系数，清楚数据的总体分布形态。然后，进行青少年中高强度体力活动人口学变量差异性分析。最后，运用 Mplus 软件进行结构方程模型分析。由于研究中青少年的体力活动等数据不知是否服从正态分布，不能采用常规的最大似然法进行估算，因而选用对分布不作任何要求的 Bootstrap 方法进行估算[160]，估算时采用 95% 置信区间的偏差校正 Bootstrap 估计法（自抽样次数 N＝2000）。由于模型中包含多重中介，Amos 软件不能实现多重中介分析，结构方程模型分析时采用 Mplus（Version 7.4；Muthén & Muthén，1998—2015）进行。模型的适配度评价指标为卡方自由度比(x^2/df)、比较适配指数(CFI)、非规准适配指数(TLI)、渐进残差均方和平方根(RMSEA)、标准化残差均方和平方根(SRMR),其中,$1<x^2/df<3$、CFI 和 TLI>0.90 以上、RMSEA 和 SRMR<0.05 表示模型拟合良好[161;162]。中介效应分析采用国际上非常流行的偏差校正的百分位 Bootstrap 法[160;163—165],在原始数据中重复随机抽样 2000 次,如果路径系数在置信区间(通常采用 95%的置信区间)内不包含 0,则说明中介效应显著,置信区间内包括 0,说明中介效应不显著[166;167]。Mplus 分析的程序语言详见附件 7。

结构方程模型分析时考虑到潜变量的观测变量较多,研究使用了题目打包技术(item parceling,也称项目组合)以减少参数估计来提高共同度和模型拟合程度[168]。需求支持包括自主支持、能力支持和关系支持,对应题项的平均值作为观测指标。体育课和闲暇时间内体力活动的自主动机采用指数形式:2×内部动机+认同调节－内摄调节－2×外部调节,体育课自主动机的观测指标为 3 个,闲暇时间自主动机为 4 个观测指标,均不包含无动机。态度、知觉行为控制、行为意向均由对应的 3 个题项作为观测变量,主观规范由单一题项反映,直接作为观测变量,中高强度体力活动能量消耗值的观测变量为高强度次数×9MET＋中强度次数×5MET。

3　研究结果

3.1　共同方法偏误的检验

采用的量表均来自于国外,调查对象为青少年学生,需要进行共同方法偏误检验[169]。首先，运用回译法检验语言等值性，先找两位英文和汉语双语言专家分别进行翻译与回译，将翻译版本和原版仔细对比，并结合相关专家意见进行反复斟酌，然后，将初稿送至三位具有中英文背景的体育教育领域专家进行内容效度鉴定，鉴定后发现只有轻微的词语变化，没有任何重大修改。并邀请了 15 位中学生填写了中文问卷，学生反馈量表中的表述清楚、易懂。数据分析时，除对每个量表进行验证性因子分析和信度检验外，采用 Podsakoff 推荐的 Harman 单因子方法检验共同方法偏误，未旋转的主成分因子分析显示所有的题项共有 13 个特征根值大于 1 的公因子，且第一个因子解释了 18.55%的方差，小于 40%，表明研究的问卷共同方法偏误不严重[170]。

3.2　变量的描述性统计

从变量的描述统计结果(表 12)和正态分布 K-S 检验发现，除闲暇时间中高强度体力活动数据处于非正态分布外，其他变量的偏度值范围为−0.37 到 0.24，峰度值范围为−0.91 到 0.27，表明这些变量近似服从正态分布。因此后续的人口变量学因素在体力活动变量差异性分析中采用非参数检验的秩和检验，其他变量的人口学差异分析采用独立样本 T 检验或单因素方差分析。从变量的相关系数来看(表 13)，青少年体力活动与各变量的相关系数为 0.13—0.50 之间(均 $p \leqslant 0.01$)，体育课自主动机指数与各变量的相关系数为 0.13—0.50 之间(均 $p \leqslant 0.01$)，体育锻炼自主动机指数与各变量的相关系数为 0.11—0.40 之间(均 $p \leqslant 0.01$)，计划行为理论变量与各变量的相关系数为0.09—0.48之间(均$p \leqslant 0.01$)。与本研究特别相关的是,体育课需求支持与体育课和体育锻炼的自主动机指数、计划行为理论以及闲暇时间中高强度体力活动均存在正相关。

表12 变量描述统计结果一览表

变 量	均值	标准差	偏度	峰度
NS(需求支持)	4.57	1.32	−0.11	−0.53
RAIpe(体育课自主动机指数)	2.58	6.00	−0.31	0.27
RAIex(体育锻炼自主动机指数)	2.85	3.35	−0.09	−0.23
IN(锻炼意向)	3.64	1.54	0.24	−0.35
AT(锻炼态度)	4.51	1.66	−0.37	−0.43
SN(主观规范)	4.43	1.88	−0.21	−0.91
PBC(知觉行为控制)	4.14	1.52	−0.08	−0.53
LTMVPA(闲暇时间中高强度体力活动)	33.57	24.60	1.71	8.88

表13 变量间两两相关系数表

变 量	1	2	3	4	5	6	7	8
1. NS	—							
2. RAIpe	0.29**	—						
3. RAIex	0.18**	0.40**	—					
4. IN	0.09**	0.17**	0.21**	—				
5. AT	0.17**	0.30**	0.35**	0.48**	—			
6. SN	0.16**	0.13**	0.11**	0.30**	0.34**	—		
7. PBC	0.12**	0.24**	0.30**	0.44**	0.43**	0.33**	—	
8. LTMVPA	0.17**	0.50**	0.26**	0.21**	0.25**	0.13**	0.28**	—

(** 表示$P \leqslant 0.01$,下同)

3.3　人口学变量的差异性分析

3.3.1　青少年体力活动的差异性分析

正态分布检验发现青少年体力活动数据不是正态分布，人口学变量的差异性分析采用非参数检验的秩和检验。表 14 表明，不同生源地、家庭社会经济地位、BMI 在体力活动水平上没有差异，但性别和年级有显著性差异。且男生比女生体力活动水平高，初中生比高中生体力活动水平高。

表 14　青少年体力活动的人口学变量差异分析一览表

检验变量	类别变量	类别	样本	秩均值	Z/卡方	P
LTM-VPA	性　别	男	491	632.06	−7.038	.000
		女	620	495.77		
	年　级	初中	547	595.99	−4.096	.000
		高中	564	517.21		
	生源地	城市	514	556.35	−.034	.973
		农村	597	555.70		
	家庭社会经济地位	低	370	541.90	1.110(a)	.574
		中	370	565.29		
		高	371	560.79		
	BMI	正常	889	557.72	.719(a)	.869
		低体重	88	569.49		
		超重	83	536.69		
		肥胖	51	534.18		

备注：LTMVPA 表示为闲暇时间中高强度体力活动，a 表示多个独立样本非参数检验的卡方值。

3.3.2 计划行为理论各因素的差异性分析

独立样本 T 检验显示(表 15),锻炼意向存在男女性别显著差异(t=2.60,P<0.05),男生锻炼意向强于女生。锻炼态度上也存在男女性别显著差异(t=2.19,P<0.05),男生锻炼态度好于女生。初中生和高中生在主观规范变量上存在显著差异(t=3.76,P<0.05),初中生好于高中生。知觉行为控制变量上,男女性别(t=3.44,P<0.05)和初中高中(t=2.04,P<0.05)均存在显著性差异,男生知觉行为控制感强于女生,初中生知觉行为控制感稍强于高中生。

因家庭社会经济地位指数(SES)包含低、中、高三个类别,体重指数(BMI)分为正常、低体重、超重、肥胖四个类别,做这两个人口学变量的差异性分析时采用单因素方差分析。社会经济地位的单因素方差分析显示,计划行为理论各变量方差齐性,锻炼意向(F=3.19,P=0.041<0.05)、主观规范(F=3.32,P=0.036<0.05)、知觉行为控制(F=6.04,P=0.002<0.05)三个变量在不同的社会经济地位学生中存在显著差异,锻炼态度不存在显著差异(F=1.75,P=0.174>0.05)。事后检验(LSD)发现,高社会经济地位学生的锻炼意向(P=0.016<0.05)、主观规范(P=0.010<0.05)、知觉行为控制(P=0.001<0.05)均比低社会经济地位学生高,中等社会经济地位学生的知觉行为控制水平较低社会经济地位学生高(P=0.049<0.05)。

BMI 的单因素方差分析显示,计划行为理论各变量方差齐性,单因素方差分析显示,锻炼意向(F=0.65,P=0.577>0.05)、锻炼态度(F=0.58,P=0.624>0.05)、知觉行为控制(F＝0.46，P＝0.706＞0.05)三个变量在不同的 BMI 类别学生中不存在显著差异，主观规范存在显著差异(F＝3.66，P＝0.012＜0.05)。主观规范的事后检验(LSD)发现，肥胖的学生比正常 BMI 的高(P＝0.033＜0.05)，比低体重的高(P＝0.001＜0.05)，正常 BMI 比低体重学生的主观规范水平高(P＝0.018＜0.05)。

表 15　计划行为理论各因素的人口学变量差异分析一览表

检验变量	类别变量	类别	样本	均值(±标准差)	T 值	P 值
锻炼意向	性别	男	491	3.77(±1.64)	2.60	0.009
		女	620	3.53(±1.45)		
	年级	初中	547	3.71(±1.57)	1.50	0.132
		高中	564	3.57(±1.50)		
	生源地	城市	514	3.71(±1.62)	1.52	0.128
		农村	597	3.57(±1.47)		
锻炼态度	性别	男	491	4.64(±1.67)	2.19	0.029
		女	620	4.42(±1.65)		
	年级	初中	547	4.52(±1.70)	0.14	0.888
		高中	564	4.51(±1.63)		
	生源地	城市	514	4.54(±1.69)	0.49	0.621
		农村	597	4.49(±1.64)		
主观规范	性别	男	491	4.42(±1.93)	−0.07	0.943
		女	620	4.43(±1.84)		
	年级	初中	547	4.64(±1.94)	3.76	0.000
		高中	564	4.22(±1.79)		
	生源地	城市	514	4.50(±1.92)	1.17	0.240
		农村	597	4.36(±1.85)		

（续表）

检验变量	类别变量	类别	样本	均值（±标准差）	T值	P值
知觉行为控制	性别	男	491	4.32(±1.55)	3.44	0.001
		女	620	4.00(±1.49)		
	年级	初中	547	4.24(±1.56)	2.04	0.041
		高中	564	4.05(±1.48)		
	生源地	城市	514	4.23(±1.61)	1.69	0.090
		农村	597	4.07(±1.44)		

3.3.3 体育锻炼自主动机指数的差异性分析

通过独立样本T检验，由表16可知，体育锻炼自主动机指数在男女生（t=1.37，P>0.05），初中生和高中生（t=−1.65，P>0.05），城市生源和农村生源（t=−0.56，P>0.05）三个人口学变量上均没有显著性差异。

单因素方差分析显示，不同社会经济地位（F=0.33，P=0.716>0.05）和不同BMI（F=2.00，P=0.112>0.05）的学生在体育锻炼自主动机指数上不存在显著性差异。

表16 体育锻炼自主动机指数的人口学变量差异分析一览表

类别变量	类别	样本	均值（±标准差）	T值	P值
性别	男	491	3.00(±3.34)	1.37	0.169
	女	620	2.72(±3.35)		
年级	初中	547	2.68(±3.47)	−1.65	0.099
	高中	564	3.01(±3.22)		
生源地	城市	514	2.78(±3.43)	−0.56	0.574
	农村	597	2.90(±3.27)		

3.3.4 体育课自主动机指数的差异性分析

通过独立样本T检验，由表17可知，体育课自主动机指数在男女生之间有显著性差异(t=4.63,P<0.05),男生(M=3.51)的体育课自主动机指数高于女生(M=1.85)。城市生源和农村生源的学生在体育课自主动机指数上存在显著性差异(t=-3.74,P<0.05),农村生源的学生(M=3.2)体育课自主动机指数高于城市生源的学生(M=1.85)。初中生和高中生的体育课自主动机指数没有显著性差异(t=-0.73,P>0.05)。

社会经济地位的单因素方差分析显示,体育课自主动机指数的方差不具有同质性,即方差不齐(F=3.66,P=0.026<0.05),事后检验应该读取 Tamhane 部分。单因素方差分析显示,不同家庭社会经济地位学生的体育课自主动机指数存在显著差异(F=5.64,P=0.004<0.05)。事后检验(Tamhane 法)发现,中等社会经济地位的学生与高等社会经济地位的学生存在显著差异(中等>高等)。体育课自主动机指数的不同体重指数(BMI)的差异性分析时显示,体育课自主动机指数的方差具有同质性(F=0.71,P=0.543>0.05),单因素方差分析显示不同 BMI 的学生不存在显著性差异(F=0.50,P=0.678>0.05)。

表 17　体育课自主动机指数的人口学变量差异分析一览表

类别变量	类别	样本	均值(±标准差)	T 值	P 值
性别	男	491	3.51(±6.15)	4.63	0.000
	女	620	1.85(±5.77)		
年级	初中	547	2.45(±6.38)	-0.73	0.462
	高中	564	2.71(±5.61)		
生源地	城市	514	1.85(±6.32)	-3.74	0.000
	农村	597	3.21(±5.64)		

3.3.5 体育课需求支持的差异性分析

通过独立样本 T 检验，由表 18 可知，性别和生源地两个变量在体育课需求支持上有显著性差异，男生感知到的需求支持强于女生，农村生源的学生相比城市生源的学生感知到更多的需求支持，初中生和高中生在体育课需求支持感知上没有显著性差异。

表 18 体育课需求支持的人口学变量差异分析一览表

类别变量	类别	样本	均值(±标准差)	T 值	P 值
性别	男	491	4.66(±1.31)	1.98	0.048
	女	620	4.50(±1.32)		
年级	初中	547	4.55(±1.24)	−0.69	0.487
	高中	564	4.60(±5.61)		
生源地	城市	514	4.43(±1.40)	−3.32	0.001
	农村	597	4.70(±1.23)		

社会经济地位的单因素方差分析显示，体育课需求支持的方差不具有同质性，即方差不齐($F=3.56, P=0.029<0.05$)，不同社会经济地位学生的体育课需求支持感知没有显著性差异($F=0.79, P=0.451>0.05$)，体育课需求支持的不同体重指数(BMI)的差异性分析时显示，体育课需求支持的方差具有同质性($F=1.31, P=0.267>0.05$)，单因素方差分析显示不同BMI 的学生不存在显著性差异($F=2.15, P=0.091>0.05$)。

因此，考虑到人口学变量在体育课需求支持感知、动机水平、体力活动水平、计划行为变量的差异性，研究把性别、年级、家庭社会经济地位指数和体重指数四个人口学变量在后文的统计分析中作为控制变量处理。

3.4　结构方程模型分析

基于上一章陈述的理论模型假设图（图 10），采用 Mplus7.4 进行路径分析，结果显示数据与原始模型适配欠佳（$x^2/df=4.97$，CFI＝0.918，TLI＝0.908，RMSEA＝0.06，SRMR＝0.086）。根据模型的修正指标提示，体育课上教师提供的需求支持行为与学生闲暇时间内体力活动态度和主观规范之间添加路径[171]，体育课自主动机指数（RAIpe）与锻炼态度、知觉行为控制、闲暇时间体力活动（LTMVPA）之间添加路径[172]，计划行为理论三个变量（态度、主观规范、知觉行为控制）设置两两相关[173;174]后，模式与数据适配良好（$x^2/df=2.87$，CFI＝0.963，TLI＝0.957，RMSEA＝0.041，SRMR＝0.048，详见表 19），修正模型结果可以接受。为简洁起见，结构方程模型路径分析图 15 中仅显示结构模型中大部分潜变量间的路径关系，表 20 呈现了测量模型中观测指标的因子载荷和残差信息，所有六个潜变量的所有测量指标标准化载荷都大于 0.5，绝大部分大于 0.7，仅有两个低于 0.7（分别为 0.578 和 0.694），超过了 Meyer 提出的高于 0.4 的标准[175]，且所有载荷都达到 0.001 水平的显著性，说明所有题目都可以很好的测量各自的潜变量。

表 19　模型拟合指数一览表

拟合标准	x^2/df	CFI	TLI	RMSEA	SRMR
	＜3	＞0.9	＞0.9	＜0.05	＜0.05
原始模型	4.97	0.918	0.908	0.06	0.086
修正模型	2.87	0.963	0.957	0.041	0.048

表 20 结构方程模型的因子载荷和残差一览表

潜变量	观测指标	因子载荷	残差	p
NS	AS	0.947	0.102	0.000
	CS	0.877	0.231	0.000
	RS	0.905	0.180	0.000
RAIpe	RAIpe1	0.865	0.252	0.000
	RAIpe2	0.831	0.310	0.000
	RAIpe3	0.793	0.371	0.000
RAIex	RAIex 1	0.727	0.472	0.000
	RAIex 2	0.779	0.393	0.000
	RAIex 3	0.711	0.494	0.000
	RAIex 4	0.694	0.518	0.000
PBC	F6	0.858	0.264	0.000
	F7	0.876	0.233	0.000
	F8	0.578	0.666	0.000
AT	F4_1	0.808	0.347	0.000
	F4_2	0.912	0.169	0.000
	F4_3	0.881	0.223	0.000
IN	F1	0.777	0.396	0.000
	F2	0.799	0.361	0.000
	F3	0.739	0.454	0.000

预测理论模型因子间结构关系的标准参数估计如图 15 和表 21 所示。该模型可以解释体力活动行为方差的比例为 33.1%,对行为意向的解释效力稍高一些(36.8%),对其余变量的方差解释率都较小。控制变量中,性别($\beta=-0.118, p<0.001$)和年级($\beta=-0.132, p<0.001$)对闲暇时间内体力活动均具有显著负向影响,即男生比女生的体力活动多,低年级

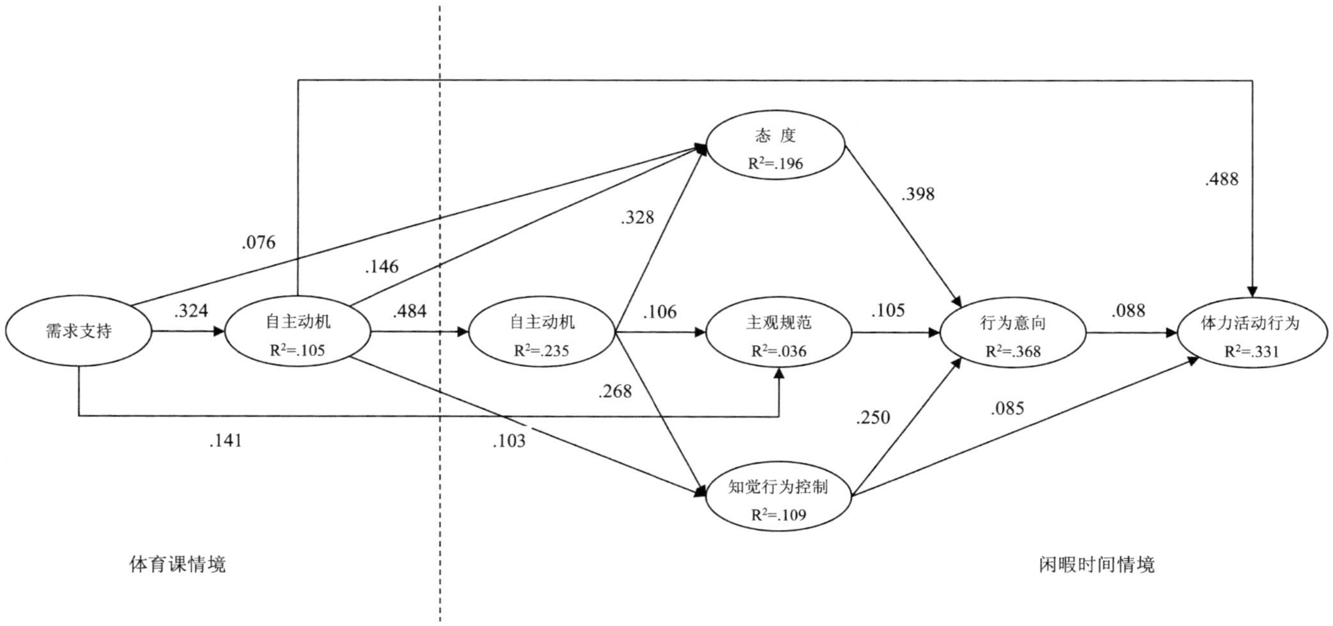

图15　结构方程模型路径分析图

注：模型图中省略态度、主观规范、知觉行为控制及残差之间相关的连线，所有的路径均显著。

比高年级的体力活动多，而家庭社会经济地位指数（$\beta=0.035$，$p=0.135$）和体重指数（$\beta=-0.036$，$p=0.103$）对体力活动的影响不显著。

预测理论模型中的变量假设关系验证中，体育课上教师提供的需求支持情境正向预测学生体育课的自主动机（假设1，$\beta=0.324$，$p<0.001$）。学生体育课的自主动机正向预测闲暇时间中的自主动机（假设2，$\beta=0.484$，$p<0.001$）。闲暇时间内的自主动机正向预测锻炼的态度（假设4，$\beta=0.328$，$p<0.001$）、知觉行为控制（假设5，$\beta=0.268$，$p<0.001$），同时也正向预测主观规范（假设6，$\beta=0.106$，$p<0.01$），因此，我们拒绝研究假设6。态度（假设7，$\beta=0.398$，$p<0.001$）、主观规范（假设8，$\beta=0.105$，$p<0.01$）、知觉行为控制（假设9，$\beta=0.250$，$p<0.001$）对行为意向均有正向预测作用。知觉行为控制（假设13，$\beta=0.085$，$p<0.01$）和行为意向（假设14，$\beta=0.088$，$p<0.01$）对体力活动行为均有正向预测效应。

表21 标准化回归系数、解释方差、显著性检验一览表

	系数（Coefficient）	标准误（SE）	解释方差（R^2）	T值	p
体力活动行为(LTMVPA)			0.331		
SEX→LTMVPA	−0.118	0.024		−4.830	0.000
GRADE→LTMVPA	−0.132	0.023		−5.749	0.000
SES→LTMVPA	0.035	0.024		1.494	0.135
BMI→LTMVPA	−0.036	0.022		−1.631	0.103
RAIpe→LTMVPA	0.488	0.027		18.295	0.000
PBC→LTMVPA	0.085	0.030		2.870	0.004

（续表）

	系数(Coefficient)	标准误(SE)	解释方差(R^2)	T 值	p
IN→LTMVPA	0.088	0.032		2.711	0.007
行为意向(IN)			0.368		
PBC→IN	0.250	0.046		5.458	0.000
AT→IN	0.398	0.045		8.770	0.000
SN→IN	0.105	0.037		2.824	0.005
知觉行为控制(PBC)			0.109		
RAIpe→PBC	0.103	0.042		2.450	0.014
RAIex→PBC	0.268	0.042		6.402	0.000
态度(AT)			0.196		
RAIpe→AT	0.146	0.038		3.823	0.000
RAIex→AT	0.328	0.037		8.812	0.000
NS→AT	0.076	0.033		2.330	0.020
主观规范(SN)			0.036		
RAIex→SN	0.106	0.037		2.871	0.004
NS→SN	0.141	0.031		4.600	0.000
体育锻炼自主动机(RAIex)			0.235		
RAIpe→RAIex	0.484	0.033		14.499	0.000
体育课自主动机(RAIpe)			0.105		
NS→RAIpe	0.324	0.034		9.546	0.000

预测理论模型中变量间的中介效应采用偏差校正的95%Bootstrap法进行检验（见表 22），体育课教师提供的需求支持通过体育课中自主动机正向预测闲暇时间内的自主动机（假设 3，$\beta=0.157$，CI_{95}[0.120，0.201]，$p<0.001$）。闲暇

时间内的自主动机通过态度(假设 10，β=0.131，CI_{95}[0.092，0.176]，p<0.001)，知觉行为控制(假设 12，β=0.067，CI_{95}[0.039，0.106]，p<0.001)正向预测行为意向，与我们假设 11 相反的是，闲暇时间内的自主动机通过主观规范(假设 11，β=0.011，CI_{95}[0.003，0.026]，p<0.05)也对行为意向有边缘的显著性统计意义，因此，我们拒绝假设 11。体育课上教师提供的需求支持通过两种情境的自主动机、行为意向前因变量和行为意向正向预测体力活动行为(假设 15，β=0.174，CI_{95}[0.136，0.214]，p<0.001)。体育课中自主动机不仅对体力活动行为有直接预测作用(β=0.488，p<0.001)，还通过闲暇时间内自主动机、行为意向前因变量以及行为意向间接正向预测体力活动行为(假设 16，β=0.036，CI_{95}[0.021，0.054]，p<0.001)，闲暇时间内自主动机通过行为意向前因变量和行为意向正向预测体力活动行为(假设 17，β=0.041，CI_{95}[0.024，0.063]，p<0.001)。

表 22　理论模型中变量间中介效应 Bootstrap 法检验结果一览表

路　径	标准化的间接效应估计值	95%CI		P 值
		下限	上限	
NS→RAIpe→RAIex	0.157	0.120	0.201	.000
RAIex→AT→IN	0.131	0.092	0.176	.000
RAIex→SN→IN	0.011	0.003	0.026	.049
RAIex→PBC→IN	0.067	0.039	0.106	.000
NS→RAIpe→RAIex→TPB→LTMVPA	0.174	0.136	0.214	.000
RAIpe→RAIex→TPB→LTMVPA	0.036	0.021	0.054	.000
RAIex→TPB→LTMVPA	0.041	0.024	0.063	.000

4　分析与讨论

此研究的主要目的是验证和修订理论假设模型，验证理论模型之前先对人口学变量与体力活动相关变量之间的差异性进行比较分析。

4.1　青少年体力活动相关变量的人口学差异性分析

研究结果显示，男生体力活动水平高于女生，初中生体力活动水平高于高中生，青少年体力活动水平在性别和年级上存在显著性差异，而在生源地、家庭社会经济地位、BMI 上没有显著性差异，研究结果与前期成果一致。如美国学者 Sallis 通过综述发现大部分研究认为在体力活动参与方面男生比女生更活跃，而年龄与体力活动成负相关，社会经济地位与体力活动相关不显著[176]，国内学者 Duan 对北京地区 8 所中学的青少年体力活动水平调查也表明了男生比女生体力活动水平高[177]。值得一提的是，BMI 与体力活动之间的关系不显著，与很多系统综述结果不一致[178]，造成不一致的原因可能是方法学上的局限，儿童青少年自我报告的体力活动可能存在测量偏差，超重的青少年报告的体力活动可能比实际的多[179]，此外研究中体力活动仅特指闲暇时间内的体力活动可能也导致两个变量之间的关系不明朗。关于生源地变量，研究中设置为城镇和农村二分类变量，可能是由于城镇化建设的加快和教育体制的原因，农村的小孩在小学高年级阶段就送至城镇读书已是普遍现象，导致城镇和农村小孩在闲暇时间中体力活动水平没有显著差异。

在计划行为理论各变量方面，男生锻炼态度和锻炼意向好于女生，锻炼态度和锻炼意向在性别上存在显著性差异，研究结果与 Martin 和康茜的研究结果一致[180;181]。在知觉行为控制方面存在性别和年级差异，男生知觉行为控制感强于女生，初中生知觉行为控制感好于高中生，造成这种性别差异可能是由于角色理论中的社会角色期望、家庭因素、教育因素和大众媒介因素共同影响所致，行为控制感的年级差异可能与高中阶段应试教育比初中阶段抓的更紧有关。在主观规范上存在年级差异，初中生好于高中生，这可能由于高中阶段面临升大学的压力，家长和任课教师都以孩子升大学为中心，而初中阶段属于义务教育阶段，升学压力相对较小，这样一种教育的“真实写照”可能导致了我国初中生和高中生在主观规范和知觉行为控制上存在差异。此外，不同家庭经济地位的学生可能因为经济条件和父母的教育程度不同，导致在锻炼意向、主观规范、知觉行为控制上存在显著差异。不同 BMI 的学生可能会受到家长和同伴对身体形象的评价压力，因而他们感受到的外界压力即主观规范存在显著差异。

体育锻炼自主动机水平方面，不同性别、年级、生源地、社会经济地位、体重指数的人口学变量均没有差异。这可能与我国青少年体力活动水平低，学习压力大，体育锻炼动机水平不高有直接关系。体育课自主动机水平方面，男女生存在显著性差异，男生体育课自主动机水平高于女生，研究结果与 Mouratidis 针对希腊中学体育课男女生自主动机差异保持一致[182]，然而 Rutten 的研究却发现体育课中男女生自主动机没有差异[183]。城市生源比农村生源的学生体育课自主动机指数低，可能与学生接受的教育和吃苦耐劳精神有关。

体育课需求支持方面，男生在课堂中感知到体育教师更多地需求支持，存在显著的性别差异，研究结果与 Ntoumanis 和 Rutten 的研究不一致，Ntoumanis 以 302 名 15 岁英国青少年为研究对象发现，男女生在整体需求支持上没有差异[129]，Rutten 以比利时青少年为研究对象却得出女生比男生感受到体育教师更多的需求支持[183]，研究结果不一致可能是由于东西方文化差异造成。农村生源学生比城市生源学生感知到更多的需求支持，体育课需求支持在生源地上存在显著性差异，这可能与学生的生活环境和接受的教养方式有关。

4.2　青少年体力活动行为预测理论模型的验证与修订

本研究的预测理论整合模型旨在解释体育课情境中教师提供的需求支持情境是如何影响体育课和闲暇时间内的自主动机，以及闲暇时间内的体力活动行为意向和实际参与行为。即体育课情境中教师的需求支持行为影响学生闲暇时间体力活动行为意向和实际参与行为的动机过程，研究结果部分支持了研究假设。讨论部分将从体育课情境中需求支持与体育课自主动机的关系、体育课的自主动机与闲暇时间内体力活动自主动机的关系、闲暇时间内体力活动自主动机与行为意向和实际参与行为的关系三个方面展开。

4.2.1　需求支持与体育课自主动机的关系

根据自我决定理论，社会环境可通过提供个体基本的心理需求支持强烈影响动机行为。体育课中教师可提供自主支持、教学结构、人际卷入三个方面的需求支持，三个方面的需求协同支持比单个支持有更好的行为参与[130]，但已有研究大多只考虑自主支持一个方面，本研究可以为体育教师课堂教学的全面需求支持行为提供一个更为具体和真实的参照。研究结果显示，体育课中教师提供的需求支持情境对学生体育课的自主动机有直接正向影响，与前人的研究成果保持部分一致。如 Ntoumanis 通过对英国 302 个青少年学生研究发现，体育课中学生通过感知教师提供的需求支持（包含自主支持、合作学习、强调自身提高三个方面）而达到的心理需求满足可以正向预测自主动机[129]。Hagger 对 4 国青少年体育课情境学生感知到教师的自主支持与体育课自主动机关系研究中发现，英国、希腊、波兰 3 国青少年感知教师的自主支持对体育科自主动机有直接正向影响，但新加坡青少年没有[171]。随后，Hagger 又对多国进行了一项跨文化的研究发现，无论是身处集体主义文化（爱沙尼亚，芬兰和匈牙利）还是个人主义文化（英国）的青少年在体育课堂中感知到教师的自主支持均正向影响体育课自主动机[184]。Sanchez-Oliva 对西班牙 12—16 岁中学生研究发现，教师的需求支持通过学生的需求满足对自主动机有正向预测作用[185]。然而，Tessier 在对 3 名新进体育教师进行需求支持（包含自主支持、教学结构、人际参与）形式的教学风格培训后，通过对 185 个中学生进行 7 周的干预研究发现，需求支持并不能增加学生的自主动机，但减少了控制动机[100]。根据自我决定理论，我们知道控制动机和自主动机是学生体育课学习的两种常见动机类型，处于动机调节连续体的不同阶段,体育课控制动机的减少就是自主动机增加的重要前奏,是一种此消彼长的动态关系,造成这种现象可能与干预的时间短和教师的教学行为真实改变状况有关系。

从实践层面来说,体育教师在课堂中对学生提供的需求支持就是指能满足学生的自主、能力、关系三个基本心理需求的社会情境。根据自我决定理论的子理论——基本心理需求满足理论,学生课堂中三个需求的满足是体育课最佳动机和幸福感的营养剂。提高学生的自主需求感知方面,就是让学生有更多地自我控制感,视体育学习行为为自身内在需要和兴趣,培养学生的内在动机[186]。具体来说,体育教师应该考虑学生的自身兴趣,允许学生有一定的选择权利和决策机会,当活动不是有趣的时候,我们应该认识和接受学生的消极情感,并为参加体育活动提供合理的理由,如“我知道长跑并没有太多的乐趣,但有益于身心健康……”。值得注意的是,体育课上学生的自主性不等于独立性和自由意志,自主性是个体在充分认识环境和个人需要的基础上,当体育教师提供的社会情境或外部事件对目标行为产生压力时,进行自由选择的程度,自我决定理论假定个体的行为是符合社会规范的,个体的行为或受自主性引导或受外在力量控制[90]。提高学生自身的能力感知方面,即指学生在课堂中对取得理想学习结果的信心和效能感,当学生体验到最佳的教学结构时,能力感知形成[187]。教学结构是指有助于学生实现预期结果和能力发展的教学行为[188],它的对立面是混乱(chaos)[187]。Jang[143]和 Vansteenkist[189]研究认为最佳的教学结构应包括清晰的、可理解的目标,明确的指导,积极和有建设性的反馈。如体育教师应该采取一些能够优化学生自身能力感知的措施,如安排教学任务时根据学生现有的水平和能力进行调整,学生练习时提供积极的反馈和足够的时间,关注自身的进步,这些将使学生更大程度地努力和优化其自身的能力感知,加速形成更自主的动机。提高学生的关系感知方面,即发展师生之间积极和满意的关系,关系的特点是亲密和信任。如体育课堂中教师以友善、温和、亲切的方式与学生互动。

4.2.2 体育课自主动机与闲暇时间内体力活动自主动机的关系

Vallerand 的动机层次模型认为不同领域水平的自主动机有相互作用,学生在体育课堂中对体力活动形成的自主动机会影响他课外寻找机会积极参加类似的活动[127;190],以体验活动带来的乐趣感和满足感。研究结果显示,体育课中学生的自主动机对闲暇时间体力活动的自主动机有直接正向影响,并且体育课中自主动机是需求支持与闲暇时间中自主动机的完全中介变量,研究结果与 hagger 的跨情境模型研究中部分样本保持一致。Hagger 的跨文化研究显示,除波兰外,英国、希腊、新加坡学生体育课自主动机对闲暇时间自主动机有直接正向影响,只有英国样本的体育课自主动机是教师自主支持和闲暇时间体力活动自主动机之间的中介变量[171]。Standage 对英国学生研究发现体育课自主动机对闲暇时间自主动机有直接影响,体育课上教师提供的自主支持对两种情境中的自主动机均有正向间接影响[191]。

体育课在我国学校课程体系中属于必修课,但由于各种历史原因和现实窘态体育课教学质量不高已是不争的事实，甚至于还存在大量的“放羊式”教学。尽管我国中小学的体育课时有政策保证，但很多体育课的质量达不到规定的要求，正如王宗平教授描述的“三无七不”温柔体育课（三无：无强度、无对抗、无冲撞，七不：不出汗、不脏衣、不喘气、不摔跤、不擦皮、不受伤、不长跑）[192;193]。近年来，季浏教授带领其科研团队提出了“中国健康体育课程模式”，该模式认为体育课的关键技术为运动负荷、以活动和比赛为主要形式的运动技能、补偿性体能练习三个方面，其中认为体育课的密度应该在 75% 以上，运动强度要达到 140—160 次/分钟[194]。但英国学者 Fairclough 通过心率监控器监测发现，学生参加体育课的中高强度体力活动时间大约仅为 18 分钟，相当于每天 60 分钟中高强度体力活动推荐量的三分之一[20]。加之体育课时有限，很多学校还存在人数众多场地稀少等限制因素，因此，体育课只能占青少年体力活动量的一部分，体育课只有融合课外体育锻炼、家庭和社区等体力活动机会才能更有效提升青少年的体力活动水平[21]。已有研究和经验表明，体育课中学生对参与体力活动的动机、情感体验和能力感知可能是影响课后体育锻炼的重要因素[144]。体育课和闲暇时间内体力活动是中学生体力活动的两种重要情境，自主动机是两种情境中体力活动行为的共有心理特质，通过体育课自主动机来影响闲暇时间内体力活动自主动机是理论整合模型的核心环节，也是体育课提高闲暇时间内青少年体力活动水平的重要连接点。

4.2.3 闲暇时间体力活动自主动机与行为意向和实际参与行为的关系

自我决定理论中的自主动机能够为计划行为理论中的行为信念、控制力等社会认知判断的提供源动力[195]，自主动机与计划行为理论中态度、知觉行为控制变量保持一致。自主动机和社会信念认知系统的联系是本研究中两个理论整合的基础[86]和逻辑起点。研究结果显示，闲暇时间内的自主动机不但直接正向预测体力活动的态度、知觉行为控制、而且通过这些变量间接正向预测行为意向和实际体力活动参与行为，研究结果与前人的研究保持一致。如冯玉娟对 304 名高中生的身体活动研究发现，自主动机可以积极预测态度、知觉行为控制，自主动机转化为行为意向及实际参与行为依赖于计划行为理论中的态度、知觉行为控制等社会认知变量，而高中生身体活动行为意向和行为的产生则依赖于个体自主动机的激发、个体的重要社会关系以及对行为的态度和控制能力[68]。值得一提的是，该研究中对自主动机的测量有待商榷，因为自主动机通常是采用一种指数的形式来表达，它是由 4 种不同形式的动机调节形式组成，研究中仅用 4 个条目代替自主动机[68]。

关于计划行为理论中的主观规范变量，按照主观规范的定义和自我决定理论可知，主观规范主要反映个体接受到来自于重要他人对参加目标行为的压力，与自主动机的关系可能是 0 或者负相关。因此研究假设认为闲暇时间内自主动机对主观规范没有直接预测作用，主观规范在闲暇时间体力活动自主动机和行为意向中不起中介作用，但最终的研究结果拒绝了这些假设。造成这种结果的原因可能是，中国集体主义文化背景下，青少年会面临更多来自于家庭、父母、朋友的期望和要求，重要他人的期望和威望会使青少年倾向从事父母或朋友认可的事情。从这一点来说，主观规范在集体主义文化中既是外部控制信息，又是个体的内部动力，重要他人支持的行为会逐渐内化为个体的内部动机，表现为愿意从事和更好的坚持性。研究结果与 Hamilton 的研究保持一致，闲暇时间自主动机不仅正向预测态度、知觉行为控制，还正向预测主观规范，态度、主观规范、知觉行为控制是自主动机和行为意向的完全中介变量[196]。此外，计划行为理论中三个以信念为基础的变量，即态度、主观规范、知觉行为控制均对行为意向有正向预测作用，行为意向和知觉行为控制对体力活动行为均有正向预测作用。研究结果除主观规范与行为意向之间的关系外，与 Hagger 针对 217 名新加坡大学生的研究保持一致[171]。在行为意向和体力活动实际参与行为的预测上，不但闲暇时间和体育课两种情境中的自主动机对行为意向和实际参与行为有正向预测作用，而且体育课中教师的需求支持也通过动机序列间接正向影响体力活动实际参与行为，研究结果与 Hagger 近期做的元分析保持一致[172]。

值得一提的是，研究中显示，体育课自主动机对闲暇时间体力活动实际参与行为有直接预测作用，研究结果与国内学者冯玉娟、毛志雄的研究保持一致[197]，但与 Hagger 的研究结果不一致[171]。造成这一现象的原因可能是由于中学生升学压力较大，课外体育锻炼不足，体力活动自我报告时把体育课中的体力活动也计入其中，测量上的误差导致这种关系的产生，运用加速度计对青少年体力活动行为进行客观测量可能更能准确说明变量间的关系。

4.3　实践启示

预测理论整合模型表明，体育教师在课堂内提供的需求支持情境通过一系列动机过程能提高学生闲暇时间内体力活动水平。即学生在课堂活动中感受到教师的自主、能力、关系支持时，基本心理需求得到满足后会加速动机内化过程形成体育课自主动机，学生体育课中拥有自主动机，会导致学生在闲暇时间中寻求类似的需求满足行为，形成闲暇时间体力活动自主动机，自主动机通过形成积极态度和强烈意愿等社会认知促进青少年闲暇时间体力活动实际参与水平。因此，体育课中教师的需求支持和学生自主动机的形成对促进学生闲暇时间体力活动水平非常重要，从某种程度上来说，该预测理论模型是体育课为学生终身体育服务长期目标的细化。

很多学者根据自我决定理论和体育课实践，从自主支持、教学结构、关系支持三个方面提出了具体的观测指标和要求。Reeve 把教师的自主支持定义为教师在教学过程中提供的一种可以鉴别、培育和挖掘学生内部动机源泉的人际间情感和行为，具体的自主支持行为包括培养内心激励资源、提供合理的解释、依靠非控制和信息语言、对学生自我调节学习有耐心、认识和接受学生的消极情感[186]。Skinner 认为教学结构是教师根据学生特点和教材内容做出的具有明确目标方向、强有力指导、建设性反馈的稳定教学行为结构，它有助于学生取得良好学习结果的信心和效能感[187]。Jang 也把教学结构变量的操作化定义为具有强有力指导、清晰的方向和建设性反馈的教学行为，并且把自主支持和教学结构做了两因素模型的验证性因子分析，研究显示自主支持和教学结构具有独立的结构，存在正相关和互补作用[143]。Skinner 认为关系支持是指教师在课堂中提供的社会情景让学生感受到教师的温暖、爱心、幽默、理解[187]。

体育教育领域中，Chatzisarantis 采取整群随机抽样的方式抽取 10 所学校 215 名学生进行体育课自主支持干预研究，结果表明采用自主支持授课班的学生在闲暇时间表现出更强的运动意向，比控制条件下的学生在闲暇时间中参加更多的体力活动，自主动机和行为意向是体育课自主支持和闲暇时间内体力活动的重要中介变量[29]。Tessier 则对 3 名新进体育教师进行需求支持方式的教学风格培训后，发现体育课中学生的需求满足、自主动机和课堂参与行为均得到增加或提高[100]。Cheon 等人开发了一个体育教师自主支持培训计划，19 名体育教师随机分配到实验组和对照组，通过一个学期 3 次干预后发现，实验组学生的心理需求满足、自主动机水平、课堂参与、运动技能、体力活动行为意向、体育学习成绩均比对照组高[198;199]。

因此，我们可以把研究建立的预测理论模型作为以学校为基础的青少年体力活动干预研究基础，通过体育课中教师的需求支持教学行为培养学生的自主动机，自主动机结合积极态度和能力感知等社会认知信念可促进青少年闲暇时间体力活动实际参与水平。干预研究中，体育教师在课堂中的需求支持教学行为的真实性和有效性需要我们严格控制，即干预措施的有效性，目前课堂教学行为有效性评价有教师自我报告、学生评价和观察者客观评价三种量化评价方式[186]。如何让体育教师在课堂教学中提供满足学生基本心理需求的社会情境，是贯彻新课标理念的重要环节，也是学校体育改革的核心任务。

5 小　结

研究提供了一个解释体育课情境影响青少年闲暇时间体力活动的跨情境整合理论模型，该模型提供了一个将需求相关动机转化为动机行为的动机序列，具体如下：

（1）体育课中教师提供的需求支持越高，学生的体育课自主动机水平越高，需求支持通过两种情境的自主动机和社会信念认知变量正向预测闲暇时间体力活动行为。

（2）体育课上学生的自主动机可以跨情境迁移到闲暇时间自主动机，自主动机是体育课提高闲暇时间内青少年体力活动水平的重要连接点。体育课自主动机对体力活动行为有直接和间接的正向预测作用。

（3）青少年闲暇时间体力活动自主动机通过计划行为理论变量对体力活动行为有间接预测作用。

第 5 章　青少年体力活动行为干预研究

青少年体力活动水平下降是全球关注的焦点问题，以学校为基础的体力活动干预计划受到了许多发达国家的重视，如美国疾病控制与预防中心（CDC）2008 年提出的综合性学校体力活动项目（Comprehensive School Physical Activity Program，CSPAP）。体育课是以学校为基础的主要体力活动项目之一，结构化的课程教学能为青少年提供大量参加中高强度体力活动机会，然而青少年在体育课堂中的中高强度体力活动水平往往不高[20]。动机是影响青少年参与中高强度体力活动行为的重要因素之一，青少年动机水平是个体与外界物质、环境的交互作用结果[200]，因此要增加青少年的体力活动水平就应该创设环境努力提高学生的动机水平。通常青少年体力活动动机涉及到体育课环境和课外体育锻炼环境[200]，课外体育锻炼环境和本研究的闲暇时间情境类似，闲暇时间情境中青少年是一种自由状态，而体育课属于必修课，因此体育教师在课堂中的行为，习惯和激励方式等社会情境因素会对学生的学习感受和参与度产生实质性的影响，并可能影响学生成年后形成积极运动生活方式。已有研究表明，教师在教学过程中的人际关系或激励方式是决定学生是否愿意参与所提供的活动并达到学习目标的关键因素[186]，即教师激励风格对学生的知情行有重要影响。解释教师激励风格的重要理论基础就是自我决定理论。

体育课领域中，教师的自主支持有助于学生课堂取得良好学习结果的关系得到了大量验证，既有大量的横向调查研究[41;148;152]，也有少量纵向的干预研究[30;198;199;201;202]。Chatzisarantis 通过教学实验验证了体育课中教师提供的自主支持促进青少年闲暇时间体力活动行为的关系[29]。但总体而言，体育课领域中，体育教师提供自主支持情境的干预研究还较少，而且 Su 通过 Meta 分析发现既往的干预研究中还有一些方法上的局限性，如缺乏控制组或基线测试，样本量偏小，没有随机分配被试等问题[203]。此外，体育课已有的干预研究中主要集中在自主支持策略上，忽略了教学结构和关系支持的特征。然而，自主性支持，教学结构和关系支持并不是独立的，而是教师人际交往方式或激励风格的互补维度，当教师同时支持这三种心理需求时，学生的动机才会达到最佳[143]。因此，需要进一步强调对包含三个维度的体育教师教学激励风格进行干预研究。前期的研究表明，体育教师课堂中提供的需求支持对闲暇时间体力活动行为有正向预测作用，而体育教师课堂中提供的需求支持行为是通过教师人际交往方式或激励风格完成，因此，有必要通过体育教师教学激励风格的干预来验证体育课堂需求支持对青少年闲暇时间体力活动行为的影响。

1　研究目的

在研究一、二提出的预测理论模型基础上，采用2×3双因素混合实验设计，以体育课教师激励风格为干预手段进行青少年体力活动行为促进实验研究。验证体育课需求支持情境对青少年闲暇时间体力活动行为的跨情境影响，即情境、动机、认知与体力活动行为之间的因果关系。具体来说，假设如下。

第一，研究体育教师专业发展培训是否能有效改变课堂教学的激励风格。我们假设1，实验组教师课堂教学中呈现的需求支持行为多于对照组教师，即实验组教师课堂教学的激励风格向支持型转变。

第二，考虑到前期研究的预测理论模型，自主动机和社会认知变量的中介作用，研究的第二个目的是考察实验组学生的自主动机、计划行为理论的社会认知变量是否有改变。我们假设2，(a)实验组学生体力活动自主动机水平高于对照组学生，(b)实验组学生对体力活动的社会认知比对照组学生好。

第三，研究实验组学生闲暇时间体力活动水平是否提高。我们假设3，实验组学生闲暇时间体力活动实际参与水平高于对照组学生。

2　研究对象与方法

2.1　实验对象

学生参与者：利用师范院校的"校校合作"平台，从某合作中学高一年级19个班级中随机抽取8个平行班559个学生，其中4个班整群随机分配为实验班，4个为对照班，班级规模为69.87人(标准差SD=2.85人)，学生生源既有城市又有农村。基线测试中(前测)所有学生完成了问卷调查，10个星期后进行第二次问卷调查(中测)，498个学生参与，61个学生因为请假等各种原因未参与中测，学期末进行第三次测试(后测)，450个学生参与调查，48个学生未参与测试。最终的分析样本为450个高一学生，男生230人(51.1%)，女生220人(48.9%)，年龄范围为13—17岁，平均14.90岁(标准差SD=0.629岁)，其中实验班共244人，对照班共206人。学生参与者具体人口学特征详见表23。

选择高一学生作为受试者是基于以下几点考虑：第一，已有横断面和前瞻性研究数据表明，13—18岁年龄段的体力活动下降最快[204]，高一学生平均15岁左右。第二，高一学生刚从初中过渡到高中，初三有体育加分考试，学生的身体素质练习有保证，高二高三升学压力相对较大，高一学生相对“自由”。第三，高一学生处于青春期，期间体力活动习惯养成对成年阶段终身体育有重要影响[205]。

教师参与者：研究利用校校合作平台，于2016年暑期对某合作学校12位体育教师进行校园足球教学培训时邀请他们参与我们的学期干预计划，最终4位男性体育教师同意参加。教师的平均年龄为30岁(标准差SD=4.69岁)，平均教龄为7.75年(标准差SD=4.27年)，均为拥有学士学位和教师资格证的在编老师，4位体育教师随机分配到实验班或对照班，每个老师任教2个自然班。任课教师的具体人口学特征详见表 23。

选择校园足球培训时邀请教师参与足球教学干预研究基于以下几点考虑：第一，校园足球得到政府各级部门的重视，学校领导大力支持校园足球发展，体育教师有机会参加进修和相关培训工作，足球教学和训练器材充足。第二，社会和学生家长对小孩踢足球的认识有所改变，基层部分学校有良好的足球氛围范例。第三，体育教师对参与校园足球事宜积极性高，社会、学校、学生对校园足球从业人士认可度较高，教师的职业倦怠现象有所改善，体育教师有良好的合作意愿。第四，基于前三点原因，选择校园足球任教老师可以有效调动体育老师的积极性和相关的心理前因，因为已有研究表明，体育教师个人的工作满意度、动机、压力、倦怠等心理前因和学校的支持与环境因素对教学行为有重要影响[206—209]。

表 23　实验对象人口统计学特征一览表

特　征	学　生			特征	教　师		
	实验组		对照组		实验组		对照组
	n(%)				n(%)		
性别				性别			
男	125(51.2)		105(51.0)	男	2(100%)		2(100%)
女	119(48.8)		101(49.0)	女	0		0
生源地				职称			
城市	116(47.5)		98(47.6)	中二	1(50%)		1(50%)
农村	128(52.5)		108(52.4)	中一	1(50%)		1(50%)
身高(米)	1.62(0.07)	M(SD)	1.62(0.07)	年龄(岁)	29.5(2.12)	M(SD)	30.5(7.78)
体重(千克)	49.72(8.85)		49.23(9.74)	教龄(年)	7.50(2.12)		8.0(7.07)

（注：表中 M 表示均值，SD 表示标准差）

2.2　实验设计

研究根据前期提出的青少年体力活动行为预测理论模

型，通过体育教师需求支持教学方式培训改变教师的教学激励风格，探究体育课教师提供的社会情境对青少年闲暇时间体力活动的影响。

实验设计采用 2×3 双因素混合实验设计。两个因素为组别和时间，组别因素分为实验组和对照组，称为被试间因素，时间因素分为前测、中测、后测，称为被试内因素。组间变量为组别（实验组和对照组），组内变量为不同的时间点（教学效果评价）。研究的操纵变量（自变量）为实验组教师参加需求支持教学培训后在体育课堂教学中呈现的教学激励风格，结果变量（因变量）为学生体育课自主动机，闲暇时间体力活动自主动机，体力活动社会认知变量，闲暇时间体力活动行为。激励风格是指教师在课堂中用于激励学生从事学习活动的人际间情感和行为，激励风格是一个相对比较稳定的心理特质，具有反复性和持久性[36—38]。实验采用单盲设计[210]，任课教师知道自己处于实验组或是对照组，受试学生不知道自己是否处于实验组，避免学生的“霍桑效应”。

2.3　需求支持教学方式培训计划

需求支持教学方式培训是针对体育教师教学的继续教育发展培训，旨在让实验班体育教师反思自身的教学行为，形成良好的需求支持式教学激励风格。在大量阅读国内外文献的基础上，经与中学经验丰富的体育教师和教育领域的干预专家商讨后，需求支持教学培训包括三个方面的内容（详见附件8）：(1)理论背景；(2)具体教学策略；(3)应用练习（即微格教学）。

第一阶段安排在学期开始前两周，时长 3 个小时，以研讨会形式开展，首先由专家、中学优秀教师以及实验组教师共同开展一堂反思性的活动，帮助教师意识到自己过去的教学是倾向于需求支持型还是控制型教学。随后，教师通过观看多媒体形式的 PowerPoint 文稿演示，了解自我决定理论背景，运用具体的事例阐析需求支持、需求满足、动机性质等核心概念，通过讨论形式进一步阐明教师自主激励风格的益处和控制激励风格的弊端，播放具体的足球教学视频支持这样一个观点：当学生课堂中自身的自主、能力、关系需求得到支持时，他们能够更好地参与和喜欢体育课，承认体育课的价值和收益。

第二阶段的培训在当天下午进行，时长 2 个半小时，该部分重点介绍具体的足球教学策略，以创造一个有利于需求支持的课堂环境，促进学生体育课最佳动机。在这一部分，我们提出了 7 个具体策略来支持学生的自主、能力需求。在自主支持方面，提出了(1)采取共情态度，(2)提供选择机会，(3)信任理解学生，(4)引导提问 4 个策略，在教学结构方面，提出了(1)鼓励学生，(2)给予积极的反馈，(3)提供帮助。为了避免信息量大引起体育教师的厌倦感，关系支持又常穿插在自主支持、能力支持两个维度中，因此，关系支持策略不作为一个单独的分类提出，而是作为一个基本的教学素质来帮助自主支持和能力支持教学行为[211]。7 个需求支持教学策略，首先，通过具体的例子和真实的体育课视频来说明其适应性和可行性，然后，练习和修正，直到教师感觉可以充分应用到自己的课堂。本次研讨会不仅帮助教师了解如何制定需求支持的教学行为，而且还帮助他们学习如何从现有的控制教学行为(例如，只考虑教师的视角，完全没有理由的指导，命令性语言)转换至需求支持教学行为(例如，站在学生角度考虑，为教师的要求提供解释性依据，信息性语言)。最后，培训体育教师采用微格教学将这些需求支持教学行为和手段运用到模拟教学中，反复练习和修正，直到充分熟练。

第三阶段是在学期的第6周(第一阶段和第二阶段之后的两个月)进行的，时长两个小时，培训采用小组讨论，专家、优秀教师以及实验组教师针对早期需求支持型足球教学经验展开讨论，教师们既交流经验又接受教学帮助和提示、进一步学习需求支持教学策略。

总的来说，我们试图最大限度地提高实验班体育教师在培训过程中获得自主，能力和关系基本需求的机会，使教师能够乐于接受和实施所提出的改变，学会如何实施，同时将其作为一种旨在改变目前教学风格的培训，将培训作为体育教师反思当前教学风格的契机。对照班任课教师在实验结束后参加培训。

2.4　实验安排与程序

2.4.1　实验时间与地点

实验时间：2016年9月5日至2017年1月20日，一个学期共20周，每个班每周2课时，共40课时，节假日放假耽误2课时，教学实验共38课时，每次课持续时间为45分钟。上课时间按照学校的课程表正常运行。

地点：实验学校标准足球场。

2.4.2　教学内容

实验学校欲申报校园足球特色校，实施“一校多品”计划，高一年级所有班级教学内容都为校园足球基本技战术内容，实验班和对照班教学内容一致，具体内容和教学进度安排表详见附件 9。体育课大致分为准备部分、基本部分、结束部分三个时间段，发展足球基本运动技能和提高体力活动水平是足球课堂教学的主要目的。

2.4.3　教学方式

实验班体育课，任课教师采用需求支持教学方式。需求支持教学方式在教学设计上，站在学生角度考虑足球教学内容的趣味性和组织形式的多样性，充分了解学生现有技术水平层次的基础上设置对应的练习形式，注重激发学生的兴趣和内部动力资源。需求支持教学方式在教学实施中，引导学生积极参与足球练习活动，重视学生在课堂学习中的决策权和主体地位，允许学生选择不同的练习组织形式和练习伙伴，课中技能练习或比赛设置时，在学生现有水平上着眼于学生的“最近发展区”，为学生提供带有“一定”难度的内容和组织形式为学生创造最佳挑战，通过努力练习或轻微帮助指导就能获得成功，培养学生踢球的信心和能力感知，教师的言行举止让学生感受到温暖、爱心和幽默，建立民主、平等、合作的师生关系。需求支持教学方式在教学评价上，当需要处理和解决出现的问题时，依靠信息性语言，承认并接受学生的负面情绪，对学生显示出足够的耐心，足球练习或比赛的反馈时注重提供积极的建设性意见，关注学生自身的努力和进步。简而言之，实验班任课教师教学时注重我们培训时强调的 7 个需求支持教学策略，自主支持方面有 4 个策略：(1)采取共情态度，(2)提供选择机会，(3)信任理解学生，(4)引导提问，在能力支持方面(教学结构)有 3 个策略：(5)鼓励学生，(6)给予积极的反馈，(7)提供帮助。关系支持策略不作为一个单独的分类提出，而是作为一个基本的教学素质来帮助自主支持和能力支持教学行为。为保证研究的生态效度，除体育教师语言表达内容外，具体教学组织和练习形式在教案中体现，教案由实验班任课教师和研究者本人共同设计完成(详见附件 10)并在每节足球课堂教学后，实验班任课教师和研究者共同商讨下一节课需要调整的教学组织形式与教学激励风格。

对照班按照常规技能教学形式教学，不做任何干预措施。我国的常规技能教学形式主要沿承前苏联的教学理念，即“以教师为中心，以教材为中心，以课堂为中心”三中心思想。体育教师在教学设计上常常忽视学生的“学法”和兴趣、情感体验等非智力因素；教学实施中，注重教师的权威性和主导地位，运动技术教学常常沿用训练模式，重视技术的分解练习和精雕细刻，技术练习与比赛实践相脱节；教学评价上，常注重学生的达标，忽视学生的个体差异，体育教师在课堂反馈中负面评价多。尽管十余年的新课改一直在强调这些不足之处，但效果甚微。

总之，需求支持教学方式注重学生的自主、能力和关系需求，练习形式和比赛情境多样化，常规技能教学方式，主要沿用讲解→示范→练习→纠错→再练习的单一教师控制情境模式。

2.4.4 实验程序

实验分为准备阶段、培训阶段、前测、实验实施、中测、后测六个阶段。实验三波数据收集,由研究助理利用学生晚自习读报时间现场发放与回收,并告诉学生调查只是为了了解体育课教学状况,学生根据实际情况自愿填写,随时有权退出调查。研究助手收集数据时,不知道研究目的和干预分组情况。三批数据收集时间和实验程序详见图16。

(1) 实验准备阶段,通过校校合作平台的暑期校园足球教学培训时招募4位任课教师,并与合作学校教务部门协商,课程安排满足实验需要,保证实验班和对照班任课教师的随机分配。

(2) 实验培训阶段,从理论介绍、实践操作、教学反思三个方面培训实验班任课教师的需求支持教学方式,实验班任课教师了解实验目的和实验设计。前期培训结束后,与任课教师签订合约,实验结束后支付酬金1000元。

(3) 前测,对学生的体力活动动机、社会认知、行为进行测量。

(4) 实验实施,依据实验设计,实验班体育课,任课教师采用需求支持教学方式,对照班按照常规技能教学形式教学,不做任何干预措施。研究者与实验班任课教师及时沟通、交流。

(5) 中测,对学生的体力活动动机、社会认知、行为进行测量。

(6) 后测,对学生的体力活动动机、社会认知、行为进行测量。

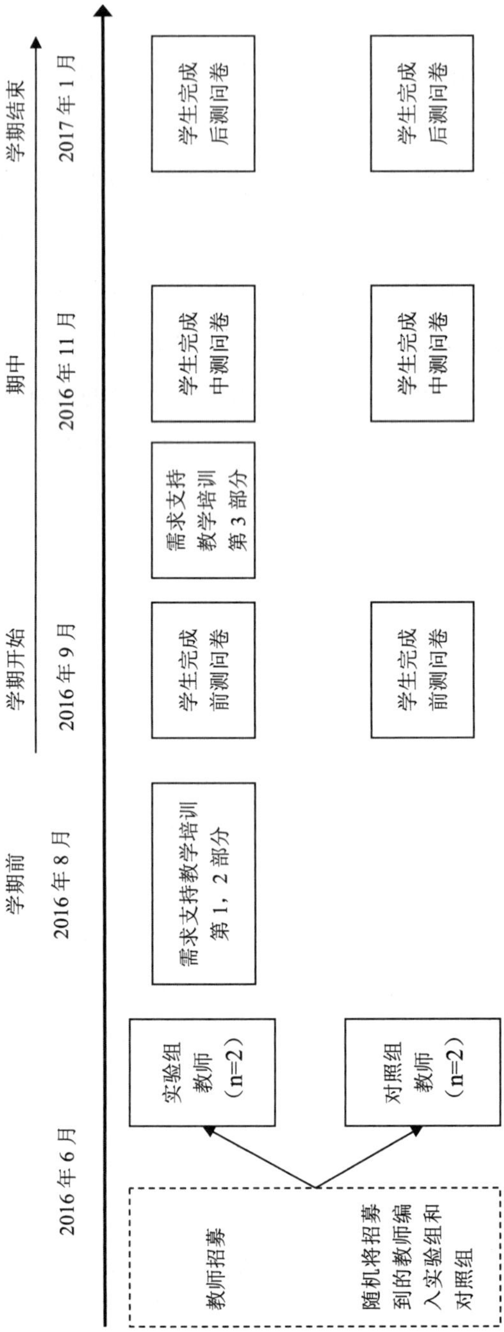

图16　需求支持教师培训干预和数据收集的程序时间轴图

2.5　测量工具

学生完成研究涉及的8个变量的问卷调查，其中7个为结果变量（因变量），1个为操作核查变量（体育课需求支持行为感知）。8个变量涉及到的5个问卷都在研究2中做了本土化修订和详细的信效度检验[212]。

体育课需求支持感知：使用体育课需求支持问卷[212]评估需求支持性教学激励风格，问卷包含自主支持、能力支持、关系支持三个维度，学生自主支持感知在三个问卷收集时间段的内部一致性Cronbach's α系数分别为0.89，0.90，0.91，能力支持感知得分为0.80，0.82，0.85，关系支持为0.85，0.86，0.89。需求支持感知得分为自主支持、能力支持、关系支持三个维度的平均分。

体育课自主动机：使用原因知觉量表[151]评估学生体育课自主动机水平，量表包含5个维度，分别是内部动机、认同调节、内摄调节、外部调节和无动机。内部动机在三个问卷收集时间段的内部一致性Cronbach's α系数分别为0.85，0.88，0.91，认同调节为0.83，0.85，0.87，内摄调节为0.71，0.72，0.71，外部调节为0.80，0.81，0.80，无动机为0.92，0.93，0.95。学生体育课自主动机得分采用指数形式表示，借鉴Vallerand[40]和Standage[41]的做法采用不同权重对除无动机之外的四个调节形式进行赋权形成体育课自主动机指数：2×内部动机＋认同调节－内摄调节－2×外部调节，得分越高代表越自主。

闲暇时间体力活动自主动机：使用中国版锻炼行为调节

问卷(C-BREQ-2)[153]评估学生闲暇时间体力活动自主动机，该问卷包含无动机、外部调节、内摄调节、认同调节、内部动机5个维度。三次评估时间各维度的内部一致性 Cronbach's α 系数，内部动机分别为 0.83，0.85，0.89，认同调节为 0.71，0.75，0.80，内摄调节为 0.73，0.74，0.72，外部调节为 0.75，0.76，0.77，无动机为 0.80，0.81，0.80。研究中采用指数的形式表达闲暇时间体力活动自主动机，采用不同权重对除无动机之外的四个调节形式进行赋权形成闲暇时间体力活动自主动机指数：2×内部动机＋认同调节－内摄调节－2×外部调节，得分越高代表越自主。

计划行为理论社会认知变量：研究采用上海体育学院王丽娟教授的中文版计划行为理论问卷[33]，评估学生闲暇时间体力活动行为意向、态度、主观规范和知觉行为控制。三次评估时间各维度的内部一致性 Cronbach's α 系数，行为意向为 0.83，0.85，0.85，态度为 0.91，0.90，0.92，知觉行为控制为 0.82，0.82，0.84。

闲暇时间体力活动行为：采用 Godin Leisure Time Exercise Questionnaire (GLTEQ)[158]评估学生闲暇时间的中高强度体力活动行为。中高强度体力活动在三个时间段的内部信度 Cronbach's α 系数分别为 0.70，0.71，0.70。

2.6 实验操作核查

笔者借助校校合作平台，在干预学校驻扎一个学期。首先，与实验班任课教师一起商谈校园足球教学内容的教学与组织，反复共同修改教案。其次，实地观察体育课教学，课后与实验班任课教师交流教学心得，反思教学的组织和效果，不定期对实验班教学进行录像和拍照。最后，干预操作检验主要通过学生三次问卷得分来反映，根据需求支持教学培训时提出的 7 个需求支持教学策略和体育课需求支持问卷，经与相关专家和经验丰富的中学体育教师协商后，对体育课需求支持问卷进行了修订，详见附件 11。研究从学生的需求支持感知得分核查干预的效度。

2.7　学生访谈

在收集所有定量数据后，笔者和研究助理在干预后期通过个人和小组访谈形式，对部分学生（每班 3 个学生，共 24 人）进行了半结构式访谈，访谈目的主要是获得学生对教师课堂教学和课外体育锻炼的主观反映，访谈内容主要围绕体育课教学和课外体育锻炼，访谈的结构主要围绕自我决定理论和计划行理论变量。访谈提纲详见附件 12。

2.8　统计分析

采用 SPSS20.0 和 Excel2007 对实验数据进行统计分析，数据结果以均值±标准差表示（M±SD）。首先，了解数据的正态分布情况。其次，运用独立样本 T 检验或单因素方差分析性别、家庭社会经济地位、生源地、BMI4 个人口学因素对研究变量的潜在影响，并确定具体的协变量（统计控制变量）。再而，采用独立样本 T 检验判定实验组对照组在基线测试中是否存在差异。最后，采用 2×3 的重复测量方差分析比较不同教学激励风格下学生的心理因素和体力活动行为变化情况，组间因素为组别，即实验组和对照组，组内因素为时间，即前测、中测、后测，交互作用为组别×时间。当不满足球形假设时，采用 Greenhouse-Geisser 方法进行校正，主效应显著时，采用 Bonferroni 事后分析方法进行两两比较，交互作用显著时，通过编程进一步进行简单效应分析，考察组别因素在时间因素各个水平（前测、中测、后测）的处理效应和时间因素在组别因素各个水平（实验组、对照组）的处理效应。统计分析中将显著性水平设置为 $\alpha=0.05$，效应值 Partial η^2 按照 Cohen 的标准达到 0.01、0.06、0.15 时，分别属于弱效应、中效应、强效应[213]，T 检验的效应值 $d<0.2$ 表示两组差距可忽略不计，$0.2<d<0.5$ 表示两组差距效应较小，$0.2<d<0.5$ 表示中等效应，$d>0.8$ 为较大效应值[214]。

值得一提的是，现场研究一般都是采用整群随机对照实验，很多学者[215;216]呼吁该类研究的统计分析单位应该使用随机抽样的单位，如班级，学校等，或者使用多层嵌套结构多水平模型来分析数据[217]。但 Chatzisarantis 认为干预计划和心理测量是针对学生心理需求支持感知和动机，学生个体应该是分析单位[29]，近期，美籍华人学者高赞教授采用运动电子游戏干预手段进行重复测量准实验研究，文中统计分析单位也是学生[218]。本研究由于实验班仅为 4 个，样本量偏小，因此，借鉴韩国学者 Cheon 开发的自主支持干预项目[198;199;201;202]、Chatzisarantis 和高赞的做法依然采用学生个体作为统计分析单位。

3　研究结果

3.1　初步分析

由于数据收集时对问卷进行了核对，最终的研究样本中不存在缺失值。绝大部分变量的峰度和偏度绝对值少于 1.8，闲暇时间体力活动行为数据的峰度值为 3.5—5.9 之间，变量基本服从正态分布。

进入主要分析之前，我们首先对青少年的人口学变量与研究的 8 个前测指标的关系进行独立样本 T 检验或单因素方差分析，以确定哪些人口学变量需要在随后的假设检验中得到控制。性别在闲暇时间中高强度体力活动和行为意向变量中存在性别差异，男生在闲暇时间中高强度体力活动高于女生，均值 37.90 vs 26.27，$t(448)=5.82$，$p<0.01$，行为意向中，均值 3.90 vs 3.42，$t(448)=3.58$，$p<0.01$。单因素方差分析中，不同家庭社会地位的学生在主观规范（$F(2,447)=4.31$，$P<0.05$）和闲暇时间中高强度体力活动（$F(2,447)=3.87$，$P<0.05$）变量中有显著性差异，生源地和 BMI 在 8 个指标变量中都没有差异。因此鉴于这些关系，我们把性别和家庭社会经济地位两个人口学变量在后续分析中作为协变量处理（即统计控制），并把人口学变量作虚拟变量处理。

3.2　干预执行的保真度

为保证实验条件的真实和有效性，研究人员不定期对实验班进行录像或拍照，组织相关人员进行专题讨论，并且通过三次问卷调查体育教师的需求支持行为。独立样本T检验表明，实验组和对照组学生对体育教师在课堂中提供的需求支持感知在基线测试（前测）中没有差异，$t(448)=1.44$，$p=0.15>0.05$，组别（实验组、对照组）×时间（前测、中测、后测）的重复测量方差分析显示，组别主效应显著，$F(1,448)=149.57$，$P<0.001$，Partial $\eta^2=0.25$，实验组学生需求支持感知显著高于对照组；时间主效应显著，$F(2,896)=5.42$，$P<0.01$，Partial $\eta^2=0.01$；组别×时间的交互效应也显著，$F(2,896)=31.66$，$P<0.01$，Partial $\eta^2=0.06$。通过编程[/EMMEANS=TABLES(组别 * 时间) COMPARE(时间) ADJ(BONFERRONI)，/EMMEANS=TABLES(组别 * 时间)COMPARE(组别) ADJ(BONFERRONI)]进一步的简单效应分析结果表明，从图17和表24可以看出，实验组学生需求支持感知前测到中测显著增加（$\Delta=0.66$，$P<0.001$），前测

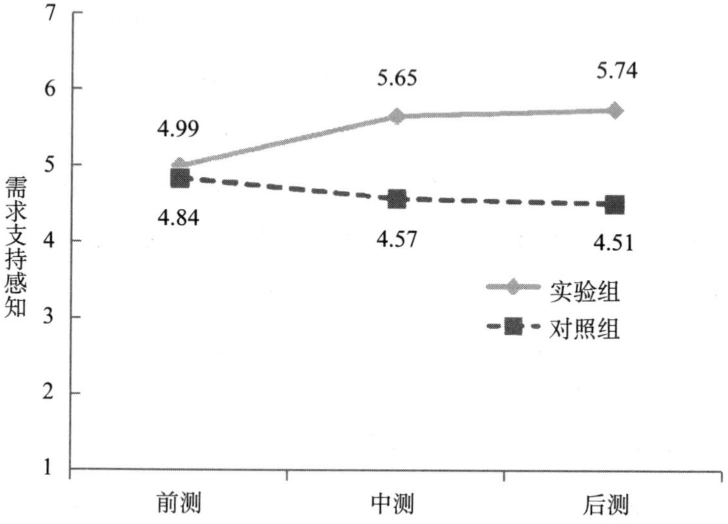

图17 两组不同测试时间需求支持感知变化图

到后测显著增加($\Delta=0.75$,$P<0.001$),中测到后测增加不明显,趋于稳定($\Delta=0.09$,$P>0.05$)。而对照组学生需求支持感知前测到后测显著下降($\Delta=-0.33$,$P<0.05$),前测到中测,中测到后测均趋于稳定,下降不明显($Ps>0.05$)。实验组和对照组在中测和后测两个时间段存在显著差异,实验组高于对照组($Ps<0.001$)。研究结果支持实验操控条件的有效性和真实性。

3.3　自主动机的重复测量方差分析

3.3.1　体育课自主动机的重复测量方差分析

独立样本 T 检验表明,实验组和对照组学生体育课自主动机在基线测试(前测)中没有差异,$t(448)=-0.06$,$p>0.05$。对体育课自主动机进行 2×3 的重复测量方差分析,组间因素为组别,即实验组和对照组,组内因素为时间,即前测、中测、后测,交互作用为组别×时间。结果发现,组别主效应显著,$F(1,448)=4.41$,$P<0.05$,Partial$\eta^2=0.01$,实验组学生体育课自主动机水平显著高于对照组学生;时间主效应显著,$F(2,896)=50.31$,$P<0.01$,Partial$\eta^2=0.10$;组别×时间的交互作用显著,$F(2,896)=2841.55$,$P<0.001$,Partial$\eta^2=0.86$。通过编程进一步的简单效应分析结果表明,从图 18 和表 24 可以看出,实验组和对照组在前测和中测两个时间段差异不显著,$Ps>0.05$,后测时间段,实验组和对照组差异非常显著,实验组明显高于对照组,$F(1,448)=21.43$,$P<0.001$;实验组学生体育课自主动机前测到中测显著增加($\Delta=0.37$,$P<0.001$),中测到后测也显著增加($\Delta=0.83$,$P<0.001$),而

表 24 实验组对照组变量三次测量的均值和标准差一览表

变量	前测				中测				后测			
	实验组		对照组		实验组		对照组		实验组		对照组	
	M	SD	M	SD	M	SD	M	SD	M	SD	M	SD
NS	4.99	1.1	4.84	1.13	5.65	0.97	4.57	1.38	5.74	0.70	4.51	1.40
RAIpe	2.85	5.29	2.89	5.81	3.22	5.15	2.27	5.81	4.05	5.01	1.72	5.64
RAIex	2.81	4.41	2.83	5.36	3.94	3.78	3.16	4.47	4.43	3.75	2.58	4.78
IN	3.65	1.44	3.68	1.43	3.92	1.54	3.32	1.20	4.37	1.61	3.15	1.21
AT	4.27	1.41	4.41	1.68	4.83	1.48	4.54	1.58	5.16	1.05	4.15	1.64
SN	4.42	1.38	4.30	1.72	4.63	1.45	4.20	1.66	4.72	1.52	4.00	1.52
PBC	4.19	1.52	4.12	1.49	4.44	1.40	4.00	1.47	5.00	1.22	3.89	1.47
LTMVPA	32.32	22.37	32.09	21.45	36.30	22.87	30.25	21.74	39.43	23.56	27.91	23.97

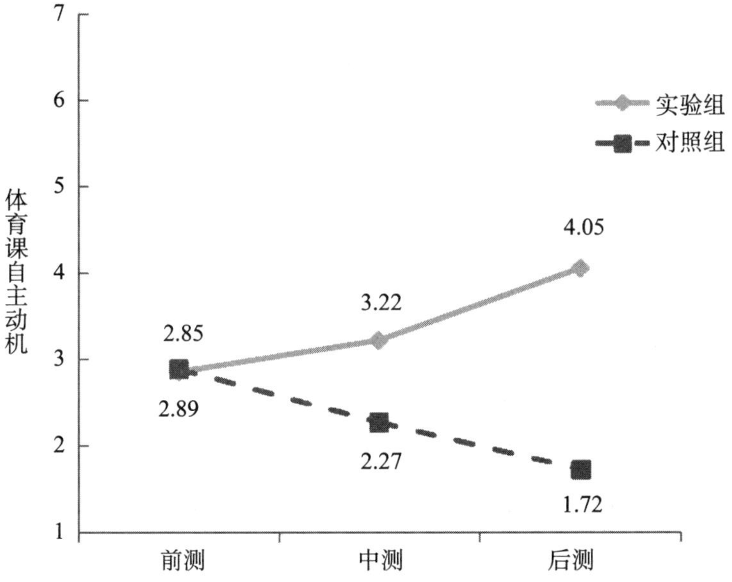

图 18　两组不同测试时间体育课自主动机变化图

对照组学生体育课自主动机前测到中测显著下降（Δ＝−0.62，P＜0.001），中测到后测也显著下降（Δ＝−0.55，P＜0.001）。

3.3.2　闲暇时间体力活动自主动机的重复测量方差分析

独立样本 T 检验表明，实验组和对照组学生闲暇时间体力活动自主动机在基线测试（前测）中没有差异，t(448)＝−0.05，p＞0.05。2×3 的重复测量方差分析表明，组别主效应显著，F(1,448)＝13.09，P＜0.001，Partialη^2＝0.02，实验组学生闲暇时间体力活动自主动机水平显著高于对照组学生；时间主效应显著，F(2,896)＝3.82，P＜0.05，Partialη^2＝0.01；组别×时间的交互作用显著，F(2,896)＝5.03，P＜0.01，Partialη^2＝0.01。通过编程进一步的简单效应分析结果表明，从图 19 和表 24 可以看出，前测时，实验组（2.81±

4.41)与对照组(2.83±5.36)不存在差异，F(1,448)=0.00，P>0.05，结果与独立样本T检验保持一致；中测时，实验组(3.94±3.78)和对照组(3.16±4.47)存在显著差异，F(1,448)=4.07，P<0.05，Partialη^2=0.01；后测时，实验组(4.43±3.75)和对照组(2.58±4.78)存在显著差异，F(1,448)=21.15，P<0.001，Partialη^2=0.04。而且，实验组学生闲暇时间体力活动自主动机前测到中测显著增加(Δ=1.13，P<0.05)，前测到后测显著增加(Δ=1.62，P<0.001)，中测到后测虽增加但不显著(Δ=0.49，P>0.05)，对照组学生闲暇时间体力活动自主动机前测、中测、后测三次之间趋于稳定，变化不具有显著差异(Ps>0.05)。

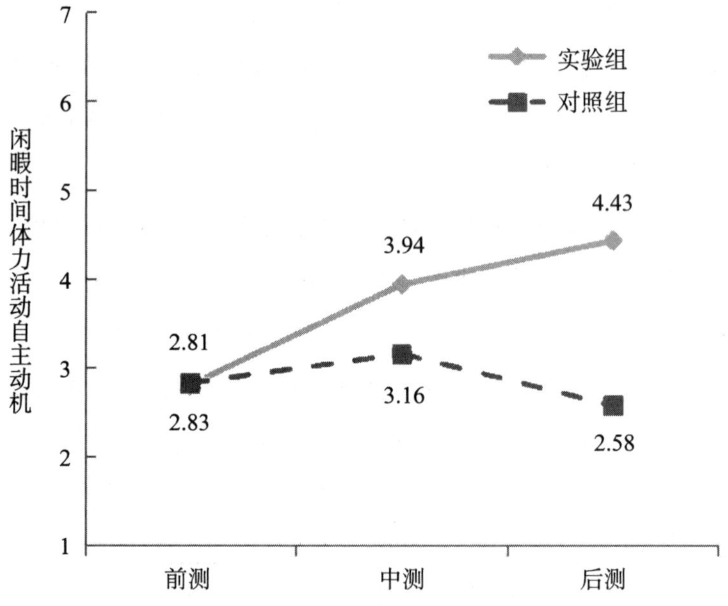

图19　两组不同测试时间闲暇时间体力活动自主动机变化图

3.4 计划行为理论中社会认知变量的重复测量方差分析

3.4.1 闲暇时间体力活动态度的重复测量方差分析

独立样本T检验表明，实验组和对照组学生闲暇时间体力活动态度在基线测试(前测)中没有差异，t(448)＝−0.90，p＞0.05。2×3的重复测量方差分析表明，组别主效应显著，F(1,448)＝11.47，P＜0.01，Partialη^2＝0.03，实验组学生闲暇时间体力活动态度显著强于对照组；时间主效应显著，F(1.97,882.37)＝14.84，P＜0.001，Partialη^2＝0.03；组别×时间的交互作用显著，F(1.97,882.37)＝34.14，P＜0.001，Partialη^2＝0.07。通过编程进一步的简单效应分析结果表明，从图20和表24可以看出，前测时，实验组(4.27±1.41)与对照组(4.41±1.68)不存在差异，F(1,448)＝0.81，P＞0.05，结果与独立样本T检验保持一致；中测时，实验组(4.83±1.48)和对照组(4.54±1.58)存在显著差异，F(1,448)＝4.00，P＜0.05，Partialη^2＝0.01；后测时，实验组(5.16±1.05)和对照组(4.15±1.64)存在显著差异，F(1,448)＝61.37，P＜0.001，Partialη^2＝0.12。而且，实验组学生闲暇时间体力活动态度前测到中测显著增加(Δ＝0.56，P＜0.001)，前测到后测显著增加(Δ＝0.89，P＜0.001)，中测到后测也显著增加(Δ＝0.33，P＜0.01)，对照组学生闲暇时间体力活动态度前测到中测没有显著变化(Δ＝0.13，P＞0.05)、前测到后测显著下降(Δ＝−0.26，P＜0.05)，中测到后测也显著下降(Δ＝−0.39，P＜0.01)。

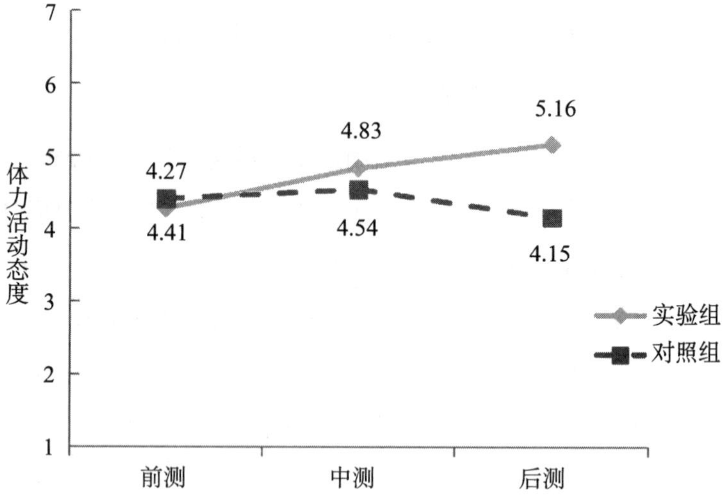

图 20 两组不同测试时间体力活动态度变化图

3.4.2 闲暇时间体力活动主观规范的重复测量方差分析

独立样本 T 检验表明，实验组和对照组学生闲暇时间体力活动主观规范在基线测试（前测）中没有差异，t(448)＝0.83，p＞0.05。2×3 的重复测量方差分析表明，组别主效应显著，F(1，448)＝9.00，P＜0.01，Partialη^2＝0.02，实验组学生闲暇时间体力活动主观规范显著强于对照组；时间主效应不显著，F(1.50，673.42)＝2.48，P＞0.05；组别×时间的交互作用显著，F(1.50，673.42)＝45.22，P＜0.001，Partialη^2＝0.09。通过编程进一步的简单效应分析结果表明，从图 21 和表 24 可以看出，前测时，实验组(4.42±1.38)与对照组(4.30±1.72)不存在显著差异，F(1，448)＝0.69，P＞0.05，结果与独立样本 T 检验保持一致；中测时，实验组(4.63±1.45)和对照组(4.20±1.66)存在显著差异，F(1，448)＝8.43，P＜

0.01，Partialη^2=0.02；后测时，实验组(4.72±1.52)和对照组(4.00±1.52)存在显著差异，F(1，448)=25.17，P<0.001，Partialη^2=0.05。而且，实验组学生闲暇时间体力活动主观规范前测到中测显著增加(Δ=0.21，P<0.001)，前测到后测显著增加(Δ=0.30，P<0.001)，中测到后测增加不显著(Δ=0.09，P>0.05)，对照组学生闲暇时间体力活动主观规范前测到中测显著减少(Δ=-0.10，P<0.05)、前测到后测显著下降(Δ=-0.30，P<0.001)，中测到后测也显著下降(Δ=-0.20，P<0.001)。

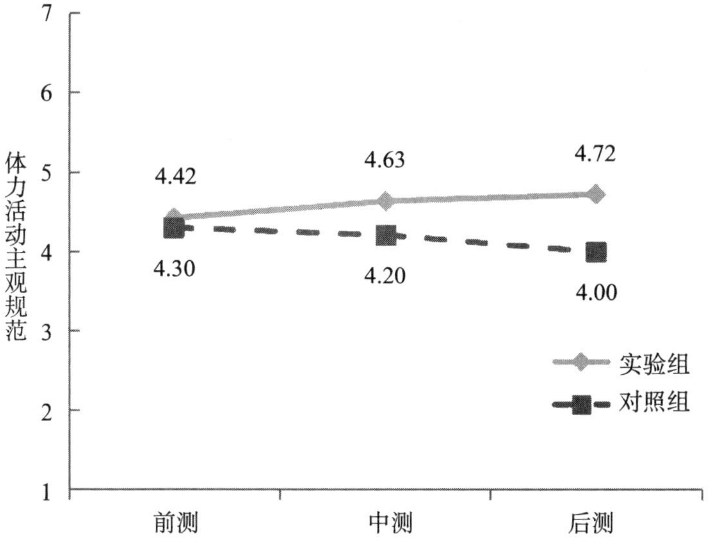

图 21　两组不同测试时间体力活动主观规范变化图

3.4.3　闲暇时间体力活动知觉行为控制的重复测量方差分析

独立样本 T 检验表明，实验组和对照组学生闲暇时间体力活动知觉行为控制在基线测试(前测)中没有差异，t(448)

$=0.51$，$p>0.05$。2×3 的重复测量方差分析表明，组别主效应显著，$F(1,448)=28.03$，$P<0.001$，Partial$\eta^2=0.06$，实验组学生闲暇时间体力活动知觉行为控制显著强于对照组学生；时间主效应显著，$F(2,896)=7.71$，$P<0.001$，Partial$\eta^2=0.02$；组别×时间的交互作用显著，$F(2,896)=23.26$，$P<0.001$，Partial$\eta^2=0.05$。通过编程进一步的简单效应分析结果表明，从图 22 和表 24 可以看出，前测时，实验组（4.19±1.52）与对照组（4.12±1.49）不存在显著差异，$F(1,448)=0.27$，$P>0.05$，结果与独立样本 T 检验保持一致；中测时，实验组（4.44±1.40）和对照组（4.00±1.47）存在显著差异，$F(1,448)=10.53$，$P<0.01$，Partial$\eta^2=0.02$；后测时，实验组（5.00±1.22）和对照组（3.89±1.47）存在显著差异，$F(1,448)=76.23$，$P<0.001$，Partial$\eta^2=0.15$。而且，实验组学生闲暇时间体力活动知觉行为控制前测到后测显著增加

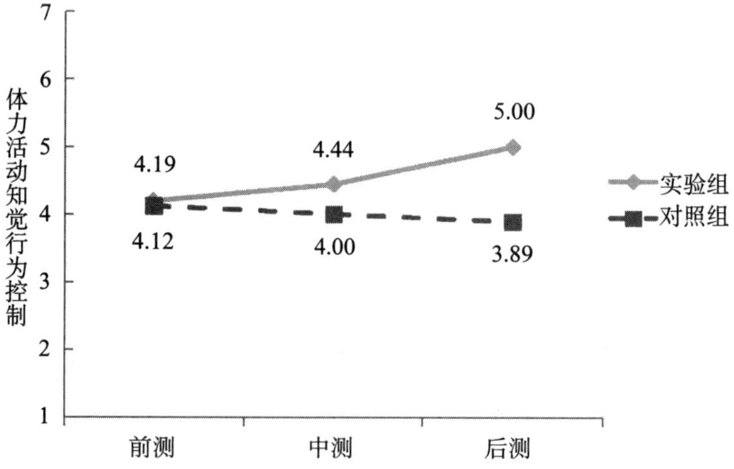

图 22　两组不同测试时间体力活动知觉行为控制变化图

(Δ=0.81，P<0.001)，中测到后测增加显著增加(Δ=0.56，P<0.001)，前测到中测增加不显著(Δ=0.25，P>0.05)，对照组学生闲暇时间体力活动知觉行为控制前测、中测、后测基本保持稳定，下降趋势不明显(Ps>0.05)。

3.4.4　闲暇时间体力活动行为意向的重复测量方差分析

独立样本 T 检验表明，实验组和对照组学生闲暇时间体力活动行为意向在基线测试(前测)中没有差异，t(448)=−0.22，p>0.05。2×3 的重复测量方差分析表明，组别主效应显著，F(1,448)=36.97，P<0.001，Partialη^2=0.08，实验组学生闲暇时间体力活动行为意向显著高于对照组学生；时间主效应不显著，F(1.88,844.16)=1.60，P>0.05；组别×时间的交互作用显著，F(1.88,844.16)=30.28，P<0.001，Partialη^2=0.06。通过编程进一步的简单效应分析结果表明，从图 23 和表 24 可以看出，前测时，实验组(3.65±1.44)与对照组(3.68±1.43)不存在显著差异，F(1,448)=0.05，P>0.05，结果与独立样本 T 检验保持一致；中测时，实验组(3.92±1.54)和对照组(3.32±1.20)存在显著差异，F(1,448)=20.47，P<0.001，Partialη^2=0.04；后测时，实验组(4.37±1.61)和对照组(3.15±1.21)存在显著差异，F(1,448)=79.52，P<0.001，Partialη^2=0.15。而且，实验组学生闲暇时间体力活动行为意向前测到中测显著增加(Δ=0.27，P<0.05)，前测到后测显著增加(Δ=0.72，P<0.001)，中测到后测增加也显著(Δ=0.45，P<0.01)，对照组学生闲暇时间体力活动行为意向前测到中测显著减少(Δ=−0.36，P<0.01)、前测到后测显著下降(Δ=−0.53，P<0.001)，中

测到后测下降不明显，保持稳定（Δ＝－0.17，P＞0.05）。

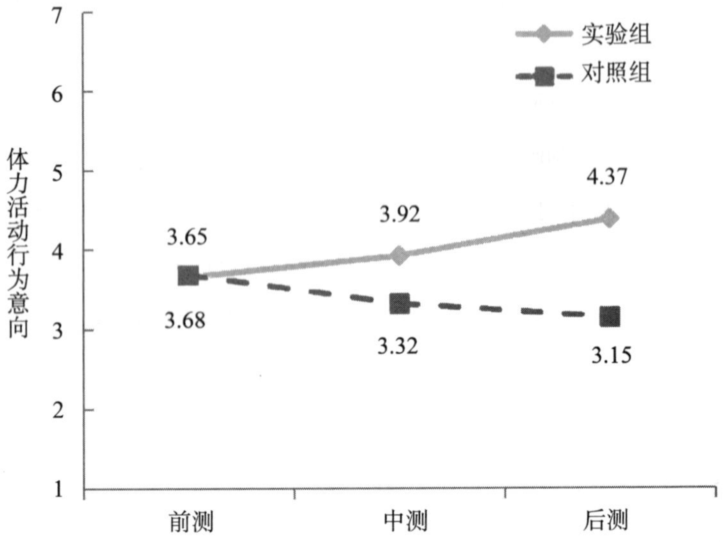

图 23　两组不同测试时间体力活动行为意向变化图

3.5　闲暇时间中高强度体力活动的重复测量方差分析

独立样本 T 检验表明，实验组和对照组学生闲暇时间中高强度体力活动在基线测试（前测）中没有差异，t(448)＝0.11，p＞0.05。2×3 的重复测量方差分析表明，组别主效应显著，F(1，448)＝10.10，P＜0.01，Partialη^2＝0.02，实验组学生闲暇时间中高强度体力活动水平显著高于对照组学生；时间主效应不显著，F(1.56，700.52)＝1.36，P＞0.05；组别×时间的交互作用显著，F(1.56，700.52)＝18.87，P＜0.001，Partialη^2＝0.04。通过编程进一步的简单效应分析结果表明，从图 24 和表 24 可以看出，前测时，实验组（32.32±

22.37)与对照组(32.09±21.45)不存在显著差异,$F(1,448)=0.01$,$P>0.05$,结果与独立样本 T 检验保持一致;中测时,实验组(36.30±22.87)和对照组(30.25±21.74)存在显著差异,$F(1,448)=8.18$,$P<0.01$,Partial$\eta^2=0.02$;后测时,实验组(39.43±23.56)和对照组(27.91±23.97)存在显著差异,$F(1,448)=26.29$,$P<0.001$,Partial$\eta^2=0.06$。而且,实验组学生闲暇时间中高强度体力活动前测到中测显著增加($\Delta=3.98$,$P<0.001$),前测到后测显著增加($\Delta=7.11$,$P<0.001$),中测到后测趋于稳定,增加不显著($\Delta=3.13$,$P>0.05$),对照组学生闲暇时间中高强度体力活动前测到中测趋于稳定($\Delta=-1.84$,$P>0.05$)、前测到后测显著下降($\Delta=-4.18$,$P<0.05$),中测到后测下降不明显,保持稳定($\Delta=-2.34$,$P>0.05$)。

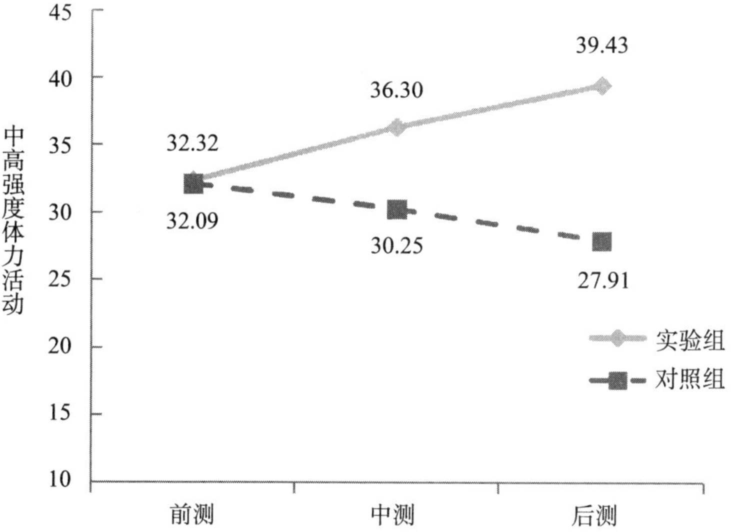

图 24　两组不同测试时间中高强度体力活动变化图

4　分析与讨论

研究三的目的是以研究一、二提出的预测理论模型为理论基础，通过体育教师课堂中提供的需求支持行为和教学激励风格为干预手段，进行青少年体力活动行为促进研究，验证干预手段对学生需求支持感知、自主动机、体力活动态度、主观规范、知觉行为控制、行为意向和实际参与行为的影响。研究结果显示，实验组学生比对照组不仅有更高的需求支持感知、自主动机水平，而且有更好的体力活动行为认知和实际参与行为，研究结果讨论如下。

4.1　体育教师激励风格的改变

激励风格是指教师在课堂中用于激励学生从事学习活动的人际间情感和行为，激励风格是一个相对比较稳定的心理特质，具有反复性和持久性[36−38]。根据自我决定理论，美国著名心理学家 Deci 和 Reeve 认为教师的激励风格可分为控制型激励风格和自主支持型激励风格[36;186]。新中国成立后，受前苏联凯洛夫的“以教师为中心，以教材为中心，以课堂为中心”三中心思想影响，我国基础教育阶段课堂教学中教师“集权”现象严重。所谓“集权”，即在课堂教学中以“教学内容和内容传输”为中心，常表现为“命令式”课堂，忽略了学生的主动性和决策权[219]。就体育课堂而言，常常注重课堂的整齐划一和教师的控制性，忽视学生的兴趣、情感体验和决策，类似于莫斯顿的教学风格频谱中的命令式风格，教师做出最多的决策，学生的作用就是执行决策[220]。体育教师在课堂中注重竞技运动技术的“填鸭式”和“注入式”教法[110]，学生的“学法”以及健身意识、兴趣、情感体验等非智力因素普遍被忽视[114]。当然，我国的中小学体育课中也存在不少的放羊式上课方式，随着国家对体育教育的重视，相信这种现象会越来越少，全文不对这种现象进行分析，需要另当别论。下面这些学生的访谈很好的说明了体育教师的控制性激励风格。

（V代表访谈者，S代表学生，T代表教师，下同）

V：你认为体育教师的课堂教学行为和教学内容有考虑到你们的兴趣爱好吗？

S：体育教师在课堂中很少会考虑我们的兴趣爱好，他们有规定的教学内容，但这些内容我们很多人都不喜欢，而且练习的形式比较单一古板，迫于老师的管制我们也不得不遵循，体育课没什么意思，还不如我自己去打球。

由此可见，体育教师的课堂控制性对学生的体育学习行为有不好的影响。关于教师为什么倾向采用控制性激励风格，学者Reeve研究认为，教师受到上层、下层、自身三个层面的压力，上层压力主要源自于社会文化和社会环境，如在师生互动中，教师天然就占据了强有力的社交角色，社会文化认为“控制”是有能力的象征，教师常常将“教学”与“控制”等同起来；下层压力主要来自于学生因素，当遇到学生缺乏动机和热情时，教师会倾向于采取控制性风格；自身压力主要是教师自身的信念、价值和人格倾向[186]。随后，Reeve又针对集体主义文化和个体主义文化的多民族调查分析发现，集体主义文化背景下的教师更倾向采用控制性激励风格，因为他们认为教师控制是一种实践文化规范[37]。英国学者 Bartholomew 从自我决定理论的视角，对教练员的控制激励策略进行了分类，主要包括有形奖励、控制性反馈、过度的个人控制、恐吓行为、成绩定向、有条件的关注六个方面[221]。

注重学生的主体地位和情感因素是近十余年体育课程教学改革的重要关注点，因此，从某种程度上来说，体育教师课堂教学的激励风格从控制型向支持型转变是贯彻新课改精神的具体落实。本研究结果表明实验组教师的激励风格向支持型转变，干预手段和方式是成功的。学生感知的需求支持，中测时实验组和对照组的 T 检验效应值 d=0. 90，后测时效应值 d=1. 11。效应值的逐渐增大表明培训的三个阶段是合理有效的，首先让教师了解和反思自己的教学行为，其次是让教师知道如何在教学中运用需求支持手段和组织策略，最后通过小组讨论进一步提高教师需求支持的能力促进激励风格向支持型积极转变。我们的研究结果扩展了 Chatzisarantis[29] 和 Cheon[30;198;199;201;202;222] 等人的研究，表明不仅激励风格的自主支持能力可以通过培训改变，而且教学结构和关系支持二个方面都是可塑的，与 Tessie[100] 和 Aelterman[223] 的干预研究类似。Aelterman 对比利时佛兰德斯地区 39 名体育教师进行一天的需求支持教学方式培训后发现，教师在真正的教学行为中包括自主支持、能力支持、关系支持的三个需求支持行为均得到积极改善和提高，值得一提的是，研究中教师的需求支持行为测量既有教师的自我评价，也有学生的评价，还有第三方授课录像观察打分评价，授课录像观察指标为 Haerens[141]研制的 21 个具体指标的 13 个[223]。总之，研究结果表明，与西方国家类似，以自我决定理论为基础的教学策略干预能够有效提高学生的需求支持感知，自我决定理论能够有效指导和加强我国体育课堂教学实践，有效改变体育教师的激励风格，研究结果支持研究假设 1。而且，据我们掌握的文献来看，以自我决定理论为基础的教学策略干预研究在我国尚属早期尝试。

4.2　青少年体力活动自主动机的改变

动机是行为的起源与原动力，拥有自主动机的个体参加行动时经历的是一种个人选择和自主意识，代表真实的自我价值。青少年拥有体力活动自主动机就意味着不需要外部的奖励和强迫，会自觉参与和坚持体力活动行为。研究结果表明，实验组学生在后测阶段，无论是体育课情境还是闲暇时间情境的体力活动自主动机都高于对照组学生，支持研究假设 2(a)。而且实验组学生体育课自主动机在三个时间段逐渐增加，对照组则逐渐下降，实验组学生闲暇时间体力活动自主动机三个时间段呈递增趋势，对照组学生趋于稳定。我们的研究结果与 Chatzisarantis、Tessier 和 Cheon 等人的研究结果保持一致。Chatzisarantis 对 10 所英国男女共同教育学校 10 位体育教师，215 名 14—16 岁青少年进行 10 周自主支持体育教学策略干预后发现，实验组学生报告更多的自主动机定向，且呈现递增趋势，对照组学生自主动机保持不变[29]。Cheon 对韩国 21 所中学 21 名体育教师，1430 名学生实施一个学期的体育课教学自主支持干预计划后发现，实验组学生自主动机强于对照组，但实验组学生自主动机保持不变，对照组学生呈下降趋势[198]，造成结果不一致可能是由于教学策略干预的内容不完全相同的原因，因为 Cheon 的自主支持干预计划中仅仅考虑自主支持单一维度，能力支持和关系支持维度可能对学生自主动机影响较大。Tessier 对法国高中 3 名新进体育教师进行自主支持、教学结构、人际参与三个维度的教学风格培训，并进行 7 周干预后发现，学生的自主动机并没有增加，但减少了控制动机[100]。这种现象的产生可能与干预的时间短有关系，自主动机的产生需要在自我中纳入从事目标行为的理由，因此个体动机内化需要一定的时间作保证，此外，也有可能是体育教师教学风格不能完全满足学生的基本心理需求所导致。

值得一提的是，本研究中青少年不但体育课自主动机增加，而且闲暇时间体力活动自主动机也增加，验证了预测理论模型的跨情境效应，即体育课自主动机可以影响闲暇时间体力活动自主动机，但从组别主效应的效应量 Partialη^2值可以看出两组学生自主动机水平虽具有显著差异性，但差值并不大，这说明学生体力活动自主动机水平的提高是需要更长时间的系统干预。体育课自主动机促进闲暇时间体力活动自主动机，这种跨情境效应可能是由于青少年在体育课的愉快经历和积极情感激发了参加闲暇时间体力活动的倾向。下面这些实验班学生访谈也很好的验证了这一点。

V：你在体育课中有什么收获？体育课是否对闲暇时间体育锻炼有影响？

S1：这个学期我们全部学足球，体育老师教会了我们足球技术，还让我们学会了团结协作。体育课学会的足球技术能够促进我们课后更好地踢球。

S2：我们在学习足球技术时，体育老师让我们觉得自己有能力踢好球，这种信心会给我们课后体育锻炼带来很大影响。

S3：踢足球很好玩，很刺激，让我觉得自己更强大，更有集体荣誉感，今后我会在体育课和课外体育锻炼中更加认真练习好足球技术，促进身心健康。

4.3　青少年闲暇时间体力活动社会认知的改变

计划行为理论中的态度、主观规范、知觉行为控制、行为意向 4 个社会认知变量为体力活动行为的产生提供具体的心理前因和详细过程。研究结果表明，实验组学生闲暇时间体力活动态度、主观规范、知觉行为控制、行为意向均强于对照组学生，支持研究假设 2(b)。研究结果与 Chatzisarantis 和 Cheon 的研究保持部分一致，Chatzisarantis 对英国中学生进行课堂教学干预后发现，实验组学生的行为意向比对照组高，干预计划对闲暇时间的体力活动行为影响可以通过体力活动行为意向改变实现，但是作者并没有对行为意向进行前测，只进行了后测[29]。Cheon 对韩国 17 个体育教师 953 名中学生随机分为实验组或对照组，实验组进行一个学期的自主支持干预计划，并收集三次纵向数据分析表明，实验组学生三次行为意向数据之间呈递增趋势，对照组则保持不变，实验组和对照组学生的体力活动行为意向基线测试没有显著差异，但中测和后测时实验组和对照组学生的体力活动有显著性差异[199]。

关于教师课堂教学激励风格培训和干预增加青少年闲暇时间体力活动态度、主观规范以及知觉行为控制的研究，就我们掌握的文献来看，对这些变量进行测量和分析尚属早期尝试，研究结果更好地说明预测理论模型的跨情境效应[212]。实验组学生闲暇时间体力活动态度、知觉行为控制的增加可能与体育课情境和闲暇时间体力活动自主动机有关，Deci研究认为计划行为理论的态度和知觉行为控制变量与动机定向保持一致[86]，如前所述，计划行为理论和自我决定理论的整合是以自主动机和信念认知系统的联系为基础。我国学者冯玉娟通过横断面研究认为，青少年身体活动行为意向和行为的产生依赖于个体自主动机的激发、个体的重要社会关系以及对行为的控制能力[68]。关于青少年主观规范的提高，除实验干预条件影响外，还可能与校园足球的大力推广和系列赛事有一定的关系。学校对校园足球的重视、家长和教师的支持以及同学们在比赛中的交流都会影响青少年的主观规范。下面这些实验班学生访谈也较好地说明了干预条件对社会认知变量的影响。

V：当你和你的同伴课堂练习时是否感觉到体育教师在帮助你们获取信心？

S：是的。

V：怎么帮助的？当你练习这些内容时你在思考什么？

S：老师经常鼓励我们，强调我们自身的进步，并且会根据我们的特点有针对性地指导和设置不同难度的练习形式。因此，我们练习时思考每个动作的要点，根据自身的掌握情况慢慢去模仿和练习。

V:你认为课外体育锻炼重要吗？你是否希望每天都进行体育锻炼？为什么？

S:重要,我希望我每天都能锻炼,锻炼会使身体更健康,学习更有效率。

V:你能描述一下你身边的同学、老师、父母等重要的人对体育锻炼的认识和态度吗？对你有影响吗？

S:身边这些重要的人普遍认为只要不影响学习,都会鼓励我参加体育锻炼,他们的鼓励对我还是有积极影响的,尤其是体育老师在上足球时带给我们的热情和刺激让我们在课后还想继续踢球。

V:你参加课外体育锻炼时有信心吗？信心对你参加体育锻炼有影响吗？

S:有一定信心,信心对参加锻炼有较大影响,如果技术太差的话,怕同学笑话,自己不好意思去参加。

V:上体育课时的表现和感觉对你参加课外体育锻炼有影响吗？

S:如果我上体育课时的表现很好,那么参加课外体育锻炼就会更有信心。

4.4　青少年体力活动行为的改变

研究结果显示体育教师课堂激励风格干预可以有效提高学生闲暇时间中高强度体力活动,实验组学生闲暇时间体力活动水平在一个学期三个测量时间段呈递增后稳定趋势,对照组学生则保持稳定状态,研究结果支持研究假设 3。我们的研究与 Chatzisarantis 的研究结果类似，Chatzisarantis 还进一步通过结构方程模型分析认为，体育教师在课堂中展现出的自主激励风格创造了一种能够满足学生基本心理需求的社会环境，这种社会环境通过学生的体育课自主动机定向和行为意向间接影响闲暇时间体力活动行为[29]。该研究是针对闲暇时间体力活动行为目标的少有几个体育课堂教学情境干预研究[29;224]之一，干预研究效果从课堂情境转移到闲暇时间情境。这种跨情境效应与研究二构建的整合理论模型相呼应，即干预研究创设的课堂环境促进青少年的自主动机定向，体育课堂的自主动机转移至闲暇时间体力活动自主动机，自主动机通过形成积极态度和强烈意愿等社会认知促进青少年闲暇时间体力活动参与水平。相比较针对体育课内体力活动水平的干预研究而言，我们的干预研究目标是学生在闲暇时间内去积极寻找机会组织和计划参与体力活动行为，这个要求明显比体育课规定参加某特定的体力活动项目要求更高。已有的体育课干预研究以课堂内体力活动水平为目标变量相对较多。

圣地亚哥州立大学 Sallis 博士，选取美国圣地亚哥郊区的 12 所学校 1538 名小学四年级学生进行 2 年的 SPARK 干预研究，实验组学生课堂内中高强度体力活动水平高于对照组学生课堂[26]。Webber 等人通过多学校多部门的合作，对美国多地区若干名青春期女生进行多种体力活动形式干预研究后发现，八年级干预组女生在体育课堂内的中高强度体力活动比对照组女生多约 4%（中高强度体力活动采用 SOFIT 记录，干预组均值为 42.2，对照组为 38.3），并具有显著性差异[28]。澳大利亚学者 Lonsdale 采用整群随机对照实验(cluster-randomized controlled trial)对5个学校16个班级308个学生进行三种基于自我决定理论的体育课教学动机策略干预研究后发现,自由选择条件下学生的中高强度体力活动高于其他干预条件和对照组学生[225]。香港中文大学 Ha 对香港12所中学二年级24个班731名学生进行4次课的整群随机对照实验发现,花样跳绳干预项目对女生中高强度体力活动显著效果,但未对包括男女生在内的全部学生体育课中高强度体力活动有显著干预效果,而且学生的自主支持感知和动机结果变量没有显著性差异[226]。本研究考虑到前后的一致和逻辑性,笔者并没有对体育课内的体力活动水平进行评估。干预研究的主要结果变量包括动机结果变量(自主动机)、体力活动社会认知(如态度、主观规范、知觉行为控制等)、闲暇时间体力活动行为变量。

研究中闲暇时间中高强度体力活动的重复测量方差分析结果表明,实验组比对照组学生有更多的中高强度体力活动,但差距属小效应(Partial $\eta^2=0.02$),而且时间主效应不显著,这些进一步表明青少年体力活动的影响因素多,体育课程干预虽有优势但也有很大的局限性。Sallis 早期研究表明,青少年体力活动受生物和发育因素、心理因素、社会和文化因素、体育环境因素共同影响,并且认为青少年体力活动干预应该从学校层面、社区层面、家庭层面、卫生保障四个层面进行多方面多渠道考虑[227]。再者,学位论文受时间因素影响,干预时间仅仅为一个学期,短时间内学生的自主动机形成以及对体力活动的社会认知改变都会有一定的局限性。Sallis 博士为期 2 年的 SPARK 干预研究也显示，干预项目对校外体力活动没有显著效应[26]。此外，对学生的访谈也表明青少年的体力活动行为影响因素诸多，干预研究可能会受到一定的局限。

V：哪些因素影响你参加课外体育锻炼？

S1：时间。主要是受到学习的影响，除了学习以外的时间大部分会做体育运动。

S2：朋友。因为身边的朋友大都是喜欢运动的，经常会约我一起去锻炼，他们的这种对体育运动的态度很感染我，同时也使我经常在课外进行体育锻炼。如果一个人去锻炼我会犹豫的。

S3：天气，比如说下雨天。

S4：时间和父母的支持。

S5：因为我喜欢体育，所以参加课外体育锻炼。

S6：不会因为学习繁忙而选择不去体育锻炼，当身体不舒服的时候会选择休息，没有时间会找时间去锻炼。

S7：时间和精力因素，此外，身体因素也是重要的方面。

5 小　　结

研究应用预测理论模型，干预研究验证了体育课需求支持情境对青少年闲暇时间体力活动行为的跨情境影响，即情境、动机、认知与体力活动行为之间的因果关系，在一定程度上支持了预测理论模型。详细结论如下：

(1) 需求支持教学培训能有效促进体育教师课堂教学的

激励风格向支持型转变,教学激励风格的改变是体育课程改革的具体落实。

(2) 接受干预后,实验组学生体育课自主动机和闲暇时间体力活动自主动机水平均高于对照组。实验组学生体育课自主动机在三个时间段逐渐增加,对照组则逐渐下降,实验组学生闲暇时间体力活动自主动机三个时间段呈递增趋势,对照组学生趋于稳定,验证了整合理论模型的跨情境效应,即体育课自主动机可以影响闲暇时间体力活动自主动机。

(3) 接受干预后,实验组学生闲暇时间体力活动态度、主观规范、知觉行为控制、行为意向均强于对照组学生。实验组学生对体力活动信念认知的改变与自主动机水平保持一致。

(4) 接受干预后,实验组学生闲暇时间体力活动水平高于对照组学生。干预研究通过体育教师的教学激励风格创设的课堂社会情境,促进了青少年的体力活动自主动机定向,自主动机通过形成积极态度和强烈意愿等社会信念认知促进青少年闲暇时间体力活动参与水平。但干预研究对闲暇时间体力活动行为水平改变的效应量不大,后期的干预应考虑家庭、社区等多渠道和长时间效应。

第6章　结论与建议

1 结　论

研究基于自我决定理论和计划行为理论，采用三个层层递进的研究，探索了情境、动机、认知与体力活动行为之间的关系，提出了一个既能解释预测又能干预提升青少年体力活动行为的跨情境整合理论模型。研究的主要结论有：

（1）体育教师课堂教学提供的社会情境和教学行为是落实课程改革的关键环节，体育课教学通过运动技能学习载体，与学生学习动机、认知、积极运动生活方式联系起来，融合闲暇时间体力活动才能更有效提升体力活动水平。体育课学生形成的自主动机和闲暇时间体力活动的信念认知系统的联系是自我决定理论和计划行为理论两个理论整合的切入点，研究归纳提出青少年跨情境体力活动行为预测理论模型，该模型包含情境、动机、认知、行为变量，具有八因素结构特征。

（2）体育教师课堂教学提供的社会情境，通过学生的自主动机和信念认知变量的中介作用，可以预测学生闲暇时间体力活动水平。跨情境理论模型提供一个将需求相关动机转化为动机行为的动机序列，即体育课中教师提供的需求支持越高，学生的体育课自主动机水平越高，体育课自主动机水平可以跨情境迁移到闲暇时间，闲暇时间自主动机通过形成积极态度、能力感知和强烈意愿等社会信念认知，提高学生闲暇时间体力活动参与水平。其中，自主动机是学生体育课情境和闲暇时间情境中体力活动行为的共有心理特质，也是跨情境理论模型的核心环节。

（3）体育教师需求支持培训可以有效改变课堂教学激励风格，教学激励风格改变是体育课程改革的具体落实。体育教师课堂教学中提供的自主支持、能力支持和关系支持三个维度的支持型社会情境，可以有效提高学生体育课堂学习的自主动机水平。

（4）体育课教师激励风格干预研究发现，学生体育课自主动机可以跨情境转移到闲暇时间情境，闲暇时间体力活动自主动机水平与体力活动的态度、知觉行为控制、主观规范等社会信念认知系统保持一致。应用理论模型进行纵向干预可以有效提高学生体力活动水平，但提高的幅度不大，需要进一步考虑多渠道和长时间的干预措施。

2　建　　议

（1）青少年跨情境体力活动预测理论模型提示我们，体育课促进青少年闲暇时间体力活动行为是依靠自主动机在这两个情境中的转移和链接作用。也就是说，教师在体育课中培养学生的自主动机对闲暇时间体力活动行为至关重要。因此，建议体育教师通过营造课堂教学的支持型社会情境培养青少年体力活动自主动机，促使学生由“要我练”向“我要练”转变。支持型社会情境与新课改和课程标准的内涵是一致的，体力活动自主动机的培养在一定程度上和当前体育与健康课程改革提倡的学科核心素养理念是一脉相承。

（2）体育课创设的社会情境应包含对学生的自主支持、能力支持、关系支持三个方面的心理需求支持。自主支持情境设置，教师应该从“以教师为中心”，“以教材为中心”向“以学生发展为中心”转变[114]，重视学生的主体地位。具体来说，站在学生的角度进行课前计划和准备，课堂教学开始时邀请学生参与学习活动，当学习活动有趣时，尽力激发学生内部动力资源，当活动不是有趣的时候，为学生提供合理解释；课程展开中，当需要处理和解决出现的问题时，我们应该依靠信息性语言，承认并接受学生的负面情绪，对学生显示出足够的耐心。能力支持情境设置，教师应该根据学生特点和教材内容，给学生提出明确的目标方向，提供强有力的指导和积极建设性反馈，让学生有信心取得理想学习结果，树立对学习行为的效能感知和环境的控制需要。具体来说，课前计划时根据学生现有的水平和能力进行调整，课堂技能练习中，通过设置运动技能任务要求和学生达到成功所需付出的努力程度相匹配的方式来给学生提供最佳挑战，教学中应该在学生现有水平上着眼于学生的“最近发展区”，为学生提供带有一定难度的内容，发挥其潜能获得提高；此外，练习时提供积极的建设性反馈，关注学生自身的努力和进步。关系支持情境设置，教师应营造一种课堂社会情景让学生感受到教师的温暖、爱心、幽默、理解。具体来说，体育课堂中教师应以友善、温和、亲切的方式与学生互动，从“师道尊严”到建立民主、平等、合作的师生关系[110]。总之，体育课教学创建的社会情境应满足学生的自主感、能力感和关系感三个基本心理需求，充分利用课前、课中、课后三个教学环节，不断反思教学设计和教学组织形式。

(3) 体育教师教育体系中，在职教师的培训，应注重课程理念和实践操作的结合，避免宏观性的空谈，职前体育教师的培养，应在学生具备一定运动技能的基础上重点帮助提高学生的教学设计与课堂组织管理能力，组织学生在“实践中”去学习[228]。《课程标准(2017 版)》针对当前中小学体育教学中过分追求单一动作技术教学造成的课堂氛围单调，技术学习脱离比赛情境的问题，提出让学生尽早学练结构化，强调引导学生面对真实运动情境的技术运用和决策能力[113]，但如何设置基于比赛情境的教学方法与教学组织是广大体育教师面临的棘手问题，尤其是变化多端、情境复杂的开放式运动技能(如三大球)教学更是难上加难，尚需在体育教师教育体系中增设相应的理论学习与实践体验。运动教育模式、球类领会教学模式、游戏性练习和教学比赛教学模式等新兴教学模式值得我们借鉴和反思。

(4) 体育课教学的激励风格或动机氛围可以有效干预提升青少年体力活动水平，但提高幅度有限。体育课教学注重运动技能传授的同时，应重视学生的“养成教育”，提高学生的动机水平和能力感知，促进闲暇时间学生体育锻炼习惯养成[137]，学校体育应为学生终身体育奠定基础。体育课或学校体育融合更多家庭体育、社区体育机会才能更有效的提高青少年的体力活动水平。青少年体力活动水平全面提升需要学校、家庭、社会的多方联动，社会生态理论模型的理念值得我们借鉴。

第 7 章　研究不足与展望

1　研究不足

研究采用理论与实证，横向与纵向相结合的研究设计，对体育课教学中教师提供的社会情境与学生动机、认知、体力活动行为之间的关系进行了分析，提出了基于自我决定理论和计划行为理论的跨情境体力活动行为预测模型，并对理论模型进行了纵向干预研究，为体育教学改革和青少年体力活动水平促进提供了理论和实践上的指导。但研究存在一定的局限性：1)体力活动数据采用自我报告法，与加速度计等仪器设备测量相比欠精确。2)横向研究使用的问卷，虽进行了跨文化的修订和严格的信效度检验，但问卷可能仍然不能完全符合我国中小学体育课程和青少年体力活动行为的实际情况，而且由于样本量过大，问卷发放没有采用国际上比较重视的前瞻性研究。3)纵向干预研究采用现场准实验设计，虽具有较好的外部效度，但内部效度仍然不能和真实验设计相比，教师的个性特征等非可控因素对变量间因果关系可能有一定影响。此外，由于经费和时间限制干预研究样本集中在一所学校，实验操作核查仅采用学生问卷数据，未对全部课程进行拍摄和专家编码评价，也有可能对实验效度和推广产生影响。4)研究设计中只考虑课堂支持性情境对心理需求的满足，未考虑体育教师的控制性情境对学生心理需求的挫败，相关问卷和数据没有获取。5)数据分析时，未考虑数据的多层效应，分析单位依然采用学生个体，可能会出现忽略了校级、班级和学生个体之间的交互作用。

2 研究展望

后续研究应根据中国的实际情况重新编制或修订问卷，可进一步对广大中小学体育教学师生，课程改革专家进行访谈并对内容进行编码，结合国际上相关研究的问卷构建项目池，严格按照心理学问卷编制程序，构建支持性情境和控制性情境、心理需求满足、心理需求阻碍以及相关动机结果变量问卷。青少年体力活动数据应该采用客观测量方式，如 Acti-Graph 加速度传感器等，测量体力活动数据的同时可进一步收集能量消耗、久坐行为、睡眠时间等和健康相关的指标，拓宽研究的范畴。

未来的体育课程教学干预应考虑更大样本更长时间的整群随机干预，运用 HLM 等统计软件进行多层嵌套分析。体育课程教学干预应结合家庭、社区等多渠道进行，可按照社会生态模型理论从个体、人际、组织、社区、政策 5 个层面设计干预策略，研究设计上应注重横向与纵向，定量与定性的结合，干预的效度核查可进一步采用学生自我报告、专家编码打分和教师自我评价相结合的形式。

参考文献

[1] 中华人民共和国教育部. 教育部关于2010年全国学生体质与健康调研结果公告[R]. 北京:中华人民共和国教育部体卫艺司, 2011—08—29.

[2] 董文博, 毛志雄. 青少年锻炼阶段量表的编制——以健康行为过程理论HAPA为基础[J]. 天津体育学院学报, 2014, 29(1): 42—46.

[3] 吴薇, 何晓龙, 陈佩杰. 美国"积极生活研究"计划解读及启示[J]. 体育学刊, 2014, 21(6):44—48.

[4] 王超. 中国儿童青少年日常体力活动推荐量研究[D]. 上海:上海体育学院, 2013.

[5] 谌晓安, 王人卫, 白晋湘. 体力活动、体适能与健康促进研究进展[J]. 中国运动医学杂志, 2012, 31(4):363—372.

[6] 王正珍, 王娟, 周誉. 生理学进展:体力活动不足生理学[J]. 北京体育大学学报, 2012, 35(8):1—6.

[7] Troiano R P, Berrigan D, Dodd K W, et al. Physical activity in the United States measured by accelerometer[J]. Medicine and science in sports and exercise, 2008, 40(1):181—188.

[8] Verloigne M, Van Lippevelde W, Maes L, et al. Levels of physical activity and sedentary time among 10- to 12-year-old boys and girls across 5 European countries using accelerometers: an observational study within the ENERGY-project[J]. International Journal of Behavioral Nutrition and Physical Activity, 2012, 9(1):34.

[9] 张芯，宋逸，杨土保，等. 2010 年中国中小学生每天体育锻炼 1 小时现状及影响因素[J]. 中华预防医学杂志，2012，46(9)：781—788.

[10] 全国学生体质健康调研上海市情况[EB/OL]. http://www.shmec.gov.cn/web/xwzx/jyzt_detail.php? article_id=65452, 2012—6—20.

[11] Trost S G, Kerr L M, Ward D S, et al. Physical activity and determinants of physical activity in obese and non-obese children [J]. International journal of obesity and related metabolic disorders :journal of the International Association for the Study of Obesity, 2001, 25(6):822—829.

[12] 武海潭，季浏. 体育课不同累积中一大强度体力活动时间对初中生健康体适能及情绪状态影响的实验研究[J]. 体育科学，2015，35(1)：13—23.

[13] Morrow J R, Jr, Jackson A W, Payne V G. Physical Activity Promotion and School Physical Education[J]. Presidents Council on Physical Fitness & Sports Research Digest, 1999, (1): 56—57.

[14] Telama R. Tracking of Physical Activity from Childhood to Adulthood: A Review[J]. Obesity Facts, 2009, 2(3):187—195.

[15] 章建成，张绍礼，罗炯，等. 中国青少年课外体育锻炼现状及影响因素研究报告[J]. 体育科学，2012，32(11)：3—18.

[16] 司琦. 身体活动的行为科学理论综述[J]. 体育科学，2007，27(9)：72—80+96.

[17] 关尚一. 美国儿童青少年适宜体力活动推荐量的研究[D]. 上海：华东师范大学，2010.

[18] U. S. Department of Health and Human Services：Office of Disease Prevention and Health Promotion-— Healthy People 2010 [J]. NASNewsletter，2000，15(3)：3.

[19] Fairclough S，Hilland T，Stratton G，et al. 'Am I able? Is it worth it?' Adolescent girls' motivational predispositions to school physical education：Associations with health-enhancing physical activity [J]. European Physical Education Review，2012，18(2)：147—158.

[20] Fairclough S，Stratton G. 'Physical education makes you fit and healthy'. Physical education's contribution to young people's physical activity levels[J]. Health Education Research，2005，20(1)：14—23.

[21] Fairclough S J，Stratton G. A review of physical activity levels during elementary school physical education [J]. Journal of Teaching in Physical Education，2006，25(2)：239—257.

[22] Cox A E，Smith A L，Williams L. Change in Physical Education Motivation and Physical Activity Behavior during Middle School [J]. Journal of Adolescent Health，2008，43(5)：506—513.

[23] Comprehensive School Physical Activity Program (CSPAP) [EB/OL]. https://www. cdc. gov/healthyschools/physicalac-

tivity/cspap. htm.

[24] Lonsdale C, Rosenkranz R R, Peralta L R, et al. A systematic review and meta-analysis of interventions designed to increase moderate-to-vigorous physical activity in school physical education lessons[J]. Preventive Medicine, 2013, 56(2):152—161.

[25] Mckenzie T L. School physical education: effect of the child and adolescent trial for cardiovascular health[J]. Preventive Medicine, 1996, 25(4):423—431.

[26] Sallis J F. The effects of a 2-year physical education program (SPARK) on physical activity and fitness in elementary school students. Sports, play and active recreation for kids[J]. Am J Public Health, 1997, 87.

[27] Mckenzie T L, Sallis J F, Prochaska J J, et al. Evaluation of a Two-Year Middle-School Physical Education Intervention: M-SPAN[J]. Medicine & Science in Sports & Exercise, 2004, 36(8):1382—1388.

[28] Webber L S, Catellier D J, Lytle L A, et al. Promoting physical activity in middle school girls: Trial of Activity for Adolescent Girls[J]. American journal of preventive medicine, 2008, 34(3):173—184.

[29] Chatzisarantis N L, Hagger M S. Effects of an intervention based on self-determination theory on self-reported leisure-time physical activity participation[J]. Psychology and Health, 2009, 24(1):29—48.

[30] Cheon S H, Reeve J, Song Y G. A Teacher-Focused Intervention to Decrease PE Students' Amotivation by Increasing Need

Satisfaction and Decreasing Need Frustration[J]. J Sport Exerc Psychol, 2016.

[31] Reeve J, Cheon S H. Teachers become more autonomy supportive after they believe it is easy to do[J]. Psychology of Sport and Exercise, 2016, 22:178—189.

[32] Caspersen C J, Powell K E, Christenson G M. Physical activity, exercise, and physical fitness: definitions and distinctions for health-related research[J]. Public Health Rep, 1985, 100(2): 126—131.

[33] Wang L, Zhang Y. An extended version of the theory of planned behaviour: the role of self-efficacy and past behaviour in predicting the physical activity of Chinese adolescents[J]. Journal of sports sciences, 2016, 34(7):587—597.

[34] Rhodes R E, Macdonald H M, Mckay H A. Predicting physical activity intention and behaviour among children in a longitudinal sample[J]. Social Science & Medicine, 2006, 62(12): 3146—3156.

[35] 李彦杰. 上海市部分初中生余暇时间体育锻炼现状与需求情况的调查与研究[D]. 上海:上海体育学院, 2011.

[36] Deci E L, Schwartz A J, Sheinman L, et al. An instrument to assess adults' orientations toward control versus autonomy with children: Reflections on intrinsic motivation and perceived competence[J]. Journal of Educational Psychology, 1981, 73(5): 642—650.

[37] Reeve J, Vansteenkiste M, Assor A, et al. The beliefs that underlie autonomy-supportive and controlling teaching: A multina-

tional investigation[J]. Motivation and Emotion，2014，38(1)：93—110.

[38] 赖丹凤，伍新春，吴思为，等. 我国中学教师激励风格的表现形式与主要类型[J]. 教师教育研究，2012，24(4)：19—24.

[39] 胡小勇，郭永玉. 自主—受控动机效应及应用[J]. 心理科学进展，2009，17(1)：197—203.

[40] Vallerand R J，Fortier M S，Guay F. Self-determination and persistence in a real-life setting：Toward a motivational model of high school dropout[J]. Journal of Personality and Social Psychology，1997，72(5)：1161—1176.

[41] Standage M，Duda J L，Ntoumanis N. Students' motivational processes and their relationship to teacher ratings in school physical education：A self-determination theory approach[J]. Research Quarterly for Exercise and Sport，2006，77(1)：100—110.

[42] 段文婷，江光荣. 计划行为理论述评[J]. 心理科学进展，2008，16(2)：315—320.

[43] 尹龙，李芳，司虎克，等. 基于知识图谱的国际足球训练研究现状与前沿分析[J]. 山东体育学院学报，2014，30(2)：47—53.

[44] 李芳，司虎克. 国际学生体质健康领域的研究热点与前沿[J]. 首都体育学院学报，2014，26(1)：40—45.

[45] 范立仁，顾美蓉，王华倬，等. 全国学生参加课外体育活动现状的研究[J]. 体育科学，2000，20(2)：7—11.

[46] 司琦. 大学生体育锻炼行为的阶段变化与心理因素研究[J]. 体育科学，2005，25(12)：76—83.

[47] 王艳. 中年女性体力活动与端粒体的相关性及"万步行"干预效

果的研究[D]. 北京:北京体育大学，2013.

[48] 王正珍，冯炜权，任弘，等. Exercise is Medicine——健身新理念[J]. 北京体育大学学报，2010，33(11):1—4.

[49] 王娟，张献博，王正珍. 规律运动对糖尿病患者心肺耐力的影响——Meta 分析[J]. 北京体育大学学报，2013，36(3):50—56.

[50] 王艳，王正珍. 40～59 岁女性体力活动水平与端粒体相对长度的相关性[J]. 北京体育大学学报，2015，38(6):55—59+88.

[51] 张力为，毛志雄. 体育锻炼与心理健康的关系(综述)[J]. 广州体育学院学报，1995，15(4):42—47.

[52] 毛志雄，付舒，高亚娟. 锻炼心理学研究进展[J]. 北京体育大学学报，2008，31(1):69—75.

[53] 孙延林，王志庆，姚家新，等. 体育锻炼与心理健康:认知、焦虑、抑郁和自我概念的研究进展[J]. 生理科学进展，2014，45(5):337—342.

[54] 卢元镇编著. 中国体育社会学[M]. 北京:北京体育大学出版社，1996:253.

[55] 常生，吴健. 影响大学生体育锻炼行为的家庭因素调查与分析[J]. 体育学刊，2008，15(3):67—70.

[56] 孙延林. 体育课中学生的内部动机[J]. 天津体育学院学报，1997，12(2):81—83.

[57] 程小虎，卢标，张凯. 对大学生体育锻炼行为阶段性特点的调查研究[J]. 体育与科学，1998，19(2):55—58.

[58] 李京诚. 身体锻炼行为的理论模式[J]. 体育科学，1999，19(2):44—47.

[59] 李京诚. 合理行为、计划行为与社会认知理论预测身体锻炼行

为的比较研究[J]. 天津体育学院学报，1999，14(2)：35—37.
[60] 司琦，陈红玉，刘海群，等. 促进弱势群体参与体育锻炼的干预研究——以听力残疾学生为例[J]. 体育科学，2010，30(7)：32—41+61.
[61] 邱亚君. 休闲体育行为发展阶段限制因素研究——一个假设性理论框架[J]. 体育科学，2008，28(1)：71—75+81.
[62] 邱亚君. 休闲体育行为发展阶段动机和限制因素研究[J]. 体育科学，2009，29(6)：39—46+72.
[63] 杨剑，季浏，杨文礼，等. 基于体育锻炼的阶段变化模型干预对肥胖小学生自我效能、自尊及体重影响的研究[J]. 天津体育学院学报，2014，24(3)：185—189.
[64] 方敏，孙影. 大学生锻炼行为阶段变化模式研究[J]. 天津体育学院学报，2009，24(5)：453—456.
[65] 方敏. 青少年锻炼行为阶段变化与变化过程的关系[J]. 西安体育学院学报，2011，28(3)：349—355.
[66] 方敏. 青少年锻炼意向和锻炼行为的关系：中介式调节作用[J]. 上海体育学院学报，2012，36(2)：45—49.
[67] 沈梦英，毛志雄，张一民. 中国成年人锻炼行为的影响因素——HAPA 与 TPB 两个理论模型的整合[J]. 体育科学，2010，30(12)：48—54+63.
[68] 冯玉娟，毛志雄. 高中生身体活动意向和行为的促进策略：自我决定动机对 TPB 的贡献[J]. 体育科学，2014，34(8)：64—69.
[69] 段艳平，蔺志华，崔德刚. 考察影响锻炼行为改变的调节变量——一项促进大学生身体活动的干预研究[J]. 体育科学，2005，25(11)：24—27.

[70] 段艳平，张茹，韦晓娜，等. 身体活动阶段理论的阶段有效性评估:以“从无活动到保持活动的四步骤(FIT)模型”为例[J]. 中国运动医学杂志，2014，33(6):568—575.

[71] 段艳平，杨剑，孙昌文，等. 大学生身体活动变化阶段与能量消耗关系研究[J]. 中国运动医学杂志，2013，32(10):910—915.

[72] 段艳平，韦晓娜，张茹，等. 成年人身体活动变化阶段与健康变量的关系:对 FIT 模型理论的检验[J]. 中国运动医学杂志，2013，32(8):702—707.

[73] 陈善平，李树苗，闫振龙. 基于运动承诺视角的大学生锻炼坚持机制研究[J]. 体育科学，2006，(12):48—55.

[74] 陈善平，闫振龙. 运动承诺理论及相关研究综述[J]. 武汉体育学院学报，2007，(01):51—54.

[75] Ajzen I. From Intentions to Actions: A Theory of Planned Behavior[M]. Berlin, Heidelberg: Springer Berlin Heidelberg, 1985:11—39.

[76] 李芳，尹龙，司虎克. 国际上体育教师教育研究的热点与前沿分析[J]. 体育学刊，2015，22(2):97—102.

[77] Rhodes R E, Courneya K S. Investigating multiple components of attitude, subjective norm, and perceived control: An examination of the theory of planned behaviour in the exercise domain [J]. British Journal of Social Psychology, 2003, 42(1): 129—146.

[78] Conner M, Armitage C J. Extending the Theory of Planned Behavior: A Review and Avenues for Further Research[J]. Journal of Applied Social Psychology, 1998, 28(15):1429—1464.

[79] Sheeran P. Intention—Behavior Relations: A Conceptual and

Empirical Review[J]. European Review of Social Psychology, 2002, 12(1):1—36.

[80] Hagger M S, Chatzisarantis N L D, Biddle S J H. A meta-analytic review of the theories of reasoned action and planned behavior in physical activity: Predictive validity and the contribution of additional variables[J]. Journal of Sport & Exercise Psychology, 2002, 24(1):3—32.

[81] Gollwitzer P M. Implementation intentions: strong effects of simple plans[J]. American psychologist, 1999, 54(7):493.

[82] Norman P, Conner M. The theory of planned behavior and exercise: Evidence for the mediating and moderating roles of planning on intention-behavior relationships[J]. Journal of Sport & Exercise Psychology, 2005, 27(4):488—504.

[83] Mohiyeddini C, Pauli R, Bauer S. The role of emotion in bridging the intention-behaviour gap: The case of sports participation [J]. Psychology of Sport and Exercise, 2009, 10(2):226—234.

[84] 沈梦英. 中国成年人锻炼行为的干预策略:TPB 与 HAPA 两个模型的整合[D]. 北京:北京体育大学, 2011.

[85] 刘慧君, 蔡艳芝. 计划行为模型在 HIV 性风险行为领域的应用与发展[J]. 心理科学进展, 2008, 16(1):124—133.

[86] Deci E L, Ryan R M. Intrinsic Motivation and Self-Determination in Human Behavior[M]. Springer US, 1985.

[87] Deci E L, Ryan R M. The" what" and "why" of goal pursuits: Human needs and the self-determination of behavior[J]. Psychological inquiry, 2000, 11(4):227—268.

[88] 张剑, 张微, 宋亚辉. 自我决定理论的发展及研究进展评述

[J]. 北京科技大学学报(社会科学版)，2011，27(4)：131—137.

[89] Ryan R M，Deci E L. Self-regulation and the problem of human autonomy：Does psychology need choice，self-determination，and will? [J]. Journal of Personality，2006，74(6)：1557—1585.

[90] 林桦. 自我决定理论研究[D]. 长沙：湖南师范大学，2008.

[91] Deci E L，Ryan R M. Handbook of self-determination research [M]. Rochester，NY：University Rochester Press，2002.

[92] Xiang P，Gao Z，Mcbride R E. Student Teachers' Use of Instructional Choice in Physical Education[J]. Research Quarterly for Exercise and Sport，2011，82(3)：482—490.

[93] Ryan R M，Deci E L. Self-determination theory and the facilitation of intrinsic motivation，social development，and well-being [J]. American Psychologist，2000，55(1)：68—78.

[94] Ryan R M，Deci E L. Intrinsic and Extrinsic Motivations：Classic Definitions and New Directions[J]. Contemporary Educational Psychology，2000，25(1)：54—67.

[95] 张春合，刘兴. 基于知识图谱的国外高校竞技体育研究前沿与发展动态[J]. 上海体育学院学报，2014，38(1)：70—74+83.

[96] 王琪. 西方现代体育科学发展史论[D]. 福州：福建师范大学，2011.

[97] Deci E L，Koestner R，Ryan R M. A meta-analytic review of experiments examining the effects of extrinsic rewards on intrinsic motivation[J]. Psychological bulletin，1999，125(6)：627—668.

[98] Almagro B J，Saenz-Lopez P，Moreno J A. Prediction of sport adherence through the influence of autonomy-supportive coac-

hing among Spanish adolescent athletes[J]. Journal of Sports Science and Medicine, 2010, 9(1):8—14.

[99] Amorose A J, Horn T S. Intrinsic motivation: relationships with collegiate athletes 'gender, scholarship status, and perceptions of their coaches' behavior[J]. Journal of Sport & Exercise Psychology, 2000, 22(1):63—84.

[100] Tessier D, Sarrazin P, Ntoumanis N. The effect of an intervention to improve newly qualified teachers' interpersonal style, students motivation and psychological need satisfaction in sport-based physical education[J]. Contemporary Educational Psychology, 2010, 35(4):242—253.

[101] Ferrer-Caja E, Weiss M R. Predictors of Intrinsic Motivation among Adolescent Students in Physical Education[J]. Research Quarterly for Exercise & Sport, 2000, 71(3):267—279.

[102] Silva M N, Markland D, Vieira P N, et al. Helping overweight women become more active: Need support and motivational regulations for different forms of physical activity[J]. Psychology of Sport and Exercise, 2010, 11(6):591—601.

[103] Wang C K J, Biddle S J H. Young people's motivational profiles in physical activity: A cluster analysis[J]. Journal of Sport & Exercise Psychology, 2001, 23(1):1—22.

[104] Barkoukis V, Hagger M S, Lambropoulos G, et al. Extending the trans-contextual model in physical education and leisure-time contexts: Examining the role of basic psychological need satisfaction[J]. British Journal of Educational Psychology, 2010, 80(4):647—670.

[105] Chatzisarantis N L D, Hagger M S, Smith B. Influences of perceived autonomy support on physical activity within the theory of planned behavior[J]. European Journal of Social Psychology, 2007, 37(5):934—954.

[106] Hagger M S, Chatzisarantis N L D. Integrating the theory of planned behaviour and self-determination theory in health behaviour: A meta-analysis[J]. British Journal of Health Psychology, 2009, 14(2):275—302.

[107] Shen B, Mccaughtry N, Martin J. The influence of self-determination in physical education on leisure-time physical activity behavior[J]. Research Quarterly for Exercise and Sport, 2007, 78(4):328—338.

[108] Terry D J, O'leary J E. The theory of planned behaviour: The effects of perceived behavioural control and self-efficacy[J]. British Journal of Social Psychology, 1995, 34(2):199—220.

[109] 毛振明，赖天德. 解读中国体育课程与教学改革 著名专家、学者各抒己见[M]. 北京:北京体育大学出版社，2006.

[110] 舒盛芳，沈建华. 改革开放30年我国学校体育取得的主要突破与问题[J]. 上海体育学院学报，2008，32(4):32—37.

[111] 张洪潭. 技术健身教学论本义续解[J]. 体育与科学，2010，31(2):77—84.

[112] 舒盛芳. 学校体育教学中的两对基本矛盾[J]. 体育科学研究，2000，4(4):49—53.

[113] 季浏. 我国《普通高中体育与健康课程标准(2017年版)》解读[J]. 体育科学，2018，38(2):3—20.

[114] 周登嵩. 学校体育热点50问[M]. 高等教育出版社，2007.

[115] 周登嵩. 学生厌学与体育教学改革[J]. 体育教学，1998，(2)：1.

[116]《体育教学》编辑部. 专家学者畅谈新课改(之四)：新课改下的体育教师与体育课[J]. 体育教学，2012，32(5)：8—11.

[117]《体育教学》编辑部. 专家学者畅谈新课改(之五) 面临新课改体育教师有哪些不适应及需要提高的能力？[J]. 体育教学，2012，32(6)：46—49.

[118] Ennis C D. Physical Education Curriculum Priorities：Evidence for Education and Skillfulness[J]. Quest，2011，63(1)：5—18.

[119] Ennis C D. Educating Students for a Lifetime of Physical Activity：Enhancing Mindfulness，Motivation，and Meaning[J]. Research Quarterly for Exercise and Sport，2017，88(3)：241—250.

[120] 段艳平，Brehm W，Wagner P. 试论当代西方锻炼行为阶段理论[J]. 中国运动医学杂志，2006，25(4)：487—490.

[121] Biddle S J H，Nigg C R. Theories of exercise behavior[J]. International Journal of Sport Psychology，2000，17(2)：290—304.

[122] Hagger M S，Chatzisarantis N，Biddle S J H. The influence of self-efficacy and past behaviour on the physical activity intentions of young people[J]. Journal of Sports Sciences，2001，19(9)：711—725.

[123] Mceachan R R C，Conner M，Taylor N J，et al. Prospective prediction of health-related behaviours with the Theory of Planned Behaviour：a meta-analysis[J]. Health Psychology Review，2011，5(2)：97—144.

[124] Ajzen I. The theory of planned behavior[J]. Organizational Be-

havior and Human Decision Processes, 1991, 50(2):179—211.

[125] 张剑，张建兵，李跃，等. 促进工作动机的有效路径：自我决定理论的观点[J]. 心理科学进展，2010，18(5):752—759.

[126] Vallerand R J, Rousseau F L. Intrinsic and extrinsic motivation in sport and exercise: A review using the Hierarchical Model of Intrinsic and Extrinsic Motivation[J]. Teaching of Psychology, 2001, 39(2):152—156.

[127] Vallerand R J. Toward A Hierarchical Model of Intrinsic and Extrinsic Motivation[J]. Advances in Experimental Social Psychology, 1997, 29(8):271—360.

[128] Standage M, Duda J L, Ntoumanis N. A test of self-determination theory in school physical education[J]. British Journal of Educational Psychology, 2005, 75(3):411—433.

[129] Ntoumanis N. A Prospective Study of Participation in Optional School Physical Education Using a Self-Determination Theory Framework[J]. Journal of Educational Psychology, 2005, 97(3):444—453.

[130] Deci E L, Eghrari H, Patrick B C, et al. Facilitating internalization: the self-determination theory perspective[J]. Journal of personality, 1994, (62):119—142.

[131] Ajzen I. The theory of planned behaviour is alive and well, and not ready to retire: a commentary on Sniehotta, Presseau, and Araujo-Soares[J]. Health Psychol Rev, 2014, 9(2):131—137.

[132] Sniehotta F F, Presseau J, Araújo-Soares V. Time to retire the theory of planned behaviour[J]. Health Psychology Review, 2014, 8(1):1—7.

[133] Hagger M, Chatzisarantis N. Self-determination Theory and the psychology of exercise[J]. International Review of Sport and Exercise Psychology, 2008, 1(1):79—103.

[134] 陈琦. 从终身体育思想审视我国学校体育的改革与发展[D]. 北京:北京体育大学, 2002.

[135] 陈琦. 以终身体育思想作为学校体育主导思想的研究[J]. 华南师范大学学报(社会科学版), 2003, (1):105—111+151—152.

[136] 陈琦. 从终身体育思想审视我国学校体育的改革与发展[J]. 体育科学, 2004, 24(1):40—43.

[137] 王则珊. 奠定学生终身体育基础的一个重要标志——对学生体育健身方案的研究[J]. 北京体育大学学报, 2003, 26(5):577—579.

[138] Ennis C D. On Their Own: Preparing Students for a Lifetime[J]. Journal of Physical Education, Recreation & Dance, 2010, 81(5):17—22.

[139] Biddle S, Soos I, Chatzisarantis N. Predicting physical activity intentions using goal perspectives and self-determination theory approaches[J]. European Psychologist, 1999, 4(2):83—89.

[140] Hagger M S, Chatzisarantis N L D, Culverhouse T, et al. The processes by which perceived autonomy support in physical education promotes leisure-time physical activity intentions and behavior: A trans-contextual model[J]. Journal of Educational Psychology, 2003, 95(4):784—795.

[141] Haerens L, Aelterman N, Van Den Berghe L, et al. Observing Physical Education Teachers' Need-Supportive Interactions in Classroom Settings[J]. Journal of Sport & Exercise Psychology,

2013，35(1)：3—17.

[142] Sun H，Chen A. A Pedagogical Understanding of the Self-Determination Theory in Physical Education[J]. Quest，2010，62(4)：364—384.

[143] Jang H，Reeve J，Deci E L. Engaging Students in Learning Activities：It Is Not Autonomy Support or Structure but Autonomy Support and Structure[J]. Journal of Educational Psychology，2010，102(3)：588—600.

[144] Haerens L，Kirk D，Cardon G，et al. Motivational profiles for secondary school physical education and its relationship to the adoption of a physically active lifestyle among university students [J]. European Physical Education Review，2010，16(2)：117—139.

[145] 吴明隆. 结构方程模型 AMOS 的操作与应用[M]. 重庆：重庆大学出版社，2010.

[146] Williams G C，Grow V M，Freedman Z R，et al. Motivational predictors of weight loss and weight-loss maintenance[J]. Journal of personality and social psychology，1996，70(1)：115.

[147] Williams G C，Deci E L. Internalization of Biopsychosocial Values by Medical Students：A Test of Self-Determination Theory [J]. Journal of Personality and Social Psychology，1996，70(4)：767—779.

[148] 孙开宏，季浏. 体育课上自主支持感、行为调节与课外锻炼意向之间的关系[J]. 体育学刊，2010，17(2)：64—68.

[149] 杨剑，陈福亮，季浏. 中学生体育课自主支持感、身体自尊及生活满意感的关系：基本需要理论的检验[J]. 武汉体育学院学

报，2013，47(6)：21—26.

[150] Goudas M，Biddle S，Fox K. Perceived locus of causality，goal orientations，and perceived competence in school physical education classes [J]. British Journal of Educational Psychology，1994，64(3)：453—463.

[151] 钟伯光，刘靖东，张春青. 原因知觉量表在香港中学生人群中的检验[J]. 中国运动医学杂志，2014，33(7)：713—720.

[152] 孙开宏，季浏，王春芳. 小学高年级女生体育课中的自主支持感与动机定向之间的关系：基本心理需要的中介作用[J]. 天津体育学院学报，2010，25(5)：410—413.

[153] Liu J D，Chung P-K，Zhang C-Q，et al. Chinese-translated Behavioral Regulation in Exercise Questionnaire-2：Evidence from university students in the Mainland and Hong Kong of China[J]. Journal of Sport and Health Science，2015，4(3)：228—234.

[154] 项明强. 促进青少年体育锻炼和健康幸福的路径：基于自我决定理论模型构建[J]. 体育科学，2013，33(8)：21—28.

[155] 陈福亮，杨剑，季浏. 自我决定理论在中国学校体育课情境下的初步检验[J]. 首都体育学院学报，2014，26(5)：465—470+475.

[156] Courneya K S，Friedenreich C M. Utility of the theory of planned behavior for understanding exercise during breast cancer treatment[J]. Psycho-Oncology，1999，8(2)：112—122.

[157] Martin J. Application of structural modeling with latent variables to adolescent drug use：a reply to Huba，Wingard，and Bentler[J]. J Pers Soc Psychol，1982，43(3)：598—603.

[158] Godin G，Shephard R J. A simple method to assess exercise be-

havior in the community[J]. Canadian Journal of Applied Sport Sciences Journal Canadien Des Sciences Appliquees Au Sport, 1985, 10(3):141—146.

[159] 张娜，王玥，许志星. 家庭社会经济地位对家长教育满意度的影响研究[J]. 教育学报，2013，9(3):81—91.

[160] 方杰，张敏强. 参数和非参数 Bootstrap 方法的简单中介效应分析比较[J]. 心理科学，2013，36(3):722—727.

[161] Hu L T, Bentler P M. Cutoff criteria for fit indexes in covariance structure analysis: Conventional criteria versus new alternatives [J]. Structural Equation Modeling: A Multidisciplinary Journal, 1999, 6(1):1—55.

[162] 温忠麟，侯杰泰，马什赫伯特. 结构方程模型检验：拟合指数与卡方准则[J]. 心理学报，2004，36(2):186—194.

[163] 方杰，张敏强，李晓鹏. 中介效应的三类区间估计方法[J]. 心理科学进展，2011，19(5):765—774.

[164] 陈瑞，郑毓煌，刘文静. 中介效应分析：原理、程序、Bootstrap 方法及其应用[C]. 2013 年 JMS 第十届中国营销科学学术年会暨博士生论坛论文集，2013:1—22.

[165] 温忠麟，叶宝娟. 中介效应分析：方法和模型发展[J]. 心理科学进展，2014，22(5):731—745.

[166] Preacher K J, Hayes A F. Asymptotic and resampling strategies for assessing and comparing indirect effects in multiple mediator models [J]. Behavior Research Methods, 2008, 40(3): 879—891.

[167] Preacher K J, Rucker D D, Hayes A F. Addressing Moderated Mediation Hypotheses: Theory, Methods, and Prescriptions

[J]. Multivariate Behav Res, 2007, 42(1):185—227.

[168] 吴艳，温忠麟. 结构方程建模中的题目打包策略[J]. 心理科学进展，2011，19(12):1859—1867.

[169] 张力为，毛志雄. 体育科学常用心理量表评定手册[M]. 北京：北京体育大学出版社，2010.

[170] Podsakoff P M, Mackenzie S B, Lee J Y, et al. Common method biases in behavioral research: a critical review of the literature and recommended remedies[J]. Journal of Applied Psychology, 2003, 88(5):879—903.

[171] Hagger M S, Chatzisarantis N L D, Barkoukis V, et al. Perceived Autonomy Support in Physical Education and Leisure-Time Physical Activity: A Cross-Cultural Evaluation of the Trans-Contextual Model[J]. Journal of Educational Psychology, 2005, 97(3):376—390.

[172] Hagger M S, Chatzisarantis N L. The Trans-Contextual Model of Autonomous Motivation in Education: Conceptual and Empirical Issues and Meta-Analysis[J]. Review of Educational Research, 2016, 86(2):360—407.

[173] Hagger M S, Chatzisarantis N L D, Harris J. The process by which relative autonomous motivation affects intentional behavior: Comparing effects across dieting and exercise behaviors[J]. Motivation and Emotion, 2006, 30(4):307—321.

[174] Martin J J, Kulinna P H, Mccaughtry N, et al. The theory of planned behavior: Predicting physical activity and cardiorespiratory fitness in African American children[J]. Journal of Sport & Exercise Psychology, 2005, 27(4):456—469.

[175] Meyers; L S, Gamst; G, Guarino A J. Applied multivariate research: Design and interpretation [M]. SAGE Publications, 2006.

[176] Sallis J F, Prochaska J J, Taylor W C. A review of correlates of physical activity of children and adolescents[J]. Med Sci Sports Exerc, 2000, 32.

[177] Duan J, Hu H, Wang G, et al. Study on Current Levels of Physical Activity and Sedentary Behavior among Middle School Students in Beijing, China [J]. PLoS One, 2015, 10(7): e0133544.

[178] Pate R R, O'neill J R, Liese A D, et al. Factors associated with development of excessive fatness in children and adolescents: a review of prospective studies[J]. Obes Rev, 2013, 14(8):645—58.

[179] Mcmurray R G, Ward D S, Elder J P, et al. Do overweight girls overreport physical activity? [J]. American Journal of Health Behavior, 2008, 32(5):538—546.

[180] Martin J J, Oliver K, Mccaughtry N. The theory of planned behavior: Predicting physical activity in Mexican American children [J]. Journal of Sport & Exercise Psychology, 2007, 29(2): 225—238.

[181] 康茜. 基于计划行为理论的上海市 7—15 岁少年儿童闲暇时间中高强度体力活动水平研究[D]. 上海:上海体育学院, 2016.

[182] Mouratidis A, Barkoukis V, Tsorbatzoudis C. The relation between balanced need satisfaction and adolescents' motivation in physical education [J]. European Physical Education Review,

2015，21(4)：421—431.

[183] Rutten C，Boen F，Seghers J. How School Social and Physical Environments Relate To Autonomous Motivation in Physical Education：The Mediating Role of Need Satisfaction[J]. Journal of Teaching in Physical Education，2012，31(3)：216—230.

[184] Hagger M，Chatzisarantis N L，Hein V，et al. Teacher，peer and parent autonomy support in physical education and leisure-time physical activity：A trans-contextual model of motivation in four nations [J]. Psychology and Health，2009，24 (6)：689—711.

[185] Sanchez-Oliva D，Sanchez-Miguel P A，Leo F M，et al. Physical Education Lessons and Physical Activity Intentions Within Spanish Secondary Schools：A Self-Determination Perspective [J]. Journal of Teaching in Physical Education，2014，33 (2)：232—249.

[186] Reeve J. Why Teachers Adopt a Controlling Motivating Style Toward Students and How They Can Become More Autonomy Supportive [J]. Educational Psychologist，2009，44 (3)：159—175.

[187] Skinner E A，Belmont M J. Motivation in the Classroom：Reciprocal Effects of Teacher Behavior and Student Engagement across the School Year[J]. Journal of Educational Psychology，1993，85(4)：571—581.

[188] Grolnick W S，Pomerantz E M. Issues and Challenges in Studying Parental Control：Toward a New Conceptualization [J]. Child Development Perspectives，2009，3(3)：165—170.

[189] Vansteenkiste M, Sierens E, Goossens L, et al. Identifying configurations of perceived teacher autonomy support and structure: Associations with self-regulated learning, motivation and problem behavior [J]. Learning and Instruction, 2012, 22(6): 431—439.

[190] Hagger M S, Chatzisarantis N L. Intrinsic motivation and self-determination in exercise and sport[M]. Human Kinetics, 2007.

[191] Standage M, Gillison F B, Ntoumanis N, et al. Predicting Students' Physical Activity and Health-Related Well-Being: A Prospective Cross-Domain Investigation of Motivation Across School Physical Education and Exercise Settings[J]. Journal of Sport & Exercise Psychology, 2012, 34(1):37—60.

[192] 张美云，王宗平. 学校体育中引入“动商”概念的效应解析——撬动意识觉醒、助推体质健康的杠杆[J]. 南京体育学院学报(社会科学版)，2016，30(6):94—97.

[193] 郑淞，王宗平，姜国乐. 健康中国建设背景下学校体育改革的必要性与实施策略[J]. 中国学校体育(高等教育)，2017，4(3):6—9+14.

[194] 季浏. 中国健康体育课程模式的思考与构建[J]. 北京体育大学学报，2015，38(9):72—80.

[195] Hagger M S, Chatzisarantis N L D. Transferring motivation from educational to extramural contexts: a review of the trans-contextual model[J]. European Journal of Psychology of Education, 2012, 27(2):195—212.

[196] Hamilton K, Cox S, Km W. Testing a model of physical activity among mothers and fathers of young children: integrating self-

determined motivation, planning, and the theory of planned behavior[J]. Journal of Sport & Exercise Psychology, 2012, 34(1):124—145.

[197] 冯玉娟，毛志雄. 三重相关效能对大学生休闲时间身体活动行为的影响:跨情境模型的构建与检验[J]. 天津体育学院学报，2015，30(1):52—57.

[198] Cheon S H, Reeve J, Moon I S. Experimentally based, longitudinally designed, teacher-focused intervention to help physical education teachers be more autonomy supportive toward their students[J]. J Sport Exerc Psychol, 2012, 34(3):365—96.

[199] Cheon S H, Reeve J. Do the benefits from autonomy-supportive PE teacher training programs endure?: A one-year follow-up investigation[J]. Psychology of Sport and Exercise, 2013, 14(4): 508—518.

[200] 陈昂. 儿童体力活动动机研究的 10 大问题[J]. 北京体育大学学报，2015，38(5):1—7.

[201] Cheon S H, Reeve J. A classroom-based intervention to help teachers decrease students' amotivation[J]. Contemporary Educational Psychology, 2015, 40:99—111.

[202] Cheon S H, Reeve J, Ntoumanis N. A needs-supportive intervention to help PE teachers enhance students' prosocial behavior and diminish antisocial behavior[J]. Psychology of Sport and Exercise, 2018, 35:74—88.

[203] Su Y L, Reeve J. A Meta-analysis of the Effectiveness of Intervention Programs Designed to Support Autonomy[J]. Educational Psychology Review, 2011, 23(1):159—188.

[204] Sallis J F. Age-related decline in physical activity: a synthesis of human and animal studies[J]. Medicine and Science in Sports and Exercise, 2000, 32(9): 1598—1600.

[205] Kjønniksen L, Torsheim T, Wold B. Tracking of leisure-time physical activity during adolescence and young adulthood: a 10-year longitudinal study[J]. International Journal of Behavioral Nutrition & Physical Activity, 2008, 5(1): 1—11.

[206] Van Den Berghe L, Soenens B, Aelterman N, et al. Within-person profiles of teachers' motivation to teach: Associations with need satisfaction at work, need-supportive teaching, and burnout[J]. Psychology of Sport and Exercise, 2014, 15(4): 407—417.

[207] Van Den Berghe L, Soenens B, Vansteenkiste M, et al. Observed need-supportive and need-thwarting teaching behavior in physical education: Do teachers' motivational orientations matter? [J]. Psychology of Sport and Exercise, 2013, 14(5): 650—661.

[208] Soenens B, Sierens E, Vansteenkiste M, et al. Psychologically Controlling Teaching: Examining Outcomes, Antecedents, and Mediators[J]. Journal of Educational Psychology, 2012, 104(1): 108—120.

[209] Carson R L, Chase M A. An examination of physical education teacher motivation from a self-determination theoretical framework[J]. Physical Education & Sport Pedagogy, 2009, 14(4): 335—353.

[210] 石岩，赵阳. 体育心理实验设计[M]. 北京：北京体育大学出版

社，2007.

[211] Reeve J, Jang H S. What teachers say and do to support students' autonomy during a learning activity[J]. Journal of Educational Psychology, 2006, 98(1):209—218.

[212] 尹龙，李芳，司虎克. 体育课需求支持对青少年闲暇时间体力活动的影响:跨情境模型的构建与检验[J]. 体育与科学，2018，39(1):90—100+120.

[213] Cohen J. A power primer[J]. Psychol Bull, 1992, 112(1):155—159.

[214] Cohen J. Statistical power analysis for the behavioral sciences (2nd ed.)[M]. Lawrence Erlbaum: Hillsdale, NJ, 1988.

[215] Silverman S, Solmon M. The unit of analysis in field research: Issues and approaches to design and data analysis[J]. Journal of Teaching in Physical Education, 1998, 17(3):270—284.

[216] Li W, Chen Y-J, Xiang P, et al. Unit of Analysis: Impact of Silverman and Solmon's Article on Field-Based Intervention Research in Physical Education in the U. S. A[J]. Journal of Teaching in Physical Education, 2017, 36(2):131—141.

[217] 陈新林，莫传伟，徐谦，等. 整群随机试验的设计、统计分析方法及应用[J]. 中国循证医学杂志，2015，15(6):741—744.

[218] Gao Z, Pope Z, Lee J E, et al. Impact of exergaming on young children's school day energy expenditure and moderate-to-vigorous physical activity levels[J]. Journal of Sport & Health Science, 2017, 6(1):11—16.

[219] 郝晓亮，季浏. 体育课堂决策的演进:"集权"到"赋权"——基于培养学生多种学习能力的愿景[J]. 西安体育学院学报，

2017，34(4)：509—512.

[220] Muskamosston，Saraashworth. 体育教学风格. 曾振豪，汪晓赞译[M]. 北京：高等教育出版社，2015.

[221] Bartholomew K J，Ntoumanis N，ThφGersen-Ntoumani C. A review of controlling motivational strategies from a self-determination theory perspective：implications for sports coaches[J]. International Review of Sport and Exercise Psychology，2009，2(2)：215—233.

[222] Cheon S H，Reeve J，Yu T H，et al. The teacher benefits from giving autonomy support during physical education instruction [J]. J Sport Exerc Psychol，2014，36(4)：331—346.

[223] Aelterman N，Vansteenkiste M，Van Den Berghe L，et al. Fostering a Need-Supportive Teaching Style：Intervention Effects on Physical Education Teachers' Beliefs and Teaching Behaviors [J]. Journal of Sport & Exercise Psychology，2014，36(6)：595—609.

[224] Vansteenkiste M，Simons J，Soenens B，et al. How to become a persevering exerciser? Providing a clear，future intrinsic goal in an autonomy-supportive way[J]. Journal of Sport and exercise Psychology，2004，26(2)：232—249.

[225] Lonsdale C，Rosenkranz R R，Sanders T，et al. A cluster randomized controlled trial of strategies to increase adolescents' physical activity and motivation in physical education：Results of the Motivating Active Learning in Physical Education (MALP) trial[J]. Preventive Medicine，2013，57(5)：696—702.

[226] Ha A S，Lonsdale C，Ng J Y Y，et al. A school-based rope skip-

ping program for adolescents: Results of a randomized trial[J]. Preventive Medicine, 2017, 101:188—194.

[227] Sallis J F, Simonsmorton B G, Stone E J, et al. Determinants of physical activity and interventions in youth[J]. Medicine & Science in Sports & Exercise, 1992, 24(6 Suppl):S248—257.

[228] 李芳. 体育教育专业学生核心能力网络结构特征研究[D]. 上海:上海体育学院, 2016.

附　　件

附件 1　体育课需求支持感知问卷（Perceived Need Support）

以下问题是关于体育课堂中你感知到体育教师对你的支持程度。请根据自己的真实感受，选择你对以下各条目的同意程度，圈出相应的数字（1＝完全不同意，4＝同意，7＝非常同意）。

	非常不同意←一般→非常同意							
1	我们觉得体育老师在课堂中给我们提供了很多选择机会	1	2	3	4	5	6	7
2	体育老师让我们觉得自己能够完成课堂中的活动	1	2	3	4	5	6	7
3	体育老师支持我们	1	2	3	4	5	6	7
4	我们认为体育老师在课堂中很理解我们	1	2	3	4	5	6	7
5	体育老师让我们觉得自己很擅长体育	1	2	3	4	5	6	7

（续表）

		非常不同意←—一般—→非常同意						
6	体育老师鼓励我们在练习中团结协作	1	2	3	4	5	6	7
7	体育老师相信我们在课堂中有能力做得很好	1	2	3	4	5	6	7
8	体育老师帮助我们得到提高	1	2	3	4	5	6	7
9	体育老师尊重我们	1	2	3	4	5	6	7
10	体育老师在课堂中鼓励我们提问	1	2	3	4	5	6	7
11	体育老师让我们觉得自己能够做得更好	1	2	3	4	5	6	7
12	体育老师很关心我们	1	2	3	4	5	6	7
13	体育老师课堂教学中会认真倾听我们打算怎么做	1	2	3	4	5	6	7
14	体育老师对我们很友好	1	2	3	4	5	6	7
15	体育老师提出一种解决问题的新方法之前，会尽力了解我们的想法	1	2	3	4	5	6	7

计分方式

分量表：

自主支持：条目 1、4、7、10、13、15

能力支持：条目 2、5、8、11

关联支持：条目 3、6、9、12、14

分量表计分方式：分量表平均分＝分量表所有条目得分之和/条目数

附件 2　体育课动机问卷

以下句子描述的是一些你参加体育课的可能原因。请仔细阅读每个句子，选择（圈出）最能代表你的看法的数字（1＝非常不同意，7＝非常同意）。

我参加体育课的原因……

		非常不同意←—			一般			→非常同意
1	我真的不知道为什么要参加	1	2	3	4	5	6	7
2	不参加的话会有麻烦	1	2	3	4	5	6	7
3	我想学习运动技能	1	2	3	4	5	6	7
4	体育课很有趣	1	2	3	4	5	6	7
5	我不明白为什么我们必须要有体育课	1	2	3	4	5	6	7
6	如果我不参加的话我会感觉很糟糕	1	2	3	4	5	6	7
7	体育课堂表现良好对我而言很重要	1	2	3	4	5	6	7
8	因为我喜欢学习新的运动技能	1	2	3	4	5	6	7
9	我真的觉得参加体育课是在浪费我的时间	1	2	3	4	5	6	7
10	为了老师不对我吼叫	1	2	3	4	5	6	7
11	我想让其他人认为我是个好学生	1	2	3	4	5	6	7
12	我想在体育课上得到提高	1	2	3	4	5	6	7
13	体育课很刺激	1	2	3	4	5	6	7
14	学校规定要参加	1	2	3	4	5	6	7
15	不参加我会感到不安	1	2	3	4	5	6	7

计分方式

分量表：

无动机:1,5,9

外部调节:2,10,14

内摄调节:6,11,15

认同调节:3,7,12

内部调节:4,8,13

分量表计分方式:分量表平均分＝分量表所有条目得分之和/条目数

附件 3 体育锻炼动机问卷

以下句子描述的是你在**空闲时间(如上学前,下课时间,放学后,假日)**中**参加或不参加体育锻炼的潜在原因**以及个人感受。请在以下条目中,选择对你来说,各个条目的真实程度,并圈出你认为合适的数字。(0＝不是真的,4＝非常真实)

		非常不同意←一般→非常同意				
1	因为别人说我应该锻炼,所以我锻炼	0	1	2	3	4
2	如果我不锻炼,我会感到很自责	0	1	2	3	4
3	我认为锻炼很有益	0	1	2	3	4
4	因为锻炼很有趣,所以我锻炼	0	1	2	3	4
5	我不明白为什么一定要锻炼	0	1	2	3	4

（续表）

		非常不同意←—一般—→非常同意				
6	因为我的朋友/家人/父母说我应该锻炼，所以我锻炼	0	1	2	3	4
7	如果我错过一次锻炼课(锻炼机会)，我会感到惭愧	0	1	2	3	4
8	有规律的锻炼，对我来说很重要	0	1	2	3	4
9	我不明白为什么我要自找麻烦去锻炼	0	1	2	3	4
10	我很享受锻炼的过程	0	1	2	3	4
11	我锻炼是因为如果我不锻炼，其他人会不高兴	0	1	2	3	4
12	我觉得锻炼没有用处	0	1	2	3	4
13	如果我有一段时间没有锻炼，我会感到很失败	0	1	2	3	4
14	我认为，尽力参加有规律地运动锻炼是很重要的	0	1	2	3	4
15	我觉得锻炼是一件令人愉快的事情	0	1	2	3	4
16	我感到我的朋友及家人给我的压力，使我觉得有需要进行锻炼	0	1	2	3	4
17	我在锻炼时，会感到快乐和满足	0	1	2	3	4
18	我觉得锻炼是浪费时间	0	1	2	3	4

计分方式

分量表：

无动机：5，9，12，18

外部调节：1，6，11，16

内摄调节：2，7，13

认同调节：3,8,14

内部调节：4,10,15,17

分量表计分方式：分量表平均分＝分量表所有条目得分之和/条目数

附件 4　计划行为理论问卷

以下句子描述的是你在空闲时间（如上学前，下课时间，放学后，假日）中参加体育锻炼的态度、信心、周围人群与环境的影响。请在以下条目中，依您目前的实际情况圈出您认为合适的数字。

(1) 我**计划**在下周空余时间里最少锻炼三次，每次运动能让我喘不过气。

完全不可能……1……2……3……4……5……6……7……完全可能

(2) 我**希望**在下周空余时间里最少锻炼三次，每次运动能让我喘不过气。

完全不可能……1……2……3……4……5……6……7……完全可能

(3) 我**会在**下周空余时间里最少锻炼三次，每次运动能让我喘不过气。

完全不可能……1……2……3……4……5……6……7……完全可能

(4) 我认为在下周空余时间里最少锻炼三次（每次运动能让我喘不过气）这件事是……

差的……1……2……3……4……5……6……7……好的

无聊的……1……2……3……4……5……6……7……令人兴奋的

无趣的……1……2……3……4……5……6……7……有趣的

(5) 在我身边重要的人（如父母、老师、或朋友）当中，绝大多数认为我应该在下周空余时间里最少锻炼三次。

完全不同意……1……2……3……4……5……6……7……完全同意

(6) 我自己可以**完全决定**是否在下周空余时间里至少锻炼三次(每次运动能让我喘不过气)。

完全不同意……1……2……3……4……5……6……7……完全同意

(7) “我可以**基本决定**自己是否会在下周空余时间里最少锻炼三次(每次运动能让我喘不过气)”,这句话对于我来说是。

虚假的……1……2……3……4……5……6……7……真实的

(8) 我认为自己在对于是否在下周空余时间里最少锻炼三次(每次运动能让我喘不过气)的选择上的控制力是

非常小的控制力……1……2……3……4……5……6……7……完全控制

计分方式

分量表:

行为意向:1,2,3

锻炼态度:4

知觉行为控制:6,7,8

主观规范:5

分量表计分方式:分量表平均分=分量表所有条目得分之和/条目数

附件5　青少年闲暇时间中高强度体力活动问卷

以下问题旨在调查您**最近一周**(例如今天是星期四,是指上星期四到本星期三为止),除了体育课以外,您在**空闲时间(如上学前,下课时间,放学后,假日)**曾从事的体育锻炼情况。请根据你的实际情况在横线上填写你的答案。

在过去的一周里，你利用空闲时间参加以下类型的活动超过 30 分钟的次数

周锻炼次数

A 剧烈运动（心跳加速，汗流浃背）
（例如：跑步、跳跃、投掷、足球、篮球、
有速度的游泳、跆拳道、长距离单车、轮滑）　________

B 中强度运动（微微出汗但不是很累）
（例如：跳绳、快走、网球、健美操、放松游泳，
放松骑单车、排球、羽毛球、乒乓球、武术、
太极拳、体育舞蹈、民族舞蹈、踢毽子、
引体向上、仰卧起坐）　________

C 小强度运动（最小的努力并且没有出汗）
（例如：瑜伽、钓鱼、散步）　________

附件 6　人口学变量信息

亲爱的同学，你好：

该问卷旨在了解体育课和空闲时间中青少年参加体力活动的原因、感受及影响因素。请仔细阅读每个问题，依据你的实际情况填写，答案没有对错之分，研究结果纯属学术研究之用，我们保证所有问卷将严格保密，绝不影响你的体育成绩，谢谢你的支持与合作！

青少年体力活动预测与干预研究调研组 2016 年 5 月

个人基本情况

年龄：____岁　性别：____　身高：____米　体重：____公斤

学校名称：________　生源地：________(城市、农村)

年级：________(初一、初二、初三、高一、高二)

(1) 父母的受教育程度，**请填写序号**。父亲________母亲__________

1. 初中及以下　2. 高中(含中专、技校、职高)

3. 大专(含函授、成教、自考)　4. 大学本科

5. 研究生(含硕士、博士)

(2) 父母职业，**请填写序号**，父亲职业________　母亲职业________(若在职业分类中不明确，请直接填写具体职业名称)

1. 机关或事业单位干部职工、专业技术人员、企业管理人员、文化教育科技人员、军人、警察

2. 私营企业主、外企职工、一般企业职工

3. 个体户、无业人员、自由职业者、务农人员

(3) 请估计一下你的家庭月收入___________(**请填写序号**)

1. 不足 2200 元　2. 2200—3999 元　3. 4000—5999 元

4. 6000—7999 元　5. 8000—9999 元　6. 10000—14999 元

7. 15000—19999 元　8. 20000 元及以上

附件 7 Mplus 分析的程序语言

```
Title:多中介模型;
Data:File is 数据 818. dat;
Variable:Names are ID AS CS RS LTM RAlp1-RAlp3 RAle1-
RAle4
                F1-F3 F4_1-F4_3    F5-F8 sex grade SES BMI;
    Usevar are AS CS RS LTM RAlp1-RAlp3 RAle1-RAle4
                F1-F3 F4_1-F4_3 F5-F8 sex grade SES BMI;
Analysis:Bootstrap=2000;
Model:NS by AS-RS;
      RAlp by RAIp1-RAIp3;
      RAle by RAIe1-RAIe4;
      PBC by F6-F8;
      FAT by F4_1-F4_3;
      IN by F1-F3;

      LTM on sex grade SES BMI RAIp PBC IN;
      IN on PBC F5 FAT;
      PBC on RAIp RAIe;
      F5 on RAIe NS;
      FAT on RAIp RAIe NS;
      RAle on RAIp;
      RAlp on NS;
```

```
        PBC with F5 FAT;
        F5 with FAT;

Model indirect: LTM ind NS;
                IN ind NS;
                PBC ind NS;
                F5 ind NS;
                FAT ind NS;
                RAle ind NS;

                LTM ind RAIp;
                IN ind RAIp;
                PBC ind RAIp;
                F5 ind RAIp;
                FAT ind RAIp;

                LTM ind RAIe;
                IN ind RAIe;

                LTM ind PBC;
                LTM ind F5;
                LTM ind FAT;

Output: Stdyx Mod Cinterval(BCboot);
```

附件 8 体育课需求支持教学培训课件

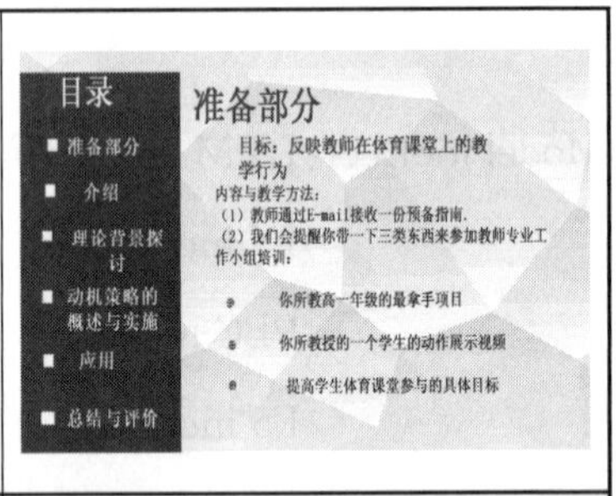

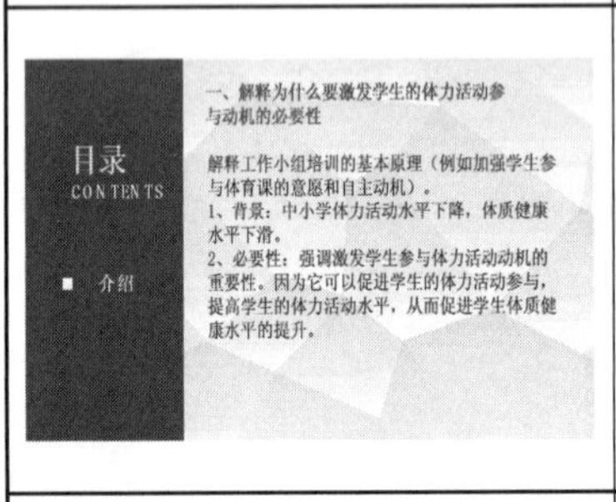

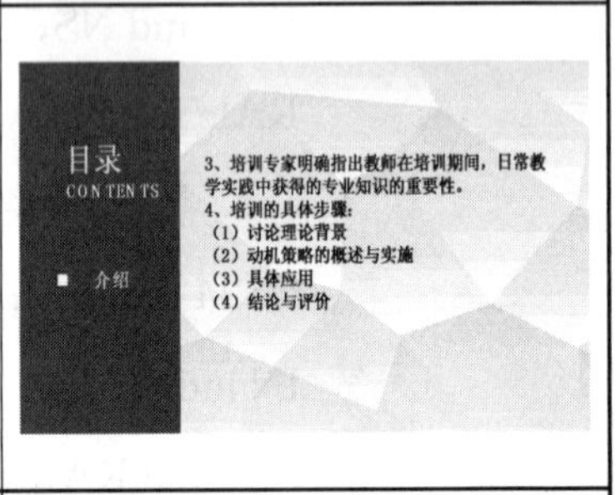

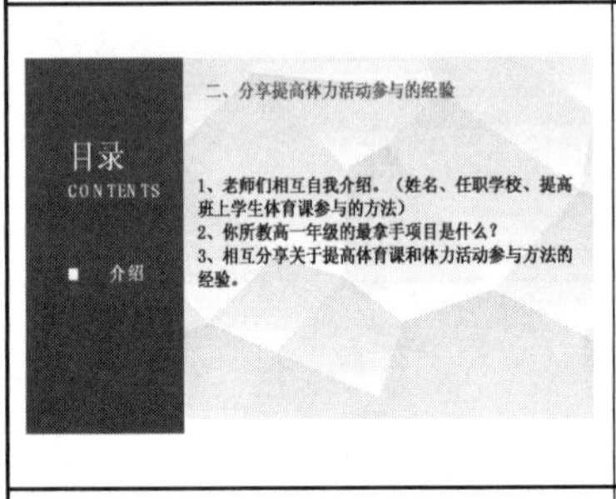

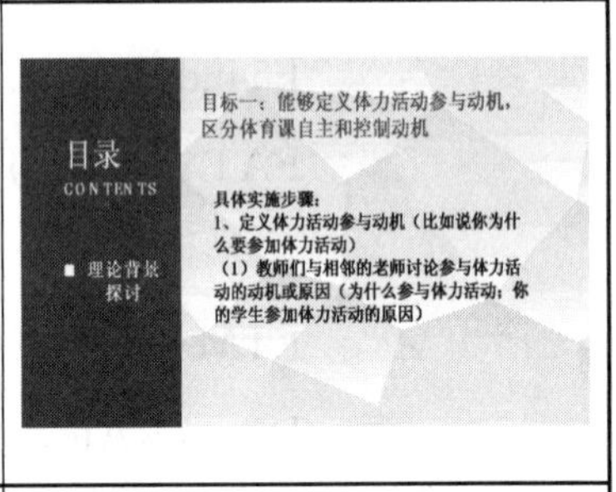

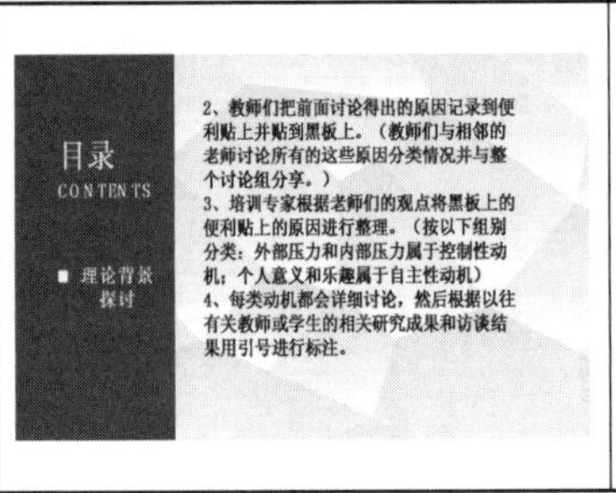

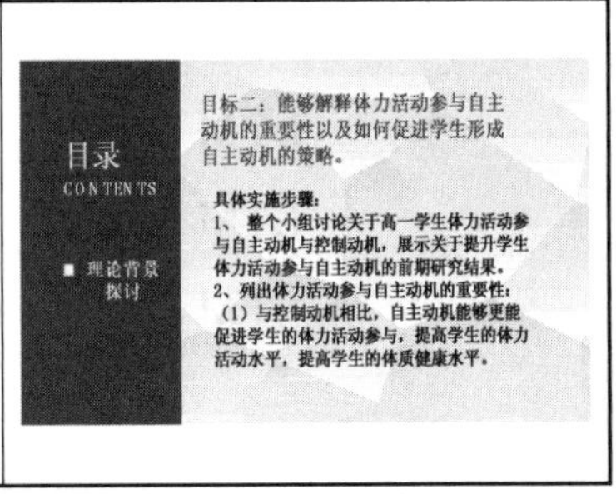

（续表）

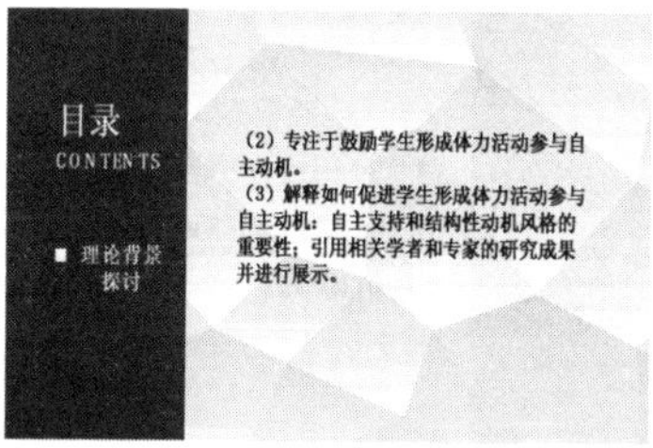
目录
CONTENTS
■ 理论背景探讨
（2）专注于鼓励学生形成体力活动参与自主动机。
（3）解释如何促进学生形成体力活动参与自主动机：自主支持和结构性动机风格的重要性；引用相关学者和专家的研究成果并进行展示。

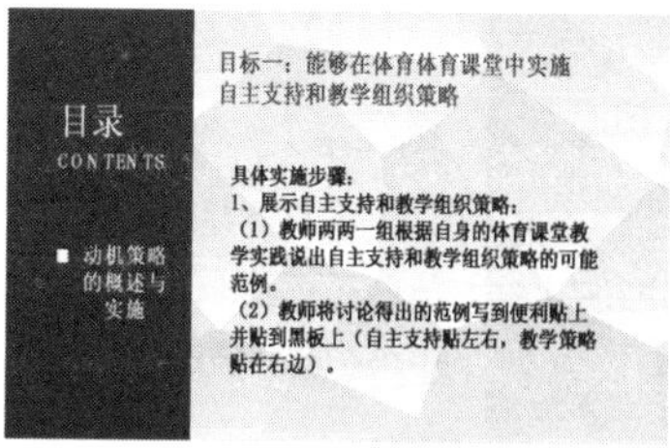
目录
CONTENTS
■ 动机策略的概述与实施
目标一：能够在体育体育课堂中实施自主支持和教学组织策略
具体实施步骤：
1、展示自主支持和教学组织策略：
（1）教师两两一组根据自身的体育课堂教学实践说出自主支持和教学组织策略的可能范例。
（2）教师将讨论得出的范例写到便利贴上并贴到黑板上（自主支持贴左右，教学策略贴在右边）。

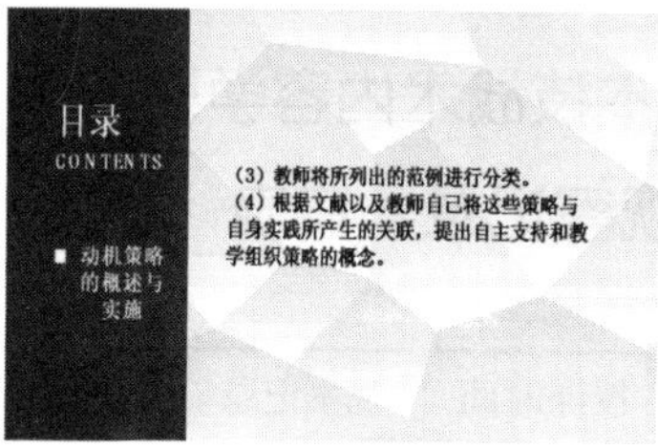
目录
CONTENTS
■ 动机策略的概述与实施
（3）教师将所列出的范例进行分类。
（4）根据文献以及教师自己将这些策略与自身实践所产生的关联，提出自主支持和教学组织策略的概念。

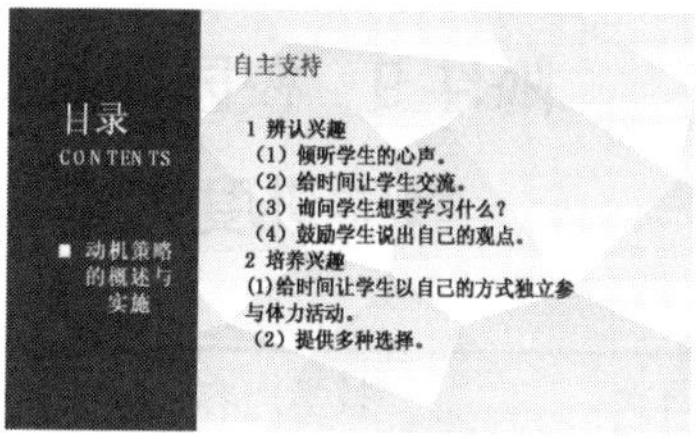
目录
CONTENTS
■ 动机策略的概述与实施
自主支持
1 辨认兴趣
（1）倾听学生的心声。
（2）给时间让学生交流。
（3）询问学生想要学习什么？
（4）鼓励学生说出自己的观点。
2 培养兴趣
(1)给时间让学生以自己的方式独立参与体力活动。
（2）提供多种选择。

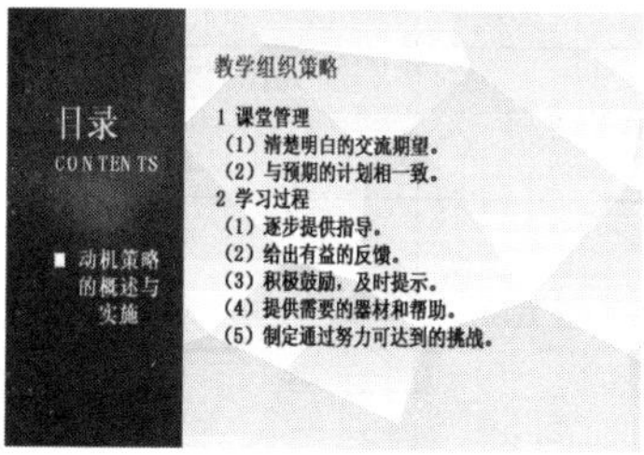
目录
CONTENTS
■ 动机策略的概述与实施
教学组织策略
1 课堂管理
（1）清楚明白的交流期望。
（2）与预期的计划相一致。
2 学习过程
（1）逐步提供指导。
（2）给出有益的反馈。
（3）积极鼓励，及时提示。
（4）提供需要的器材和帮助。
（5）制定通过努力可达到的挑战。

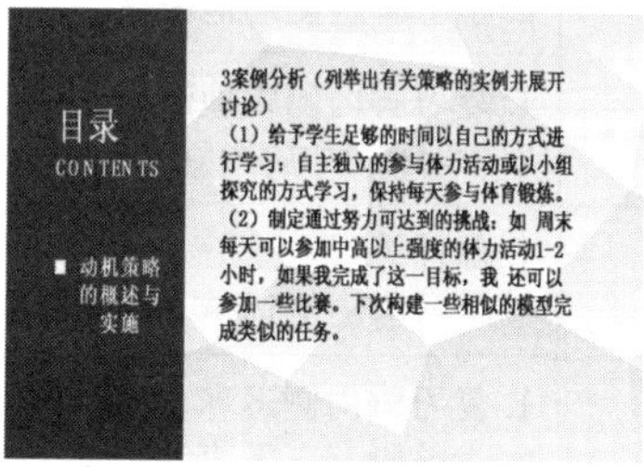
目录
CONTENTS
■ 动机策略的概述与实施
3案例分析（列举出有关策略的实例并展开讨论）
（1）给予学生足够的时间以自己的方式进行学习：自主独立的参与体力活动或以小组探究的方式学习，保持每天参与体育锻炼。
（2）制定通过努力可达到的挑战：如 周末每天可以参加中高以上强度的体力活动1-2小时，如果我完成了这一目标，我 还可以参加一些比赛。下次构建一些相似的模型完成类似的任务。

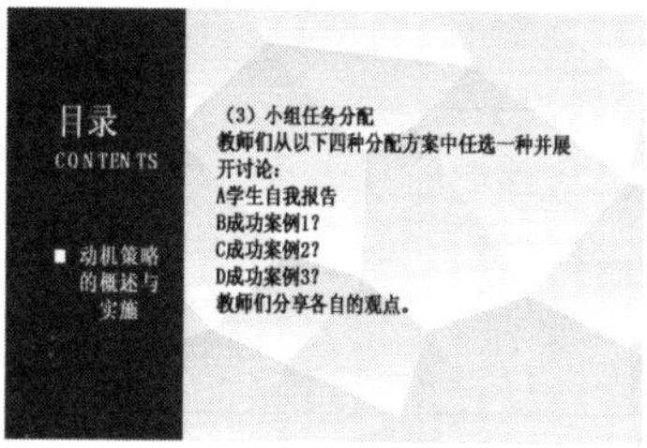
目录
CONTENTS
■ 动机策略的概述与实施
（3）小组任务分配
教师们从以下四种分配方案中任选一种并展开讨论：
A学生自我报告
B成功案例1?
C成功案例2?
D成功案例3?
教师们分享各自的观点。

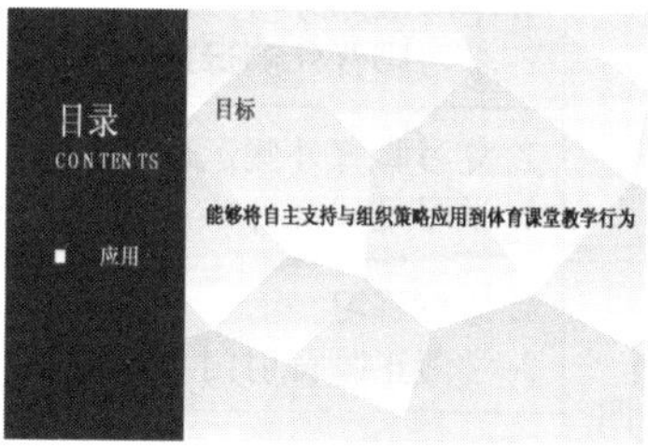
目录
CONTENTS
■ 应用
目标
能够将自主支持与组织策略应用到体育课堂教学行为

（续表）

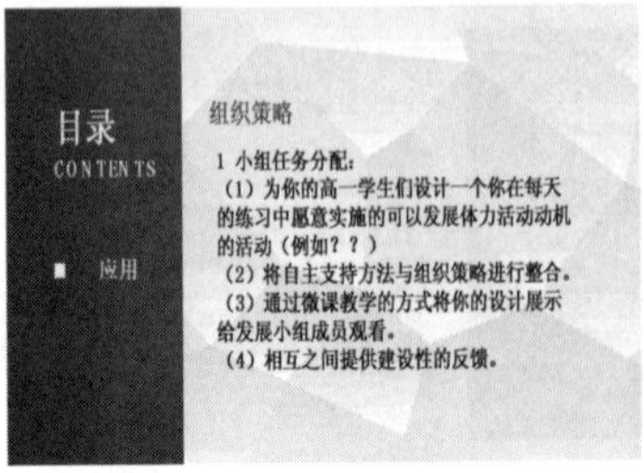

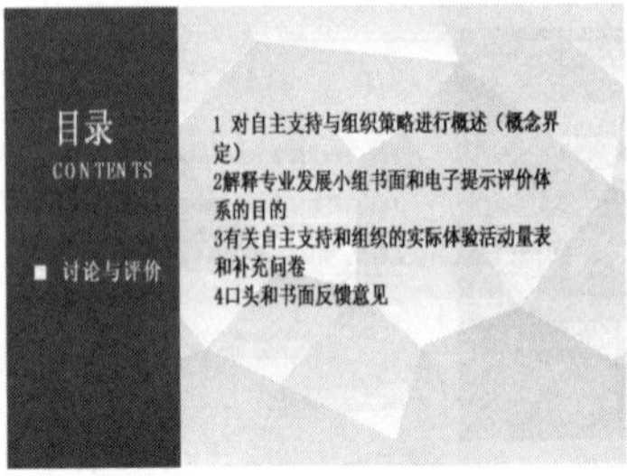

附件 9　校园足球基本技战术内容学期教学进度安排和观察记录一览表

周次	教学内容	授课时间	观察记录	备注
一	1. 熟悉球性 2. 学习脚内侧踢地滚球	1.6		
	1. 复习脚内侧踢地滚球 2. 学习移动中脚内侧踢地滚球	2.5		
二	1. 球性练习 2. 学习脚内侧运球	1.6		
	1. 复习脚内侧运球 2. 学习脚背正面直线运球	2.5		
三	1. 单脚颠球练习 2. 学习脚背外侧运球、扣球	3.7		
	1. 复习脚背外侧运球、扣球 2. 学习足球绕杆	5.7		
四	1. 运球练习 2. 学习正脚背射门	3.7		
	1. 复习正脚背射门 2. 学习绕杆射门	5.7		
五	1. 颠球练习 2. 学习脚内侧停地滚球	1.7		

（续表）

周次	教学内容	授课时间	观察记录	备注
五	1. 复习脚内侧停地滚球 2. 抢圈练习	3.7		
六	1. 踩球练习 2. 进行小场足球赛	1.7		
	1. 脚步练习 2. 学习脚底停反弹球	5.5		
七	1. 复习脚底停反弹球 2. 学习脚内侧踢空中半高球	5.7		
	1. 双脚颠球练习 2. 学习头顶球	5.5		
八	1. 复习头顶球 2. 学习胸部停球	5.7		
	1. 复习脚内侧踢空中半高球 2. 学习脚内侧停高空球	1.3		
九	1. 复习脚内侧停高空球 2. 小场地教学比赛	5.4		
	1. 运球、射门组合练习 2. 步伐练习	1.3		
十	1. 学习假动作运球过人 2. 爆发力练习	5.4		
	1. 学习正面抢截球 2. 步伐练习	3.6		
十一	1. 学习掷界外球 2. 力量练习	4.6		
	1. 学习脚背内侧踢球技术 2. 介绍守门员技术	3.6		
十二	1. 复习脚背内侧踢球技术 2. 小场地教学比赛	4.6		
	1. 复习前额正面头顶球技术 2. 学习大腿正面接停空中球	2.6		

（续表）

周次	教学内容	授课时间	观察记录	备注
十三	1. 复习脚内侧踢空中半高球 2. 二人间 15M 传过顶球	5.5		
	1. 学习局部进攻战术配合 2. 小场地比赛	2.6		
十四	1. 复习正面抢截球技术 2. 小场地教学比赛	2.4		
	1. 学习脚背正面踢球 2. 抢圈练习	5.5		
十五	1. 颠球练习 2. 介绍防守技术(盯人、保护等)	2.4		
	1. 综合性运球绕杆练习 2. 小场地教学比赛	1.4		
十六	1. 复习运球、踢球技术动作 2. 小场地教学比赛	3.5		
	1. 复习运球、传接球等基本功 2. 小场地教学比赛	1.4		
十七	1. 学习“合理碰撞”技术 2. 力量练习	3.7		
	1. 介绍比赛阵型及场上各位置职能 2. 小场地教学比赛	5.7		
十八	1. 复习绕杆、颠球 2. 小场地教学比赛	3.7		
	1. 理论：足球赛事简介 2. 视频欣赏	5.7		
十九	期末考试一，考试内容为足球基本技术（运球绕杆、颠球、定点传球）			
二十	期末考试二，考试内容为速度、力量、耐力身体素质测试			

附件 10　实验班学期完整课时计划

高一 年级体育课课时计划第 一 周第 一 次课

<table>
<tr><td>教材</td><td colspan="2">1. 足球运动简介,熟悉球性
2. 学习足球脚内侧踢地滚球</td><td>场地
器材</td><td>足球场
足球、标志碟</td><td rowspan="2">人数</td><td>男</td><td>36</td></tr>
<tr><td></td><td colspan="2"></td><td></td><td></td><td>女</td><td>33</td></tr>
<tr><td>本课任务</td><td colspan="7">1. 认知目标:学生了解足球运动的起源及一些发展情况,激发学习足球的兴趣。
2. 技能目标:80%的学生基本掌握足球脚内侧踢球的动作方法。
3. 情感目标:培养学生吃苦耐劳的精神,提高学生身体的协调性及灵活性。</td></tr>
<tr><td rowspan="2">部分
(时间)</td><td rowspan="2">课的内容</td><td colspan="3" rowspan="2">组织教法及要求</td><td colspan="3">练习分量</td></tr>
<tr><td>次数</td><td>时间</td><td>强度</td></tr>
<tr><td>准备活动</td><td>一、课堂常规
1. 集合整队,清查人数
2. 师生问好
3. 宣布本课内容、任务
4. 检查着装,安排见习生</td><td colspan="3">一、组织:

</td><td></td><td></td><td></td></tr>
</table>

（续表）

部分（时间）	课的内容	组织教法及要求	练习分量		
			次数	时间	强度
准备活动	二、准备活动 1. 绕标志桶慢跑 2. 游戏： （喊数抱团） 规则：在慢跑过程中，教师随便叫个数字则需要相对应的几个人抱一起。 例如：教师喊数字“5”，则需要5个同学抱一起。 惩罚：多余或少于教师喊出的数字，需要做五次深蹲，游戏继续。 3. 活动关节	要求： 1. 集合快、齐、静、 2. 着装轻便，见习生随堂听课 二、组织： 男女生各成一路纵队绕标志桶慢跑  要求： 1. 慢跑时保持队 2. 认真听口令	5次	6分钟	小

（续表）

部分 (时间)	课的内容	组织教法及要求	练习分量		
			次数	时间	强度
基 本 部 分	1. 足球起源介绍： 足球最早起源于中国“蹴鞠”； 现代足球开始于英国，1857 年，英国成立了第一个足球俱乐部——谢菲尔德足球俱乐部；1885 年，英国首创了职业足球俱乐部； 2. 球性练习： 左右脚交替踩球 交换腿绕球练习	1. 组织：  要求：保持课堂纪律，听讲认真 2. 组织：  要求：听口令做动作	10 次	10 分 钟	中

（续表）

部分（时间）	课的内容	组织教法及要求	练习分量		
			次数	时间	强度
基本部分	3. 足球脚内侧踢地滚球 动作要领： * 助跑：直线助跑 * 支撑脚：脚趾对准出球方向，屈膝，踏在球侧 15cm 左右处 * 摆腿：以髋关节为轴前后摆动 * 脚击球：膝踝外展脚尖稍翘，脚内侧对准来球击球中后部 * 随前动作：击完球脚型固定顺势前摆	3. 脚内侧踢地滚球技术：（如图）  组织： * * * * * * * * * * * * ▲ 教法： （1）老师示范并讲解动作要领 （2）听口令，学生做出相应的动作 （3）学生对传练习 提供两种练习形式供学生自主选择 常规练习 穿越指定标志碟练习 （4）指出学生动作中的不足并加以纠正 要求： 1. 模仿练习时认真，注意动作的规范 2. 脚踝紧张，注意发力	10 次	14 分钟	中

（续表）

部分（时间）	课的内容	组织教法及要求	练习分量		
			次数	时间	强度
基本部分	4. 指定区域指定路线传球比赛 提供各种形式供学生选择。 男女生各分成三组，传球＋手抱球＋跑动，指定区域指定路线传准传快比赛	组织： 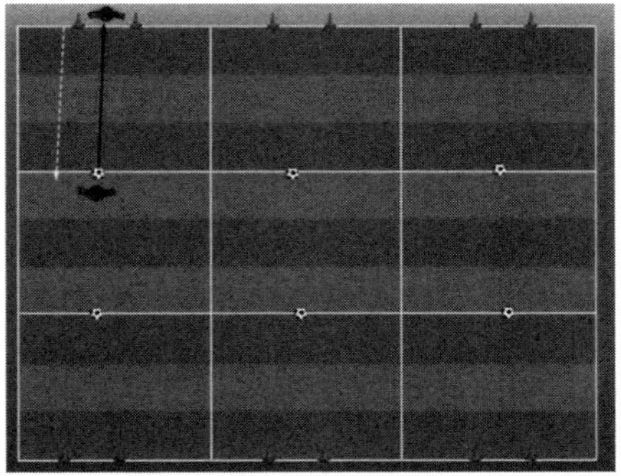 要求： 1. 脚内侧传地滚球 2. 脚型固定 3. 传球的准确性 4. 过线后手抱球，快速跑至起点	2次	10分钟	大

（续表）

部分（时间）	课的内容	组织教法及要求		练习分量		
				次数	时间	强度
结束部分	一、集合整队 二、放松练习 　静力拉伸腿部 　压肩练习 三、讲评本课 四、宣布下次课内容 五、回收器材，师生再见	组织：  要求： 1. 集合快、齐、静 2. 听评认真，放松充分		5次	5分钟	小
预计MVPA%	50%	预计心率	最高心率：　160　次/分 平均心率：　123　次/分			
课后小结		预计心率曲线	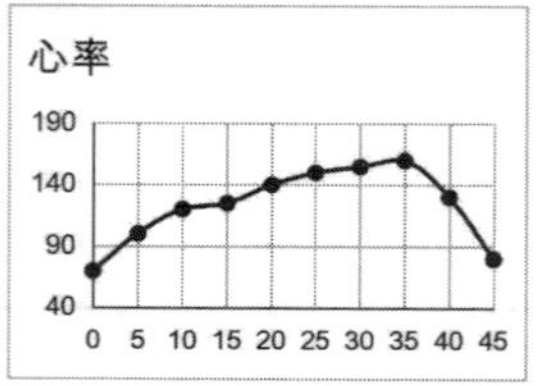			

高一年级体育课课时计划第一周第二次课

<table>
<tr><td>教材</td><td colspan="2">1. 复习足球脚内侧踢地滚球
2. 练习移动脚内侧踢地滚球</td><td>场地
器材</td><td>足球场
足球、标志碟</td><td rowspan="2">人数</td><td>男</td><td>36</td></tr>
<tr><td></td><td colspan="2"></td><td></td><td></td><td>女</td><td>33</td></tr>
<tr><td>本课任务</td><td colspan="7">1. 认知目标：通过本次课的学习，让学生了解脚内侧踢地滚球技术在足球中的应用。
2. 技能目标：通过本次课的学习，使学生更为熟练的掌握足球脚内侧踢球动作要领。
3. 情感目标：培养学生团结合作的精神；提高学生吃苦耐劳的品质。</td></tr>
<tr><td rowspan="2">部分
（时间）</td><td rowspan="2">课的内容</td><td rowspan="2" colspan="3">组织教法及要求</td><td colspan="3">练习分量</td></tr>
<tr><td>次数</td><td>时间</td><td>强度</td></tr>
<tr><td>准
备
活
动</td><td>一、课堂常规
1. 集合整队，清查人数
2. 师生问好
3. 宣布本课内容、任务
4. 检查着装，安排见习生</td><td colspan="3">组织：

要求：
1. 集合快、齐、静、
2. 着装轻便，见习生随堂听课</td><td></td><td></td><td></td></tr>
</table>

（续表）

部分（时间）	课的内容	组织教法及要求	练习分量		
			次数	时间	强度
准备活动	二、准备活动 1. 绕田径场跑 1 圈 2. 徒手操 ① 头部运动 ② 肩部运动 ③ 扩胸运动 ④ 体转运动 ⑤ 踢腿运动 ⑥ 膝关节运动 ⑦ 弓步压腿 ⑧ 踝、腕关节运动	组织：成一路纵队绕田径场慢跑 徒手操队形： * * * * * * * * * * * * ▲ 教法：老师示范、领做 要求： 1. 慢跑时保持队形 2. 充分活动开各个关节 3. 精神饱满	4×8次	8分钟	小

（续表）

<table>
<tr><th rowspan="2">部分
（时间）</th><th rowspan="2">课的内容</th><th rowspan="2">组织教法及要求</th><th colspan="3">练习分量</th></tr>
<tr><th>次数</th><th>时间</th><th>强度</th></tr>
<tr><td>基本部分</td><td>1. 复习脚内侧踢地滚球：
＊强调动作要领
＊纠正错误动作
＊做 5 组练习

2. 练习移动踢地滚球：</td><td>组织：提供两种练习形式供学生自主选择
1. 间隔 10 米两人互传常规练习
2. 间隔 10 米穿越指定标志碟互传练习

要求：
1. 动作到位
2. 注意力集中
3. 身体各部位协调用力

组织：</td><td>10 次</td><td>10 分钟</td><td>中</td></tr>
</table>

（续表）

部分（时间）	课的内容	组织教法及要求	练习分量		
			次数	时间	强度
基本部分	* 脚型 * 步伐 * 力度 * 时机 * 方向	 教法： 1. 讲解示范 2. 组织学生练习 提供两种练习形式：不限触球次数/限两脚触球 3. 个别与集体纠错 要求： 1. 传球力量、提前量控制 2. 注意击球时机触球部位 3. 位置观察	10次	12分钟	大

（续表）

部分（时间）	课的内容	组织教法及要求	练习分量		
			次数	时间	强度
基本部分	3. 指定范围 50 次传球比赛 场地大小变化 防守人员变化 传球人员变化 触球次数变化 防守压力变化	组织 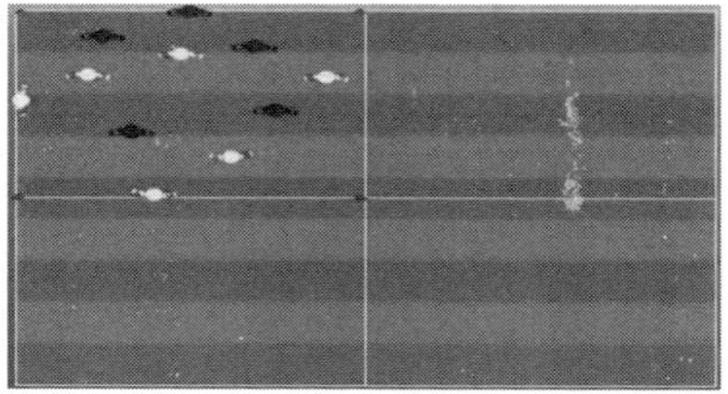	3—5次	10分钟	大
结束部分	一、集合整队 二、放松练习 三、讲评本课 四、宣布下次课内容 五、回收器材，师生再见	组织：  要求： 1. 集合快、齐、静 2. 听评认真，放松充分	5次	5分钟	小

（续表）

预计 MVPA%	50%	预计 心率	最高心率：175 次/分 平均心率：137 次/分
课后小结		预计心率曲线	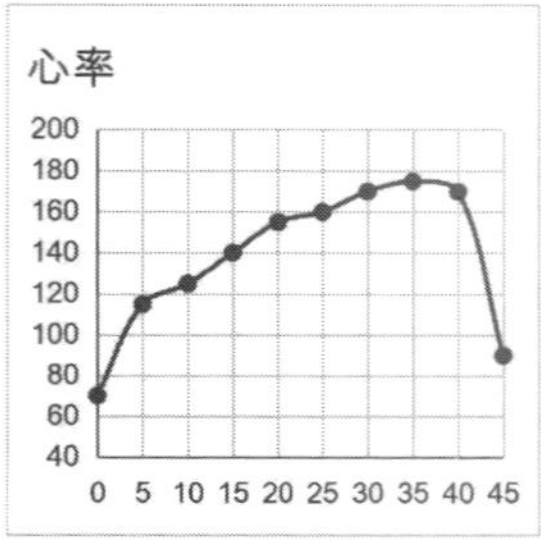

高一 年级体育课课时计划第 二 周第 一 次课

教材	熟悉球性 学习足球脚内侧运球	场地 器材	足球场 足球、标志桶	人数	男	36
					女	33
本课任务	1. **认知目标**：提高学生对足球运球的表象认知和参与积极性。 2. **技能目标**：80%的学生基本掌握足球脚内侧运球技术。 3. **情感目标**：培养学生勇敢、果断的意志品质，提高学生身体的协调性及灵活性。					

（续表）

部分（时间）	课的内容	组织教法及要求	练习分量		
			次数	时间	强度
准备活动	一、课堂常规 1. 集合整队，清查人数 2. 师生问好 3. 宣布本课内容、任务 4. 检查着装，安排见习生	组织：  要求： 1. 集合快、齐、静、 2. 着装轻便，见习生随堂听课			
	二、准备活动 1. 绕田径场跑 1 圈	组织：成一路纵队绕田径场慢跑 行进间徒手操队形：			

（续表）

部分（时间）	课的内容	组织教法及要求	练习分量		
			次数	时间	强度
准备活动	2. 行进间徒手操 ① 击掌运动 ② 扩胸运动 ③ 体转运动 ④ 髋外展运动 ⑤ 髋内扣运动 ⑥ 正压腿运动 ⑦ 加速跑运动 ⑧ 踝、腕关节运动	 教法：老师示范、领做 要求： 1. 慢跑时保持队形 2. 充分活动开各个关节	4×8次	8分钟	小
基本部分	1. 球性练习： ＊左、右脚拨球 ＊体侧推拉球	1. 组织：见下图 教法：第一排同学拿球做十次，然后将球转交给第二排同学做	10	5分钟	中

（续表）

部分（时间）	课的内容	组织教法及要求	练习分量		
			次数	时间	强度
基本部分	2. 学习脚内侧运球： * 动作要领： 节奏 脚型 触球时机	 要求： 1. 注意动作的要领 2. 集中注意力 组织： 	10次	12分钟	中

（续表）

部分（时间）	课的内容	组织教法及要求	练习分量		
			次数	时间	强度
基本部分	击球力度 脚不离球 * 有球练习 3. 游戏:小马过河	教法: 1. 原地左右脚传球:第一排同学做一分钟后把球给下排同学做 2. 移动脚内侧运球:第一排同学将球运至标志桶处停止,用传地滚球的形式将球传给第二排同学,以此循环(做五组) 3. 教师在学生练习过程中纠正错误 要求:紧追球走,控制好球 组织: 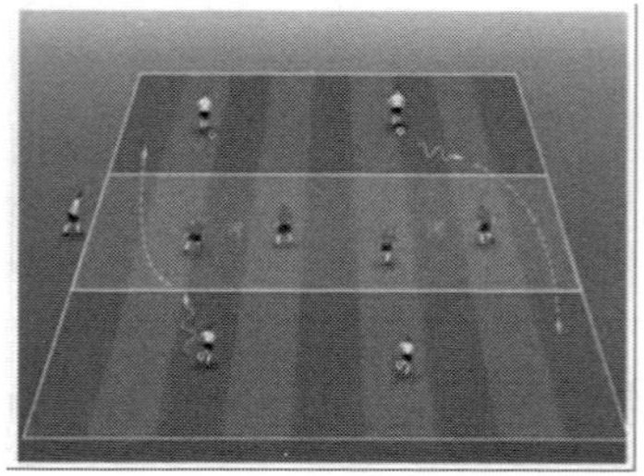	5次	15分钟	大

（续表）

部分（时间）	课的内容	组织教法及要求	练习分量		
			次数	时间	强度
基本部分	游戏目的：提高个人带球能力。 提供练习形式选择 带球人数 拦截人数 触球次数	1. 在 15＊20 米场地分为 3 等份，中间区域为河。 2. 河里设置鳄鱼，小马带球过河。 3. 小马带球过河 1 次得一分。鳄鱼拦截成功得一分。 4. 可分为三轮，第一轮小马不拿球。鳄鱼抓到小马即得分。第二轮小马拿球，鳄鱼多个牵手，鳄鱼破坏球得分，小马过河得分。第三轮小马拿球，鳄鱼单独拦截，小马过河得分。 要求： 注意运球动作 提前观察防守人员 应变与决策			
结束部分	一、集合整队 二、放松练习 三、讲评本课 四、宣布下次课内容 五、回收器材，师生再见	组织： 	5 次	5 分钟	小

（续表）

部分（时间）	课的内容	组织教法及要求	练习分量		
			次数	时间	强度
结束部分		要求： 1. 集合快、齐、静 2. 听评认真，放松充分			
预计MVPA	50%	预计心率	最高心率：175 次/分 平均心率：133 次/分		
课后小结		预计心率曲线	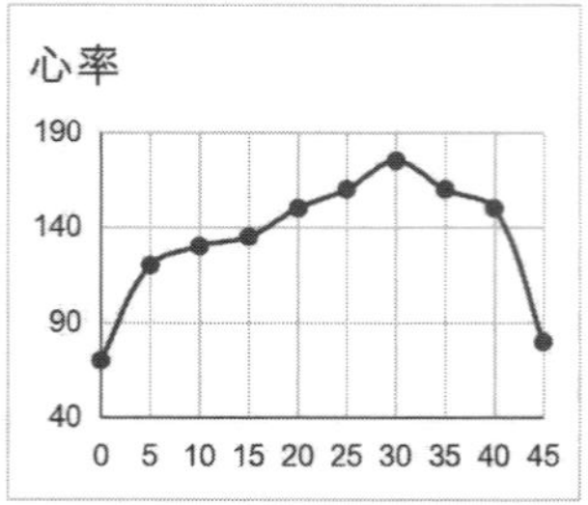		

高一 年级体育课课时计划第 二 周第 二 次课

<table>
<tr><td>教材</td><td colspan="2">1. 复习足球脚内侧运球
2. 学习脚背正面直线运球</td><td>场地器材</td><td>足球 10 个、标志桶、标志碟</td><td rowspan="2">人数</td><td>男</td><td>36</td></tr>
<tr><td></td><td colspan="2"></td><td></td><td></td><td>女</td><td>33</td></tr>
<tr><td>本课任务</td><td colspan="7">1. **认知目标**:通过本次课的学习,提高学生对控球的认知,增加学生对足球的兴趣。
2. **技能目标**:通过本次课的学习,使学生基本掌握足球脚脚背正面直线运球技术。
3. **情感目标**:增强学生自信心,提高学生身体的协调性及灵活性。</td></tr>
<tr><td rowspan="2">部分
(时间)</td><td rowspan="2">课的内容</td><td colspan="3" rowspan="2">组织教法及要求</td><td colspan="3">练习分量</td></tr>
<tr><td>次数</td><td>时间</td><td>强度</td></tr>
<tr><td>准备活动</td><td>一、课堂常规
1. 集合整队,清查人数

2. 师生问好

3. 宣布本课内容、任务

4. 检查着装,安排见习生</td><td colspan="3">组织:

要求:
1. 集合快、齐、静、
2. 着装轻便,见习生随堂听课</td><td></td><td></td><td></td></tr>
</table>

（续表）

部分（时间）	课的内容	组织教法及要求	练习分量		
			次数	时间	强度
准备活动	二、准备活动 1. 绕田径场跑 1 圈 2. 徒手操 ① 头部运动 ② 肩部运动 ③ 扩胸运动 ④ 体转运动 ⑤ 踢腿运动 ⑥ 跳跃运动 ⑦ 全身运动 ⑧ 踝、腕关节运动	组织：成一路纵队绕田径场慢跑 徒手操队形： * * * * * * * * * * * * ▲ 教法：老师示范、领做 要求： 1. 慢跑时保持队形 2. 充分活动开各个关节	4×8次	6分钟	小
基本部分	1. 复习脚内侧运球： 脚内侧运球接力	组织： 	5次	10分钟	大

（续表）

部分（时间）	课的内容	组织教法及要求	练习分量		
			次数	时间	强度
基本部分	2. 学习脚背正面直线运球： * 动作要领： 步伐(一步一触球) 脚型 触球时机 击球力度 方向	教法：组与组两纵队相对立用脚内侧运球快速将球带至第二组队首，然后跑到第二组队尾，由第二组队首将球运至对面，以此循环 要求：井然有序 无球组织：  教法：A 排同学踩球，B 排同学做脚背正面触球动作，做五次进行交换练习 要求：认真体会触球感觉	10 次	10 分钟	中

（续表）

部分（时间）	课的内容	组织教法及要求	练习分量		
			次数	时间	强度
基本部分	* 无球练习 * 有球练习	有球组织：  教法：第一排同学将球运至标志桶处停止，用传地滚球的形式将球传给第二排同学，然后跑回至队尾。以此循环（做五组） 要求：动作规范，精神饱满			

（续表）

部分（时间）	课的内容	组织教法及要求	练习分量		
			次数	时间	强度
基本部分	3. 运球游戏——勇渡者 要求：准确反应快、做出技术动作快、合理科学完成动作快。 提供选择机会： 触球部位 速度 时间	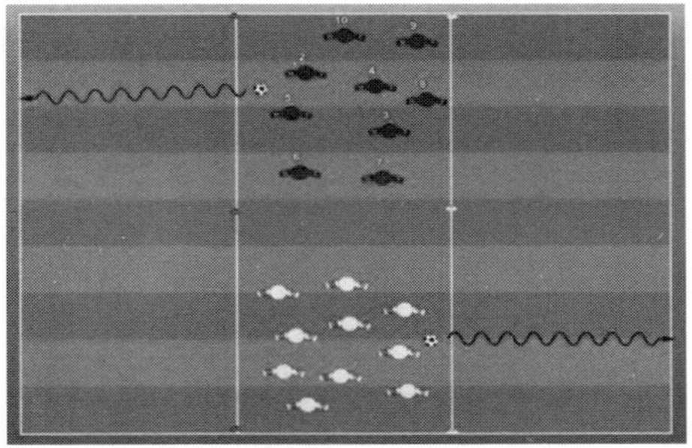 1. 各队选出一名队长，作为抓渡者，游戏时一名队长（可轮换）背对场地站在两端直线外，大声说数 5 声后马上转身或转头看场地，发现有犯规者，就将其淘汰。 2. 采用先达到两端直线的队或者按每队越过两端直线的人数定胜负。 3. 当抓渡者（队长）数到 5 后马上转身或转头看场地时，运球者要必须双脚站地，足球不得滚动，否则将被淘汰出局。	3—5次	14分钟	大

（续表）

<table>
<tr><th rowspan="2">部分
(时间)</th><th rowspan="2">课的内容</th><th rowspan="2" colspan="2">组织教法及要求</th><th colspan="3">练习分量</th></tr>
<tr><th>次数</th><th>时间</th><th>强度</th></tr>
<tr><td>结束部分</td><td>一、集合整队
二、放松练习
三、讲评本课
四、宣布下次课内容
五、回收器材,师生再见</td><td colspan="2">组织：

要求：
1. 集合快、齐、静
2. 听评认真,放松充分</td><td>2
次</td><td>5
分钟</td><td>小</td></tr>
<tr><td>预计
MVPA%</td><td>50%</td><td>预计
心率</td><td colspan="4">最高心率：　175　次/分
平均心率：　133　次/分</td></tr>
<tr><td>课后小结</td><td></td><td>预计心率曲线</td><td colspan="4">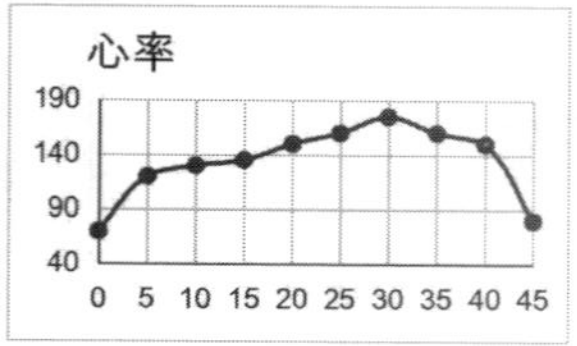</td></tr>
</table>

高一 年级体育课课时计划第 三 周第 一 次课

<table>
<tr><td>教材</td><td colspan="2">1. 单脚颠球练习
2. 学习脚背外侧运球、扣球变向</td><td>场地
器材</td><td>标志碟、标志桶
足球 10 个</td><td rowspan="2">人数</td><td>男</td><td>36</td></tr>
<tr><td></td><td colspan="4"></td><td>女</td><td>33</td></tr>
<tr><td>本课任务</td><td colspan="7">1. 认知目标：熟悉和提高球性，了解足球基本技术在比赛中的作用。
2. 技能目标：发展学生身体灵活性，协调性，学习颠球和外侧运球基本技术。
3. 情感目标：培养学生运动能力和吃苦耐劳品质。</td></tr>
<tr><td rowspan="2">部分
（时间）</td><td rowspan="2">课的内容</td><td colspan="3" rowspan="2">组织教法及要求</td><td colspan="3">练习分量</td></tr>
<tr><td>次数</td><td>时间</td><td>强度</td></tr>
<tr><td>准备部分</td><td>一、课堂常规
1. 体育委员整队，报告人数
2. 师生问好，检查服装
3. 教师宣布课的内容与任务
4. 安排见习生</td><td colspan="3">1. 队形如图

2. 要求：
① 整队快静齐，报数声音洪亮</td><td></td><td></td><td></td></tr>
</table>

（续表）

部分（时间）	课的内容	组织教法及要求	练习分量		
			次数	时间	强度
基本部分	二、准备活动 1. 绕足球场慢跑一圈 2. 游戏： 单脚平衡接力 123 木头人	② 见习生认真听讲不能随意跑动  组织：将学生分为六列横队，每一列到指定的地方站好，听哨声开始，每队第一人跑出去找一个标志碟单脚站立在标志碟旁 3 秒钟，跑回去与下一个同学击掌，再回自己的队尾，依次循环。 木头人，当听到老师两声哨时，全体同学跨标志碟跑动，听到一声哨声时停住。	3 次	8 分钟	小

（续表）

<table>
<tr><th rowspan="2">部分
（时间）</th><th rowspan="2">课的内容</th><th rowspan="2">组织教法及要求</th><th colspan="3">练习分量</th></tr>
<tr><th>次数</th><th>时间</th><th>强度</th></tr>
<tr><td>基
本
部
分</td><td>一、颠球练习
1. 教师示范颠球技术动作
2. 动作要领：
* 身体姿势
* 触球部位
* 触球力度
* 节奏</td><td>队形：

组织：将学生左右分成四列横队，相对站立，中间相距 3 米，左右两队第一排每人一球，进行自抛自颠练习，练习 5 次后，给下排的同学。</td><td>10
次</td><td>8
分
钟</td><td>中</td></tr>
</table>

（续表）

部分（时间）	课的内容	组织教法及要求	练习分量		
			次数	时间	强度
基本部分	二、脚背外侧运球 1. 教师讲解示范 2. 动作要领： * 身体姿势 * 触球部位 * 节奏 * 步幅	队形： 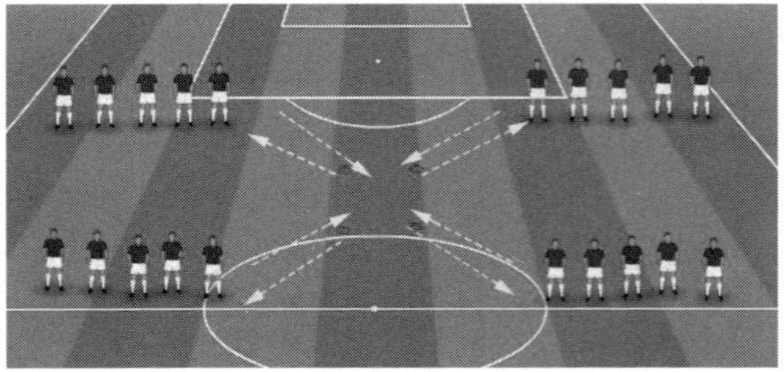 组织： 1. 学生成四列横队站好 无球练习：学生原地做 20 次脚型固定。 2. 有球练习：将学生分成四列横队，每队到指定的位置，进行脚背外侧运球练习。	6次	10分钟	中

（续表）

部分（时间）	课的内容	组织教法及要求	练习分量		
			次数	时间	强度
基本部分	三、扣球变向 1. 教师讲解示范扣球动作 2. 动作要领： * 身体姿势 * 扣球部位 * 扣球时机 * 步幅节奏	一、队形：  组织： 1. 学生成四列横队站好，在前方 5 米处放置一排标志桶，第一排学生用脚背外侧运球至标志桶，用脚内侧扣球绕标志桶扣一圈，用脚内侧把球传给下一排，依次循环。 2. 一路纵队，绕标志碟一周，变向时用扣球技术完成，做完到队尾。	3 次	10 分钟	大

（续表）

部分（时间）	课的内容	组织教法及要求	练习分量		
			次数	时间	强度
基本部分		 3. 勇渡者:同上次课 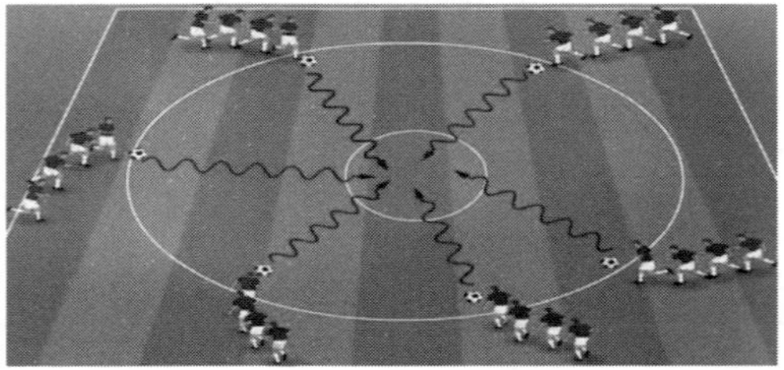			

（续表）

部分（时间）	课的内容	组织教法及要求	练习分量		
			次数	时间	强度
基本部分	四、身体素质练习 1. 折返跑 2. 高抬腿 3. 快速后退跑、转身跑、快速跑回	队形： 	3次	5分钟	大
结束部分	一、 集合整队	组织：成体操队形散开。 队形：			

（续表）

部分（时间）	课的内容	组织教法及要求	练习分量		
			次数	时间	强度
结束部分	二、放松练习 静力拉伸腿部 三、讲评本课 四、宣布下次课内容 五、回收器材，师生再见	 要求： 1. 集合快、齐、静 2. 听评认真，放松充分	5次	4分钟	小

（续表）

预计 MVPA%	50%	预计心率	最高心率：170 次/分 平均心率：126 次/分
课后小结		预计心率曲线	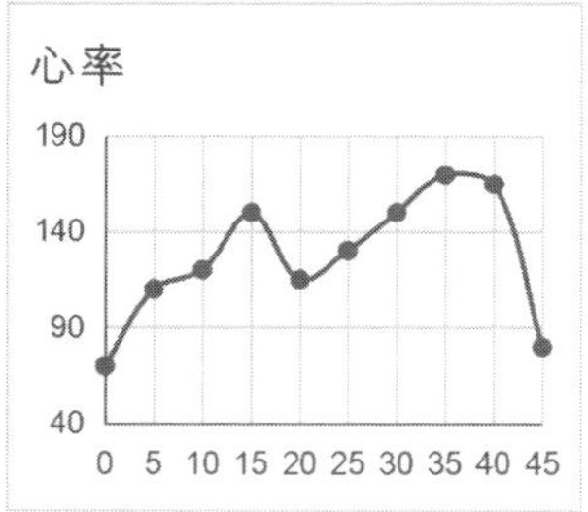

高一 年级体育课课时计划第 三 周第 二 次课

教材	1. 复习脚背外侧运球、扣球 2. 学习足球绕杆	场地 器材	足球场 足球 10 个	人数	男	36
					女	33
本课任务	1. **认知目标**：学生进一步加深足球运动知识的理解，提升参与足球活动的热情。 2. **技能目标**：使 80%的学生掌握足球绕杆技术动作方法和技术要领。 3. **情感目标**：发展学生团结拼搏的意志品质。					

（续表）

部分（时间）	课的内容	组织教法及要求	练习分量		
			次数	时间	强度
准备部分	一、课堂常规 1. 体育委员整队，报告人数， 2. 师生问好，检查服装 3. 教师宣布课的内容与任务 4. 安排见习生 二、准备活动 1. 绕足球场慢跑一圈	1. 队形如图  2. 要求： ① 整队快静齐，报数声音洪亮 ② 见习生认真听讲不能随意跑动 组织：让学生站成四路纵队，在每队前放置标志碟，绕标志碟跑			

（续表）

部分（时间）	课的内容	组织教法及要求	练习分量		
			次数	时间	强度
准备部分	2. 游戏:蛇形跑	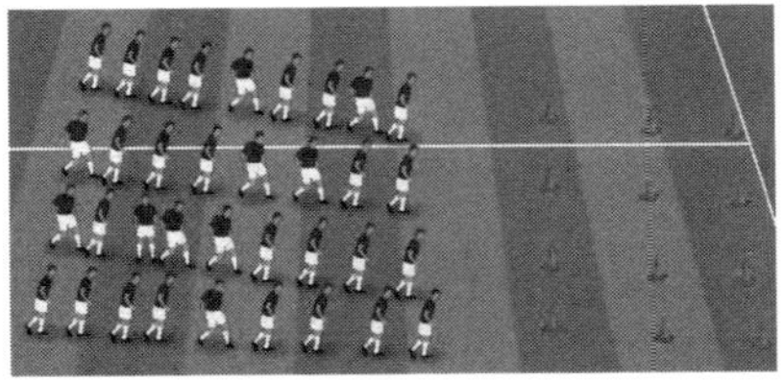 组织:学生成四路纵队站好,运用所学的脚背外侧运球至标志碟、扣球接力比赛	3次	8分钟	小
基本部分	一、复习脚背外侧运球、扣球		10次	8分钟	中

（续表）

部分（时间）	课的内容	组织教法及要求	练习分量		
			次数	时间	强度
基本部分	二、学习足球绕杆 1. 教师讲解示范 2. 动作要领： * 身体姿势 * 触球部位 * 变向节奏 * 射门部位 三、游戏：小马过河	组织： 1. 学生四路纵队站好 2. 无球脚步练习（三步一触球）  3. 有球练习：将学生分成左右四路纵队相对站立，在每队前放置不同的标志碟，每队进行不同的标志杆进行绕杆 4. 在练习时教师来回巡查，纠正错误 5. 找出好的同学出来做示范	8次	10分钟	中

（续表）

部分（时间）	课的内容	组织教法及要求	练习分量		
			次数	时间	强度
基本部分	游戏目的：提高个人带球能力。 提供练习形式选择 带球人数 拦截人数 触球次数	组织：  1. 在 15＊20 米场地分为 3 等份，中间区域为河。 2. 河里设置鳄鱼，小马带球过河。 3. 小马带球过河 1 次得一分。鳄鱼拦截成功得一分。 4. 可分为三轮，第一轮小马不拿球。鳄鱼抓到小马即得分。第二轮小马拿球，鳄鱼多个牵手，鳄鱼破坏球得分，小马过河得分。第三轮小马拿球，鳄鱼单独拦截，小马过河得分。	5—8 次	14 分钟	大

（续表）

部分（时间）	课的内容	组织教法及要求	练习分量		
			次数	时间	强度
结束部分	一、集合整队 二、放松练习 静力拉伸腿部 三、讲评本课 四、宣布下次课内容 五、回收器材，师生再见	组织：成体操队形散开。 队形：  要求： 1. 集合快、齐、静 2. 听评认真，放松充分	5次	5分钟	小

（续表）

预计 MVPA%	50%	预计 心率	最高心率：165 次/分 平均心率：120 次/分
课后小结		预计心率曲线	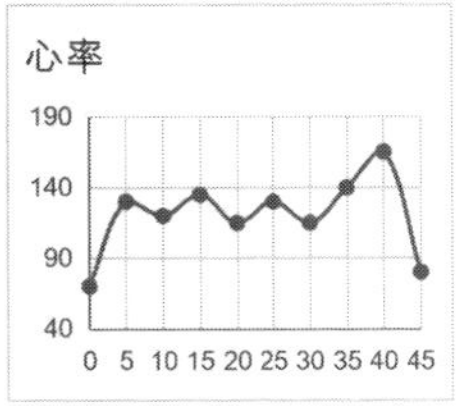

高一 年级体育课课时计划第 四 周第 一 次课

教材	1. 运球练习 2. 学习正脚背射门	场地 器材	足球场、标志碟 足球 10 个	人数	男	36
					女	33
本课任务	1. **认知目标**：能够说出所学技术动作名称与术语及简单的竞赛规则。 2. **技能目标**：基本掌握脚背正面射门动作技能，提高学生的速度、耐力、灵敏性。 3. **情感目标**：培养学生自信心，团队合作精神，并做到尊重对手。					

（续表）

<table>
<tr><th rowspan="2">部分
（时间）</th><th rowspan="2">课的内容</th><th rowspan="2">组织教法及要求</th><th colspan="3">练习分量</th></tr>
<tr><th>次数</th><th>时间</th><th>强度</th></tr>
<tr><td>准
备
部
分</td><td>一、课堂常规
1. 体育委员整队，报告人数，
2. 师生问好，检查服装
3. 教师宣布课的内容与任务
4. 安排见习生

二、准备活动

1. 绕足球场慢跑一圈

2. 徒手操
① 头部运动
② 腕踝关节运动
③ 腰部运动</td><td>1. 队形如图

2. 要求：
① 整队快静齐，报数声音洪亮
② 见习生认真听讲不能随意跑动

徒手操队形：
</td><td>4
×
7
次</td><td>6
分
钟</td><td>小</td></tr>
</table>

（续表）

部分（时间）	课的内容	组织教法及要求	练习分量		
			次数	时间	强度
准备部分	④ 膝关节运动 ⑤ 肩关节运动 ⑥ 髋关节运动 ⑦ 弓步压腿	教法：老师示范、领做 要求： 1. 慢跑时保持队形 2. 充分活动开各个关节			
基本部分	一、运球练习 1. 脚内侧运球 2. 脚背正面运球 3. 脚背外侧运球	组织： 全班分为四列纵队成菱形，由某一路纵队第一位学生传球至下一列同学，并同时跑至下一列队尾。 组织队形： 	15次	10分钟	中

（续表）

<table>
<tr><th rowspan="2">部分
（时间）</th><th rowspan="2">课的内容</th><th rowspan="2">组织教法及要求</th><th colspan="3">练习分量</th></tr>
<tr><th>次数</th><th>时间</th><th>强度</th></tr>
<tr><td>基本部分</td><td>二、学习正脚背射门
1. 动作要领：
① 身体姿势
② 踢球姿势
③ 触球部位</td><td>组织：
1. 教师讲解示范
教师将学生分成左右四列横队背对站立，中间相距 2 米，两队各面向球门，每队第一排拿球，进行射门练习，射完门之后，快速把球捡回摆好。
2. 教师来回巡查，纠正错误，再找出做的好的同学进行示范。
队形：
</td><td>10 次</td><td>10 分钟</td><td>中</td></tr>
</table>

（续表）

部分（时间）	课的内容	组织教法及要求	练习分量		
			次数	时间	强度
基本部分	三、射门游戏 游戏目的：提高脚背正面射门技术，加强局部进攻和防守能力 变化： 增加队员人数 增加球数	 1. 标志桶均匀分布在中圈。 2. 一方控球射门，一方防守，球权更换后攻防转换。 3. 必须圈外脚背正面射门，穿过中圈可以再次控制，停留中圈则死球，更换球权。 4. 防守方获得球权后必须在中圈 15 米外开始，除中圈捡球外，不允许进入中圈。 5. 中圈标志桶全部击倒为一回合，共比赛五个回合。	5 次	14 分钟	大

（续表）

部分 （时间）	课的内容	组织教法及要求		练习分量 次数	练习分量 时间	练习分量 强度
结 束 部 分	一、集合整队 二、放松练习 静力拉伸腿部 三、讲评本课 四、宣布下次课内容 五、回收器材，师生再见	组织：成体操队形散开。 队形：  要求： 1. 集合快、齐、静 2. 听评认真，放松充分		5 次	10 分 钟	小
预计 MVPA%	**50%**	**预计 心率**	**最高心率：　170　次/分 平均心率：　126　次/分**			

（续表）

课后小结		预计心率曲线	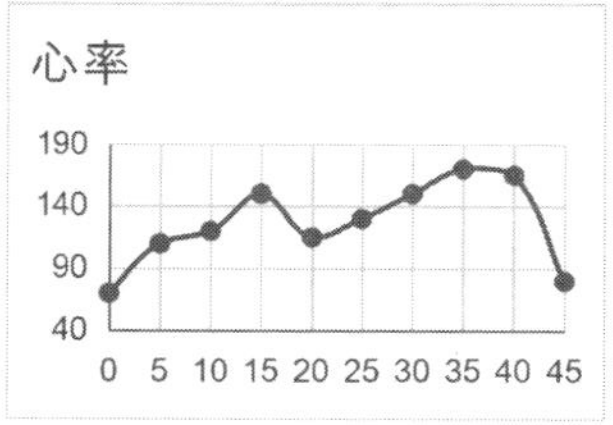

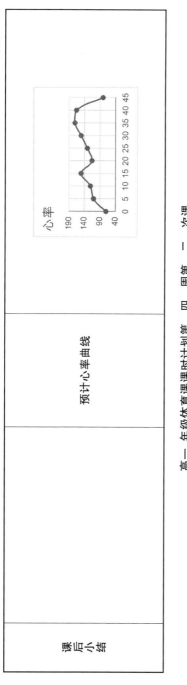

高一 年级体育课课时计划第 四 周第 二 次课

教材	1. 复习正脚背射门 2. 学习绕杆射门	**场地** **器材**	足球场、标志碟 足球 10 个	**人数**	男	36
					女	33
本课任务	1. **认知目标**：通过练习以及游戏比赛的形式，进一步加深学生对射门的认识。 2. **技能目标**：学生以绕杆射门的动作为主，并使 90%以上的学生掌握该技术。 3. **情感目标**：培养学生在学习过程中自主、合作、探究和遵守规则的良好品质。					

（续表）

<table>
<tr><th rowspan="2">部分
（时间）</th><th rowspan="2">课的内容</th><th rowspan="2">组织教法及要求</th><th colspan="3">练习分量</th></tr>
<tr><th>次数</th><th>时间</th><th>强度</th></tr>
<tr><td>准
备
部
分</td><td>一、课堂常规
1. 体育委员整队，报告人数，
2. 师生问好，检查服装
3. 教师宣布课的内容与任务
4. 安排见习生

二、准备活动
1. 绕足球场慢跑一圈

2. 徒手操
① 头部运动
② 腕踝关节运动</td><td>1. 队形如图：

2. 要求：
整队快静齐，报数声音洪亮
见习生认真听讲不能随意跑动

组织：
1. 教师讲解示范
2. 学生成四列横队站好</td><td>4×7次</td><td>8分钟</td><td>小</td></tr>
</table>

（续表）

部分（时间）	课的内容	组织教法及要求	练习分量		
			次数	时间	强度
准备部分	③ 腰部运动 ④ 膝关节运动 ⑤ 肩关节运动 ⑥ 髋关节运动 ⑦ 弓步压腿				
基本部分	一、复习脚背正面射门	组织： 1. 教师将学生分成左右四列横队背对站立，中间相距 2 米，两队各面向球门，每队第一排拿球进行射门练习，射完门之后，快速把球捡回摆好。 2. 在练习过程中，教师来回巡查，纠正错误，在找出好的同学进行示范。 3. 两队射门比赛，进球多的队获胜。	10 次	10 分钟	中

（续表）

部分（时间）	课的内容	组织教法及要求	练习分量		
			次数	时间	强度
基本部分	二、学习绕杆射门 1. 教师讲解示范 2. 动作要领： ＊身体姿势 ＊触球部位 ＊变向节奏 ＊射门部位	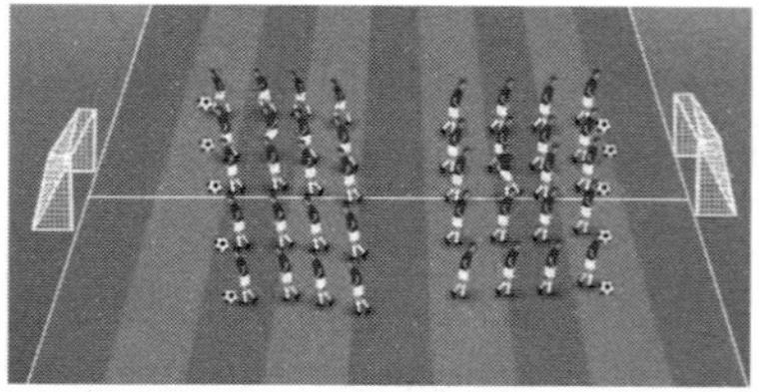 组织： 1. 教师将学生分成左右四列横队站立，中间相距 2 米，每组第一排的同学拿球，依次绕杆后射门。 2. 限制触球次数、左右脚射门。 	10次	10分钟	中

（续表）

部分（时间）	课的内容	组织教法及要求	练习分量		
			次数	时间	强度
基本部分	三、射门游戏 游戏目的：提高脚背正面射门技术，加强局部进攻和防守能力 变化： 增加队员人数 增加球数	组织（同上一次课） 1. 标志桶均匀分布在中圈。 2. 一方控球射门，一方防守，球权更换后攻防转换。 3. 必须圈外脚背正面射门，穿过中圈可以再次控制，停留中圈则死球，更换球权。 4. 防守方获得球权后必须在中圈 15 米外开始，除中圈捡球外，不允许进入中圈。 5. 中圈标志桶全部击倒为一回合，共比赛五个回合。	3 次	8 分钟	大
	四、身体素质练习 敏捷梯脚步练习 前进小碎步 横向小碎步	组织： 1. 教师讲解示范 2. 学生按顺序依次进行练习 队形： 	6 次	5 分钟	大

（续表）

部分（时间）	课的内容	组织教法及要求	练习分量		
			次数	时间	强度
结束部分	一、集合整队 二、放松练习 静力拉伸腿部 三、讲评本课 四、宣布下次课内容 五、回收器材，师生再见	组织：成体操队形散开。 队形：  要求： 1. 集合快、齐、静 2. 听评认真，放松充分	5次	4分钟	小

（续表）

预计 MVPA%	50%	预计 心率	最高心率： 165 次/分 平均心率： 111 次/分
课后小结		预计心率曲线	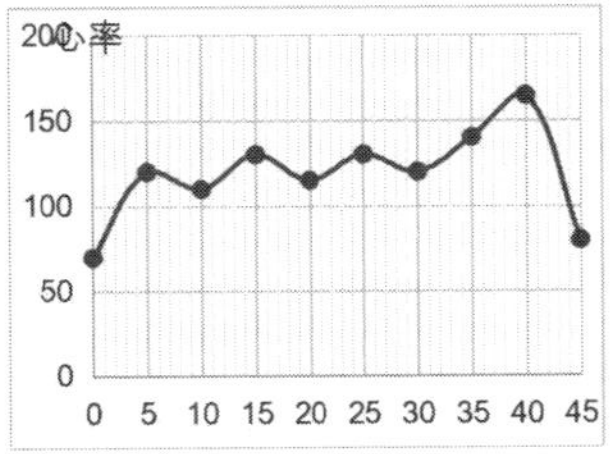

高一 年级体育课课时计划 第 五 周 第 一 次课

教材	1. 颠球练习 2. 学习脚内侧停地滚球	场地 器材	足球 20 个 标志碟若干	人数	男	36
					女	33
本课任务	1. **认知目标**：提高学生对足球地滚球的传控认知。 2. **技能目标**：基本掌握脚内侧停地滚球的技术动作。 3. **情感目标**：培养学生团结合作的精神及竞争意识，建立和谐的人际关系。					

（续表）

部分（时间）	课的内容	组织教法及要求	练习分量		
			次数	时间	强度
准备活动	一、课堂常规 1. 集合整队，清查人数 2. 师生问好 3. 宣布本课内容、任务 4. 检查着装，安排见习生	组织队形：  要求： 1. 集合快、齐、静、 2. 着装轻便，见习生随堂听课			
	二、准备活动 1. 绕田径场跑 1 圈	教法：体委带队成一路纵队绕田径场慢跑。	4×8次	8分钟	小
	2. 徒手操 ① 头部运动	徒手操队形：			

（续表）

部分（时间）	课的内容	组织教法及要求	练习分量		
			次数	时间	强度
准备活动	② 肩部运动 ③ 扩胸运动 ④ 体转运动 ⑤ 踢腿运动 ⑥ 膝关节运动 ⑦ 弓步压腿 ⑧ 踝、腕关节运动	 教法：老师示范、领做 要求： 1. 慢跑时保持队形 2. 充分活动开各个关节			
基本部分	1. 颠球练习 动作要领： * 身体姿势 * 触球部位 * 脚型稳定	教法： 1. 教师讲解示范 2. 全班分为两小组，在固定区域练习颠球。 3. 两人一组进行互相颠球练习。 队形如图：	5次	5分钟	中

（续表）

部分（时间）	课的内容	组织教法及要求	练习分量		
			次数	时间	强度
基本部分	* 节奏 2. 学习脚内侧停地滚球 动作要领： * 身体姿势 * 触球部位 * 触球感觉	 要求： 1. 全身放松，脚不僵硬。 2. 击球的底部中央。 3. 集中注意力，认真听讲。 教法： 1. 教师讲解并示范。 2. 采用先完整后分解的教学方法。 3. 带口令的集体原地练习。 4. 榜样学生示范。	20次	12分钟	中

（续表）

<table>
<tr><th rowspan="2">部分
（时间）</th><th rowspan="2">课的内容</th><th rowspan="2">组织教法及要求</th><th colspan="3">练习分量</th></tr>
<tr><th>次数</th><th>时间</th><th>强度</th></tr>
<tr><td rowspan="2">基
本
部
分</td><td>* 脚型</td><td>5. 两两相对分散练习，教师巡回纠错。
6. 整体纠错，并提出改进方法。
7. 纠错后完整练习。
组织队形：

要求：认真听讲，仔细观察，积极思考。</td><td></td><td></td><td></td></tr>
<tr><td>3. 传球游戏：
找号传球</td><td>组织
1. 所有队员区域内跑动，持球队员只找大自己一个号码的队员传球。</td><td>5次</td><td>15分钟</td><td>大</td></tr>
</table>

（续表）

部分（时间）	课的内容	组织教法及要求	练习分量		
			次数	时间	强度
基本部分	提高传接球技巧 发展耐力素质 提供选择机会 限制传球的部位 弱势脚传球 限制触球的次数 可以设置边线球员	2. 接球队员接球后，继续观察找人传球，最大号传球给小号开始下一轮。 3. 传接过程中其他队员必须继续慢跑。 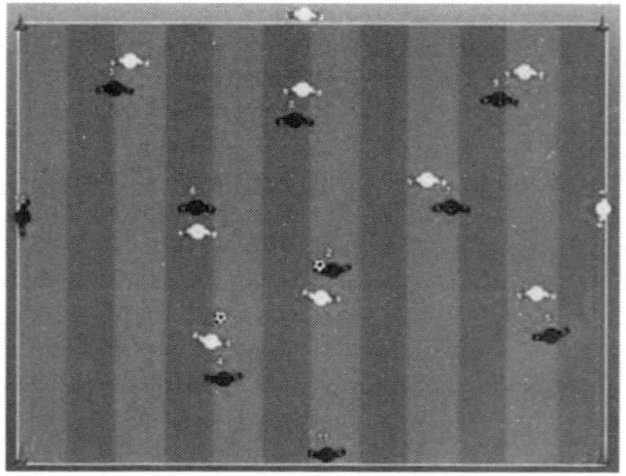 要求： 1. 传接球技术运用合理 2. 接控球目的明确，为下一步动作做准备，始终保持球处于运动状态，传接配合不间断。			

（续表）

部分（时间）	课的内容	组织教法及要求		练习分量 次数	练习分量 时间	练习分量 强度
结束部分	一、集合整队 二、放松练习 静力拉伸腿部 三、讲评本课 四、宣布下次课内容 五、回收器材，师生再见	形如图：  要求： 1. 集合快、齐、静 2. 听评认真，放松充分		5次	5分钟	小
预计MVPA%	50%	预计心率	最高心率： 150 次/分 平均心率： 117 次/分			
课后小结		预计心率曲线	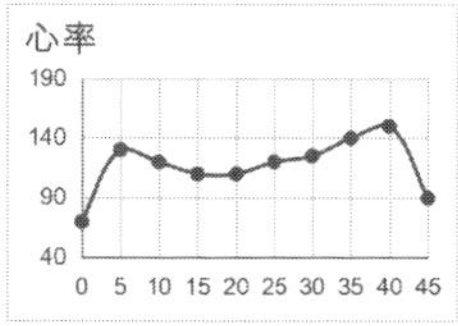心率 190 140 90 40 0 5 10 15 20 25 30 35 40 45			

高一 年级体育课课时计划第 五 周第 二 次课

<table>
<tr><td>教材</td><td colspan="2">1. 复习脚内侧停地滚球
2. 抢圈游戏</td><td>场地
器材</td><td>足球 10 个
标志碟、背心</td><td rowspan="2">人数</td><td>男</td><td>36</td></tr>
<tr><td></td><td colspan="2"></td><td></td><td></td><td>女</td><td>33</td></tr>
<tr><td>本课任务</td><td colspan="7">1. 认知目标:知道脚内侧停接球在比赛中的运用和重要性。
2. 技能目标:充分掌握脚内侧停地滚球的技术动作。
3. 情感目标:提高团队协作能力,并向新的目标发出新的挑战。</td></tr>
<tr><td rowspan="2">部分
(时间)</td><td rowspan="2">课的内容</td><td rowspan="2" colspan="3">组织教法及要求</td><td colspan="3">练习分量</td></tr>
<tr><td>次数</td><td>时间</td><td>强度</td></tr>
<tr><td>准备活动</td><td>一、课堂常规
1. 集合整队,清查人数
2. 师生问好
3. 宣布本课内容、任务
4. 检查着装,安排见习生</td><td colspan="3">组织队形:

要求:
1. 集合快、齐、静、
2. 着装轻便,见习生随堂听课</td><td></td><td></td><td></td></tr>
</table>

（续表）

部分（时间）	课的内容	组织教法及要求	练习分量		
			次数	时间	强度
准备活动	二、准备活动 绕标志碟慢跑，并同时喊数抱团游戏，输的学生五个俯卧撑。	教法：学生分成两组，分别绕标志碟成一路纵队慢跑 组织队形：  要求： 1. 慢跑时保持队形 2. 充分活动开各个关节	5次	6分钟	小

（续表）

部分（时间）	课的内容	组织教法及要求	练习分量		
			次数	时间	强度
基本部分	一、复习脚内侧停地滚球 1. 球性练习加脚内侧传接地滚球	教法：全班分为四列纵队成菱形，由某一路纵队第一位学生踩球十下后传至下一列同学，并同时跑至下一列队尾。 组织队形： 	10次	10分钟	中
	2. 脚内侧斜传踢停地滚球练习	教法：学生分为四列，前两列一组，后两列一组，进行斜传球练习，练习途中不断加球，最后一位同学接到球后抱球跑至第一位接着传。 组织队形：	10次	10分钟	中

（续表）

部分（时间）	课的内容	组织教法及要求	练习分量		
			次数	时间	强度
基本部分	二、地滚球传接反应游戏 目的：考察学生的传接球动作和动脑与反应能力	 要求： 1. 停球时注意体会迎球和后撤之间的缓冲距离，将球停稳在脚下。 2. 控制触球方向，注意触球点，身体协调用力。 组织 1. 红、黄、蓝三组球员，每组 3 人。1 名球员在圈内，其余在圈外。 2. 规则： 不能把球传给相同颜色的队员 被防守球员断球的，或者把球传给相同颜色队员的，都要进圈内抢球	3 组	14 分钟	大

（续表）

部分（时间）	课的内容	组织教法及要求	练习分量		
			次数	时间	强度
基本部分	提供选择机会： 增加一个球，用手依次传接，以上的规则不变。 触球部位与次数限制	根据球队的水平或者练习的效果限制触球脚数  要求：身体朝向，反应快速，观察与衔接			
结束部分	一、集合整队 二、放松练习 静力拉伸腿部 三、讲评本课	组织队形：  	5次	5分钟	小

（续表）

<table>
<tr><td rowspan="2">部分
（时间）</td><td rowspan="2">课的内容</td><td rowspan="2" colspan="2">组织教法及要求</td><td colspan="3">练习分量</td></tr>
<tr><td>次数</td><td>时间</td><td>强度</td></tr>
<tr><td>结束部分</td><td>四、宣布下次课内容
五、回收器材，师生再见</td><td colspan="2">要求：
1. 集合快、齐、静
2. 听评认真，放松充分</td><td></td><td></td><td></td></tr>
<tr><td>预计
MVPA%</td><td>50%</td><td>预计
心率</td><td colspan="4">最高心率： 160 次/分
平均心率： 125 次/分</td></tr>
<tr><td>课后小结</td><td></td><td>预计心率曲线</td><td colspan="4">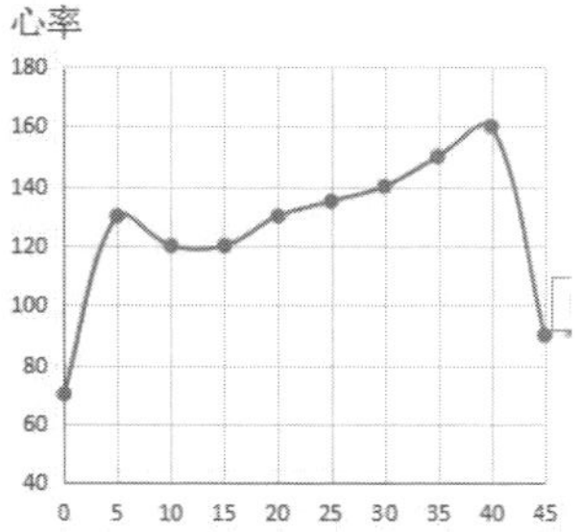
</td></tr>
</table>

高一 年级体育课课时计划第 六 周第 一 次课

教材	1. 球性练习：跳踩球 2. 进行小场足球赛	**场地器材**	足球 10 个、敏捷梯、背心若干	**人数**	男	36
					女	33
本课任务	1. **认知目标**：提高学生对足球运动的传接球认知和局部配合意识。 2. **技能目标**：在练习中逐渐熟悉球性，提高球性和运动中的传接球技术。 3. **情感目标**：培养学生的坚强意志品质，协作竞争意识和创新精神。					

部分（时间）	**课的内容**	**组织教法及要求**	**练习分量**		
			次数	**时间**	**强度**
准备活动	一、课堂常规 1. 集合整队，清查人数 2. 师生问好 3. 宣布本课内容、任务 4. 检查着装，安排见习生 二、准备活动 1. 绕田径场跑 1 圈	教法：老师提前到场准备好场地器材。 组织队形：  要求： 1. 集合快、齐、静、			

（续表）

部分（时间）	课的内容	组织教法及要求	练习分量		
			次数	时间	强度
准备活动	2. 敏捷梯脚步练习	2. 着装轻便，见习生随堂听课 教法：体委带队成一路纵队绕田径场慢跑。 要求： 1. 慢跑时保持队形 2. 充分活动开各个关节 教法：教师讲解示范。 前进小碎步方法：前脚掌着地，每步落在小方格以内。 组织队形： 	10次	10分钟	小

（续表）

部分（时间）	课的内容	组织教法及要求	练习分量		
			次数	时间	强度
基本部分	一、踩球练习 左、右脚交替踩球动作 二、小场地足球赛 限制区域 3v3v3	教法：老师讲解示范 组织队形：  要求： 1. 踩在球上的脚不要用力踩球，只是轻轻的踩球。 2. 动作熟练后眼睛要目视前方，两脚的交换跳动作要快。 组织队形： 将全班分为六组，每组 9 人，进行限制区域的 3v3v3 小场对抗赛。三个队伍，三个区域。每个区域 3 名不同颜色的球员，练习过程	10 次	5 分钟	中

（续表）

部分（时间）	课的内容	组织教法及要求	练习分量		
			次数	时间	强度
基本部分	比赛目的：结合实战提高球员的传接球和二过一能力，培养球员的观察视野和跑动接应能力。 提供选择机会： 同一种颜色的球员之间最多只能连续传 1 次球，也就是说，红色球员传给红色球员后，第二名红色球员就不能再传给红色的球员，要传给蓝色或者黄色的球员。	中不能跑动到其他区域，在每个区域形成固定的 2v1，在整个区域内，形成 2 个队伍 v1 个队伍，也就是 6v3 若干脚传球后得一分，丢球的队伍充当防守队伍。  要求： 1. 不能跑动到其他区域 2. 其他两个区域的无球队员，也要不断地跑动，接应传接球和带球技术在实战中的执行。 3. 时刻保持注意力集中，思考哪个队伍丢球的，抢到球后应该传给哪个颜色的队员。	3 节	25 分钟	大

（续表）

部分 （时间）	课的内容	组织教法及要求	练习分量		
			次数	时间	强度
结束部分	一、集合整队 二、放松练习 静力拉伸腿部 三、讲评本课 四、宣布下次课内容 五、回收器材，师生再见	教法：以老师归纳总结为主。 组织队形：  要求： 1. 集合快、齐、静 2. 听评认真，放松充分	5次	5分钟	小
预计MVPA%	50%	预计心率	最高心率： 170 次/分 平均心率： 133 次/分		

（续表）

课后小结		预计心率曲线	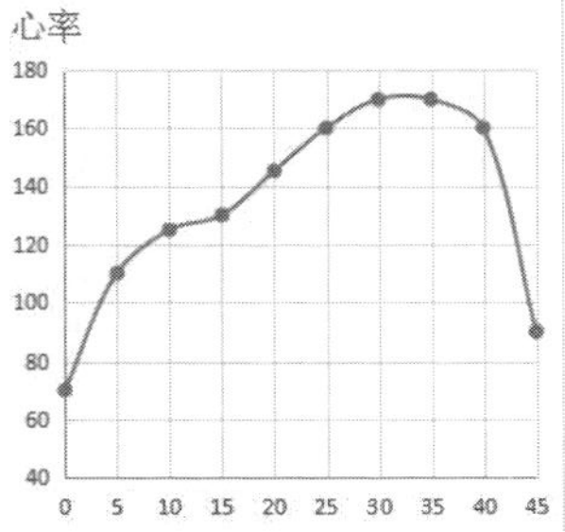

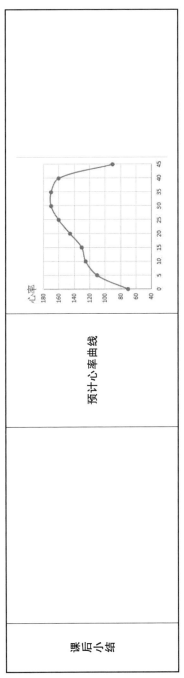

高一 年级体育课课时计划第 六 周第 二 次课

<table>
<tr><td rowspan="2">教材</td><td rowspan="2">1. 脚步练习
2. 脚底停反弹球+射门</td><td rowspan="2">场地
器材</td><td rowspan="2">足球 20 个、标志碟、敏捷梯</td><td rowspan="2">人数</td><td>男</td><td>36</td></tr>
<tr><td>女</td><td>33</td></tr>
<tr><td>本课任务</td><td colspan="6">1. 认知目标：初步了解脚底停反弹球的内容、步骤及技术动作。
2. 技能目标：80%的学生基本掌握脚底停反弹球的技术动作。
3. 情感目标：培养学生勇敢果断的意志品质，发展学生身体协调性、柔韧性。</td></tr>
</table>

（续表）

部分（时间）	课的内容	组织教法及要求	练习分量 次数	练习分量 时间	练习分量 强度
准备活动	一、课堂常规 1. 集合整队，清查人数 2. 师生问好 3. 宣布本课内容、任务 4. 检查着装，安排见习生	组织：  要求： 1. 集合快、齐、静、 2. 着装轻便，见习生随堂听课			
	二、准备活动 1. 绕田径场跑 1 圈 2. 徒手操 ① 头部运动 ② 肩部运动	组织：成一路纵队绕田径场慢跑 徒手操队形： * * * * * * * * * * * * ▲	4×8次	6分钟	小

（续表）

<table>
<tr><th rowspan="2">部分
(时间)</th><th rowspan="2">课的内容</th><th rowspan="2">组织教法及要求</th><th colspan="3">练习分量</th></tr>
<tr><th>次数</th><th>时间</th><th>强度</th></tr>
<tr><td>准
备
活
动</td><td>③ 扩胸运动
④ 体转运动
⑤ 踢腿运动
⑥ 膝关节运动
⑦ 弓步压腿
⑧ 踝、腕关节运动</td><td>教法：老师示范、领做
要求：
1. 慢跑时保持队形
2. 充分活动开各个关节</td><td></td><td></td><td></td></tr>
<tr><td>基
本
部
分</td><td>1. 左、右脚交替踩球动作</td><td>1. 教师讲解示范
队形如图：
</td><td>10次</td><td>5分钟</td><td>中</td></tr>
</table>

（续表）

部分（时间）	课的内容	组织教法及要求	练习分量		
			次数	时间	强度
基本部分	2. 敏捷梯脚步练习： ① 前进小碎步 ② 横向小滑步	要求： 1. 踩在球上的脚不要用力踩球，只是轻轻的踩球。 2. 动作熟练后眼睛要目视前方，两脚的交换跳动作要快。 队形如图：  组织：4 列横队，依次进行敏捷梯脚步练习，跑完一组回到个队尾，2 个脚步各进行 2 组练习。	5 次	5 分钟	中
	3. 脚底停反弹球：	队形：			

（续表）

部分（时间）	课的内容	组织教法及要求	练习分量		
			次数	时间	强度
基本部分	① 自抛自接反弹球 ② 俩人相距 5 米站立，一人手抛高球另一人练习接反弹球。 4. 脚底停反弹球＋射门练习 目的：控球与射门练习组合练习 提供选择机会：	 教法： 1. 老师讲解示范 2. 学生练习，老师巡回指导 组织：	10次	10分钟	中

（续表）

部分（时间）	课的内容	组织教法及要求	练习分量		
			次数	时间	强度
基本部分	增加一名队员做二过一配合后射门 抛球/传球后主动防守	 1. 底线球员掷界外球/传球给场地内球员，接球后射门。 2. 射门后捡球到另一边队尾，两队轮流开始。 3. 指定时间/规定进球数，两队比赛。 要求： 1. 供球队员尽量传至禁区前沿，为射门队员提供好的空间和角度。 2. 把握好传接球时机	10次	14分钟	大

（续表）

<table>
<tr><th rowspan="2">部分（时间）</th><th rowspan="2">课的内容</th><th rowspan="2" colspan="2">组织教法及要求</th><th colspan="3">练习分量</th></tr>
<tr><th>次数</th><th>时间</th><th>强度</th></tr>
<tr><td>结束部分</td><td>一、集合整队
二、放松练习
静力拉伸腿部
三、讲评本课
四、宣布下次课内容
五、回收器材，师生再见</td><td colspan="2">组织：

要求：
1. 集合快、齐、静
2. 听评认真，放松充分</td><td>5次</td><td>5分钟</td><td>小</td></tr>
<tr><td>预计MVPA%</td><td>50%</td><td>预计心率</td><td colspan="4">最高心率： 175 次/分
平均心率： 125 次/分</td></tr>
</table>

（续表）

课后小结		预计心率曲线	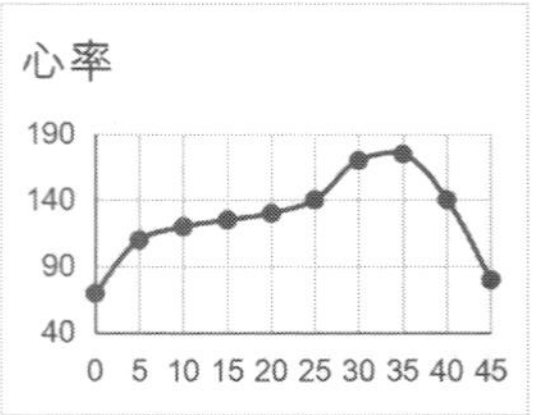

高一 年级体育课课时计划第 七 周第 一 次课

<table>
<tr><td rowspan="2">教材</td><td rowspan="2" colspan="2">1. 复习脚底停反弹球
2. 学习脚内侧踢空中半高球</td><td>场地</td><td>足球 20 个</td><td rowspan="2">人数</td><td>男</td><td>36</td></tr>
<tr><td>器材</td><td>敏捷梯 2 副</td><td>女</td><td>33</td></tr>
<tr><td>本课任务</td><td colspan="7">1. 认知目标:初步了解脚内侧踢空中半高球的内容、步骤及动作要领。
2. 技能目标:70%的同学基本掌握脚内侧踢空中半高球的技术动作。
3. 情感目标:培养学生勇敢果断的意志品质,发展学生身体协调性、柔韧性。</td></tr>
<tr><td rowspan="2">部分
(时间)</td><td rowspan="2">课的内容</td><td rowspan="2" colspan="3">组织教法及要求</td><td colspan="3">练习分量</td></tr>
<tr><td>次数</td><td>时间</td><td>强度</td></tr>
<tr><td>准备部分</td><td>一、课堂常规</td><td colspan="3">队形如图:</td><td></td><td></td><td></td></tr>
</table>

（续表）

部分（时间）	课的内容	组织教法及要求	练习分量		
			次数	时间	强度
准备活动	1. 集合、体委整队报告人数 2. 师生问好 3. 教师宣布教学内容和要求 4. 检查服装、安排见习生	 要求： 1. 集合快、静、齐 2. 着装轻便，见习生随堂听课			
	二、围绕足球标志物慢跑两圈，敏捷梯热身	组织教法：	2次	4分钟	小

（续表）

部分（时间）	课的内容	组织教法及要求	练习分量		
			次数	时间	强度
准备活动	三、喊数抱团游戏	 要求： 1. 男女生单独成组 2. 注意力高度集中	2次	4分钟	中

（续表）

部分（时间）	课的内容	组织教法及要求	练习分量		
			次数	时间	强度
基本部分	一、复习脚底停反弹球 1. 自抛自接反弹球 2. 一人抛球一人接球练习	队形如图：  组织教法： 1. 老师讲解示范 2. 将学生分为 4 列横队，两两相对站立，一人抛球，一人踢球练习，老师巡回指导。	10 次	10 分钟	中
	二、学习脚内侧踢空中半高球	队形如图：			

（续表）

部分（时间）	课的内容	组织教法及要求	练习分量		
			次数	时间	强度
基本部分	动作要领： * 身体姿势 * 脚型稳定 * 触球部位	 组织教法： 1. 老师讲解示范 2. 将学生分为 4 列横队，两两相对站立，一人抛球，一人踢球练习，老师巡回指导。	10次	10分钟	中

（续表）

部分（时间）	课的内容	组织教法及要求	练习分量		
			次数	时间	强度
基本部分	三、绕障碍踢空中球射门 游戏目的：熟练脚内侧射门技术 提供选择机会 1. 球速 2. 左右脚 3. 射门角度与力度	队形如图：  1. 分为五组，每组两名队员向最后一个标志碟附近抛半高球。 2. 比赛开始后，每组第一名队员跑至最后一个标志碟处用脚内侧踢半高球射门。 3. 射门队员自己捡球跑向抛球区，抛球者跑向队尾。 4. 规定时间内进球多获胜。	12次	12分钟	大

（续表）

部分（时间）	课的内容	组织教法及要求	练习分量		
			次数	时间	强度
基本部分		要求： 1. 抛球高度、力度合适 2. 队员跑动后稳住重心后再射门 3. 脚内侧射门的部位准确，力度与角度兼顾			
结束部分	一、集合整队 二、放松练习 三、总结本课内容 四、整理器材 宣布下课	队形如图：  要求： 1. 集合快、静、齐 听评认真，放松充分	5次	5分钟	小

（续表）

预计 MVPA%	50%	预计 心率	最高心率： 150 次/分 平均心率： 117 次/分
课后小结		预计心率曲线	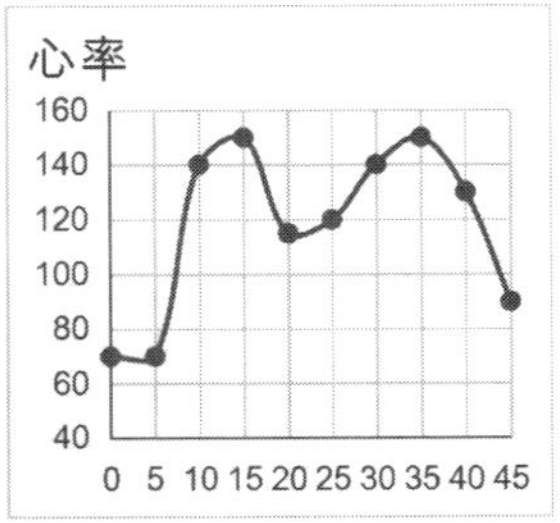

高一 年级体育课课时计划第 七 周第 二 次课

教材	1. 双脚颠球练习 2. 学习头顶球	场地 器材	足球 20 个 标志碟若干	人数	男	36
					女	33
本课任务	1. **认知目标**：增强头顶球技术的认识，消除畏惧心理，敢于尝试和运用头顶球。 2. **技能目标**：70%的同学学会正确的头顶球技术，并且有较好的准确度。 3. **情感目标**：培养学生勇敢、果断、善于进取的体育精神。					

（续表）

部分（时间）	课的内容	组织教法及要求	练习分量		
			次数	时间	强度
准备活动	一、课堂常规 1. 集合、体委整队报告人数 2. 师生问好 3. 教师宣布教学内容和要求 4. 检查服装、安排见习生	队形如图：  			
	二、围绕足球标志物慢跑两圈	要求： 1. 集合快、静、齐 2. 着装轻便，见习生随堂听课			
	三、行进间徒手操： 1. 头部运动	组织：成一路纵队绕田径场慢跑 徒手操队形：	4×7次	6分钟	小

（续表）

部分（时间）	课的内容	组织教法及要求	练习分量		
			次数	时间	强度
准备活动	2. 肩部运动 3. 扩胸运动 4. 弓箭步压腿 5. 侧压腿 6. 各关节活动 7. 加速跑	*　*　*　*　*　* *　*　*　*　*　* ▲ 教法：老师示范、领做 要求： 1. 慢跑时保持队形 2. 充分活动开各个关节			
基本部分	一、双脚颠球练习 1. 老师教学示范 2. 动作要领： * 身体姿势 * 触球部位 * 力度 * 节奏 * 方向	队形如图： 	20次	9分钟	中

（续表）

部分(时间)	课的内容	组织教法及要求	练习分量		
			次数	时间	强度
基本部分	二、学习原地前额正面顶球 1. 老师讲解示范 2. 动作要领： * 身体姿势 * 触球部位 * 发力方向	组织：四列横队体操队形。 学生前后两人为一小组。 学生练习，老师巡回指导 组织教法： 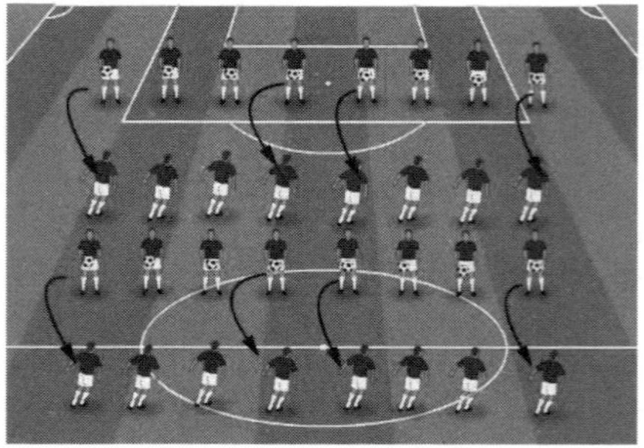 1. 原地模仿头顶球动作练习。 2. 原地跃起模仿头顶球动作练习。	20次	10分钟	中

（续表）

部分（时间）	课的内容	组织教法及要求	练习分量		
			次数	时间	强度
基本部分	三、头顶球游戏 快抛快顶 游戏目的：提高正确的头顶球技术 提供选择的机会 抛球的快慢 抛球的距离 障碍物设置	3. 老师巡回指导。 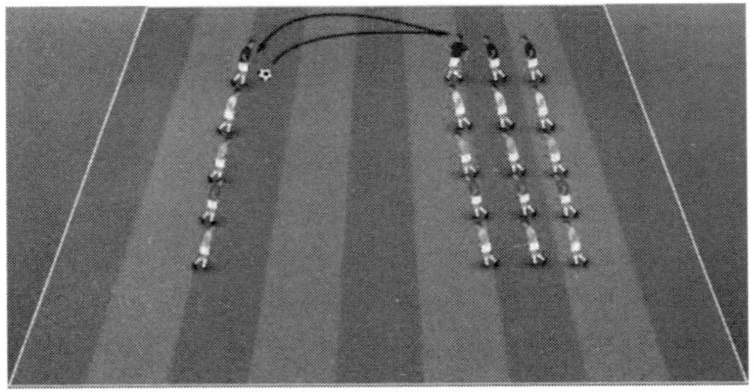 1. 听信号抛球，排头头顶给抛球队员 2. 顶球队员顶球后下蹲 3. 按完成的名次得分，采用三局两胜累计积分。 要求： 1. 正确运用头顶球技术，注意用力和准确性 2. 球到达时，身体呈反弓状，腰腹发力。	6次	15分钟	大

（续表）

部分（时间）	课的内容	组织教法及要求	练习分量		
			次数	时间	强度
结束部分	一、集合整队 二、放松练习 三、总结本课内容 四、整理器材 五、宣布下课	队形如图：  要求： 1. 集合快、静、齐 2. 听评认真，放松充分	5次	5分钟	小

（续表）

预计MVPA%	50%	预计心率	最高心率：170 次/分 平均心率：120 次/分
课后小结		预计心率曲线	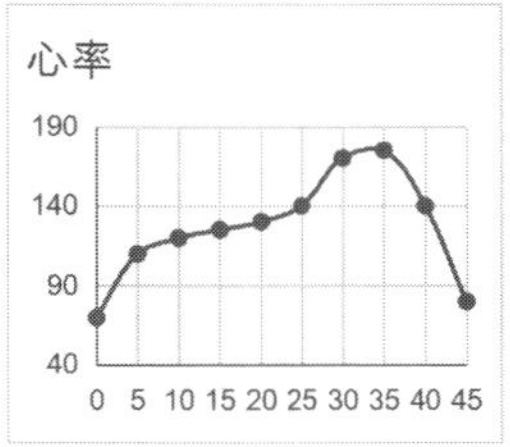

高一 年级体育课课时计划第 八 周第 一 次课

教材	1. 复习头顶球 2. 学习胸部停球	场地器材	足球 20 个 标志碟若干	人数	男	36
					女	33
本课任务	1. **认知目标**：学生明确头顶球和胸部停球动作的方法和要素。 2. **技能目标**：90%的学生掌握头顶球技术，50%的学生基本掌胸部停球技巧。 3. **情感目标**：培养学生团结协助和积极向上的品德观念。					

（续表）

部分（时间）	课的内容	组织教法及要求	练习分量		
			次数	时间	强度
准备部分	一、课堂常规 1. 集合、体委整队报告人数 2. 师生问好 3. 教师宣布教学内容和要求 4. 检查服装、安排见习生 二、围绕足球标志物慢跑两圈。	队形如图：  要求： 1. 集合快、静、齐 2. 着装轻便，见习生随堂听课	2次	4分钟	小

（续表）

部分（时间）	课的内容	组织教法及要求	练习分量		
			次数	时间	强度
准备部分	三、行进间徒手操： 1. 击掌 2. 扩胸 3. 髋关节摆动 4. 踢腿 5. 冲刺	组织教法：  教法： 1. 教师示范动作。 2. 学生在教师带领下练习。	8×5次	6分钟	中

（续表）

部分（时间）	课的内容	组织教法及要求	练习分量		
			次数	时间	强度
基本部分	一、复习头顶球 预判 部位 动作 平衡	队形如图： 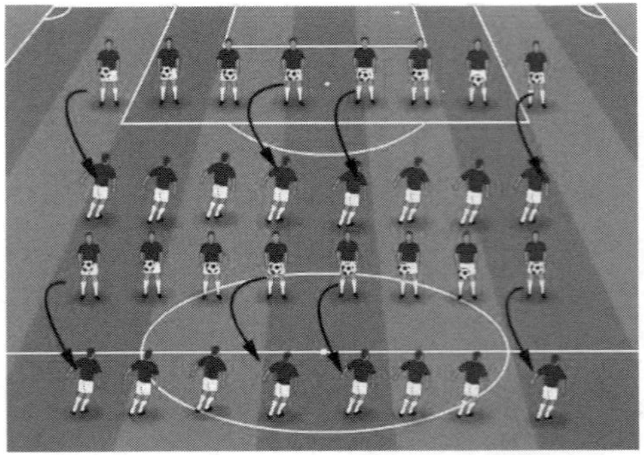 组织：将学生分为 4 列横队，两两相对站立，一人抛球，一人顶球练习，老师巡回指导。	30次	10分钟	中

（续表）

部分（时间）	课的内容	组织教法及要求	练习分量		
			次数	时间	强度
基本部分	二、学习胸部停球 挺胸式接球： 1. 教师示范 2. 动作要领： * 身体姿势 * 触球部位 * 力度 * 发力点 胸部停球比赛	 组织：两人一球，相距 5M，一人双手掷球，另一人胸部停球，然后用脚内侧传球给对方。 组织教法： 将学生分为 4 列横队，两两一组轮流进行一人抛一人停先完成胜利	30 次	20 分钟	大

（续表）

部分（时间）	课的内容	组织教法及要求	练习分量		
			次数	时间	强度
基本部分		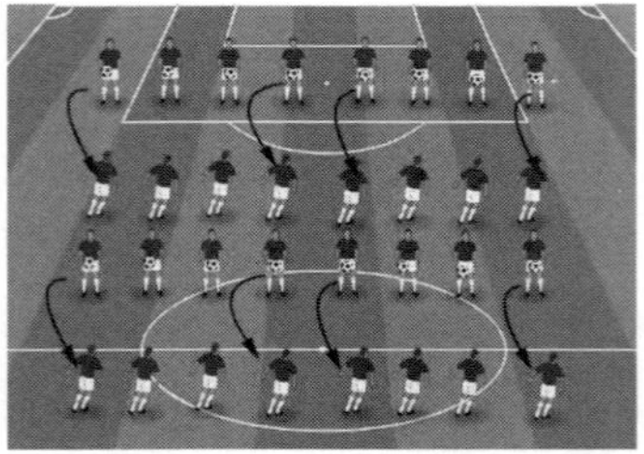			
结束部分	一、集合整队 二、放松练习 三、总结本课内容 四、整理器材	队形：  	5次	5分钟	小

（续表）

<table>
<tr><td rowspan="2">部分
（时间）</td><td rowspan="2">课的内容</td><td rowspan="2" colspan="2">组织教法及要求</td><td colspan="3">练习分量</td></tr>
<tr><td>次数</td><td>时间</td><td>强度</td></tr>
<tr><td>结束部分</td><td>五、宣布下课</td><td colspan="2">要求：
1. 集合快、静、齐
2. 听评认真，放松充分</td><td></td><td></td><td></td></tr>
<tr><td>预计密度</td><td>50%</td><td>预计心率</td><td colspan="4">最高心率：　150　次/分
平均心率：　111　次/分</td></tr>
<tr><td>课后小结</td><td></td><td>预计心率曲线</td><td colspan="4">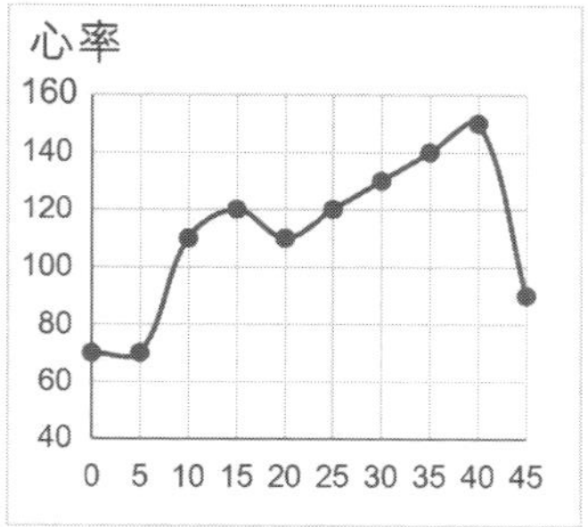</td></tr>
</table>

高一 年级体育课课时计划第 八 周第 二 次课

<table>
<tr><td>教材</td><td colspan="2">1. 复习脚内侧踢空中半高球
2. 学习脚内侧停高空球</td><td>场地
器材</td><td>足球场
足球 10 个</td><td>人数</td><td>男
女</td><td>36
33</td></tr>
<tr><td>本课任务</td><td colspan="7">1. 认知目标：80％的学生明确脚内侧踢停空中球的动作要领和关键技术。
2. 技能目标：60％的学生基本掌握脚内侧停高空球的技术动作。
3. 情感目标：培养学生机智果断、胜不骄、败不馁的优良品质。</td></tr>
<tr><td rowspan="2">部分
(时间)</td><td rowspan="2">课的内容</td><td rowspan="2" colspan="3">组织教法及要求</td><td colspan="3">练习分量</td></tr>
<tr><td>次数</td><td>时间</td><td>强度</td></tr>
<tr><td>准备部分</td><td>一、课堂常规
1. 体育委员整队，报告人数
2. 师生问好，检查服装
3. 教师宣布课的内容与任务
4. 安排见习生</td><td colspan="3">1. 队形如图

2. 要求：
整队快静齐，报数声音洪亮</td><td>10 次</td><td>10 分钟</td><td>小</td></tr>
</table>

（续表）

部分（时间）	课的内容	组织教法及要求	练习分量		
			次数	时间	强度
准备部分	二、准备活动 1. 绕足球场慢跑一圈 2. 抢圈练习	见习生认真听讲不能随意跑动 队形：  组织：学生分成若干组，每组 10 人围成圆圈相互传球，一人在圈内抢球。如触及球则与传球失误者交换，依次循环进行。 要求：拼抢积极，传球准确到位	5次	8分钟	小

（续表）

<table>
<tr><th rowspan="2">部分
（时间）</th><th rowspan="2">课的内容</th><th rowspan="2">组织教法及要求</th><th colspan="3">练习分量</th></tr>
<tr><th>次数</th><th>时间</th><th>强度</th></tr>
<tr><td>基
本
部
分</td><td>一、复习脚内侧踢空中半高球
1. 教师讲解示范
2. 要求：
＊身体姿势
＊脚型正确
＊发力位置</td><td>队形：

组织：
将学生分成四组，选出组长。组长负责抛球，组员则踢空中半高球。依次类推。</td><td>20次</td><td>10分钟</td><td>中</td></tr>
</table>

（续表）

部分（时间）	课的内容	组织教法及要求	练习分量		
			次数	时间	强度
基本部分	二、学习脚内侧停高空球 动作要领： * 支撑腿位置 * 选择合适时机 * 触球部位 * 动作衔接	队形：  组织：讲学生分成四组，选出组长。组长负责抛球，组员则停高空球。依次类推。	20次	10分钟	中

（续表）

部分（时间）	课的内容	组织教法及要求	练习分量		
			次数	时间	强度
基本部分	三、指定范围内接停球游戏 游戏目的：提高学生停空中球的技术动作和准确性。 提供选择机会 圆圈大小 抛球距离与速度 停球部分与触球次数	队形：  组织： 1. 分组，抛球队员抛球排头停球圈内得 1 分，停球后，滚出圈外得 0 分。 2. 轮换抛停球，得分最多的一队获胜。 要求：支撑脚站稳，接球脚迎球缓冲，触球部位，动作衔接。	5次	12	大

（续表）

部分（时间）	课的内容	组织教法及要求	练习分量		
			次数	时间	强度
结束部分	一、集合整队 二、放松练习 静力拉伸腿部 三、讲评本课 四、宣布下次课内容 五、回收器材，师生再见	组织：成体操队形散开。 队形：  要求： 1. 集合快、齐、静 2. 听评认真，放松充分	5次	5分钟	小

（续表）

预计MVPA%	50%	预计心率	最高心率： 150 次/分 平均心率： 110 次/分
课后小结		预计心率曲线	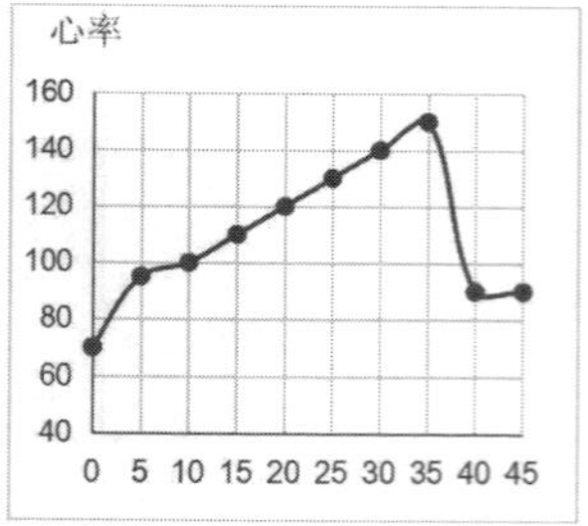

<u>高一</u>年级体育课课时计划第<u>九</u>周第<u>一</u>次课

教材	1. 复习脚内侧停高空球 2. 小场地教学比赛	场地 器材	足球场、标志碟 足球 10 个	人数	男	36
					女	33
本课任务	1. **认知目标**：熟悉和提高球性，了解足球基本技术在比赛中的应用。 2. **技能目标**：进一步提升学生脚内侧停高空球技术。 3. **情感目标**：培养学生团结拼搏，吃苦耐劳的品行。					

（续表）

部分（时间）	课的内容	组织教法及要求	练习分量		
			次数	时间	强度
准备部分	一、课堂常规 1. 体育委员整队，报告人数 2. 师生问好，检查服装 3. 教师宣布课的内容与任务 4. 安排见习生	队形如图：  要求 1. 整队快静齐，报数声音洪亮 2. 见习生认真听讲不能随意跑动			

（续表）

部分（时间）	课的内容	组织教法及要求	练习分量		
			次数	时间	强度
准备部分	二、准备活动 1. 绕足球场慢跑一圈 2. 熟悉球性练习： * 双脚左右外跨球 * 双脚左右内跨球 * 双脚左右拨球 * 双脚交替踏球 * 双脚左右拉球	队形如图：  组织：分为四组，每组依次练习。 要求：认真学习，积极体会动作	5次	10分钟	小
基本部分	一、复习脚内侧停高空球 1. 教师讲解示范 2. 要领： * 身体姿势 * 触球部位 * 发力大小	队形： 	20次	10分钟	中

（续表）

<table>
<tr><th rowspan="2">部分
（时间）</th><th rowspan="2">课的内容</th><th rowspan="2">组织教法及要求</th><th colspan="3">练习分量</th></tr>
<tr><th>次数</th><th>时间</th><th>强度</th></tr>
<tr><td>准
备
部
分</td><td>二、小场地教学比赛

＊介绍位置
＊介绍位置任务
＊攻防要领
＊跑动
＊把握时机

比赛中强调决策判断

比赛中局部配合
个人突破
长传转移
高远球解围
射门</td><td>组织：讲学生分成四组，选出组长。组长负责抛球，组员则停高空球。依次类推。
要求：认真体会动作，积极练习

队形：

组织：分为两组，每组出五个男生和两个女生进行小场地比赛。
要求：积极运用上课所学内容，尝试将其结合在一起。</td><td>2组</td><td>20分钟</td><td>大</td></tr>
</table>

（续表）

<table>
<tr><th rowspan="2">部分
（时间）</th><th rowspan="2">课的内容</th><th rowspan="2">组织教法及要求</th><th colspan="3">练习分量</th></tr>
<tr><th>次数</th><th>时间</th><th>强度</th></tr>
<tr><td>结
束
部
分</td><td>一、集合整队

二、放松练习
静力拉伸腿部

三、讲评本课

四、宣布下次课内容

五、回收器材，师生再见</td><td>组织：成体操队形散开。

队形：

要求：
1. 集合快、齐、静
2. 听评认真，放松充分</td><td>5
次</td><td>5
分钟</td><td>小</td></tr>
</table>

（续表）

预计 MVPA%	50%	预计心率	最高心率： 160 次/分 平均心率： 115 次/分
课后小结		预计心率曲线	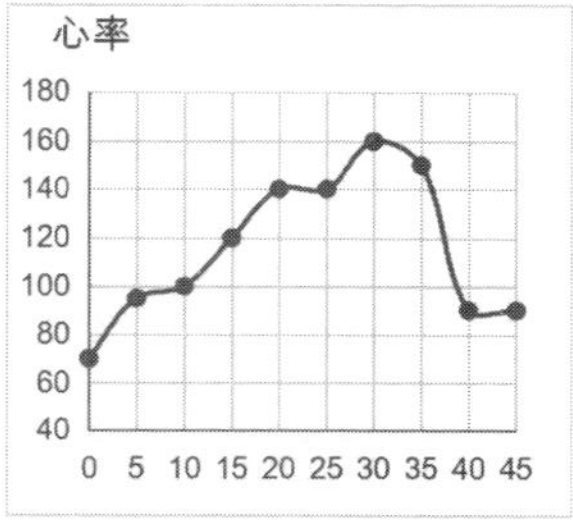心率 180 160 140 120 100 80 60 40 0 5 10 15 20 25 30 35 40 45

高一 年级体育课课时计划第 九 周第 二 次课

教材	1. 运球射门组合练习 2. 步伐练习	场地 器材	足球场 足球 10 个	人数	男	36
					女	33
本课任务	1. **认知目标**：熟悉足球基本步伐和运球射门组合的应用。 2. **技能目标**：进一步提升学生的运球和射门技术动作。 3. **情感目标**：培养团结协作，吃苦耐劳的良好思想品德。					

（续表）

部分（时间）	课的内容	组织教法及要求	练习分量		
			次数	时间	强度
准备部分	一、课堂常规 1. 体育委员整队，报告人数 2. 师生问好，检查服装 3. 教师宣布课的内容与任务 4. 安排见习生	队形如图：  要求： 1. 整队快静齐，报数声音洪亮 2. 见习生认真听讲不能随意跑动			
	二、准备活动 1. 绕足球场慢跑一圈 2. 游戏：“贴膏药”	组织：所有同学围成一个圈，选出一名同学作为猎人，一名同学作为猎物，猎物同学可以选择跑到任意一个同学身后，则其同学代替成为猎物。猎物同学被抓到后角色互换。 队形：	5次	8分钟	中

（续表）

部分（时间）	课的内容	组织教法及要求	练习分量		
			次数	时间	强度
准备部分					
基本部分	一、运球和传球练习 目的:运球节奏与时机控制 提供选择机会: 运球部位 假动作 传球速度	组织: 1. 每名队员传完球跑动到接球点位置。 2. 最后一名队员接球后,运球绕过标志碟从中间穿过回到队列。 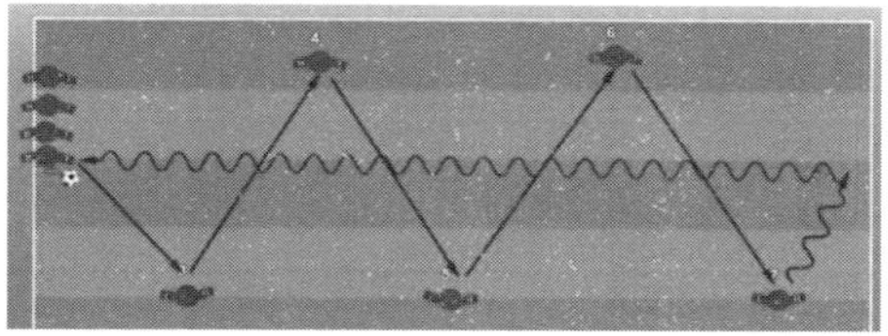	20次	10分钟	大

（续表）

部分（时间）	课的内容	组织教法及要求	练习分量		
			次数	时间	强度
基本部分	二、射门练习比赛 1. 讲解示范射门的基本动作 2. 要求： * 选择合适的射门技术 * 身体姿势 * 助跑节奏 * 支撑腿位置 * 击球位置 * 力度方向	要求： 1. 虽然是运球训练，但传球质量对运球影响较大，要求传球快速、准确。 2. 中间运球队员通过对时空认知（是否碰到传球经过，跑动球员，其他运球队员），改变运球的节奏与方向。 3. 鼓励运球者运用各种假动作技巧。 组织：分成四组，进行比赛。哪队进球数最多即获胜 队形：  要求：认真学习技术，多尝试几种射门技术，集中注意力比赛。	20次	10分钟	大

（续表）

部分（时间）	课的内容	组织教法及要求	练习分量		
			次数	时间	强度
基本部分	三、运球加射门综合练习 目的：节奏感-专注度-射门前的抬头观察 提供选择机会 左右脚射门/运球 假动作 防守强度	组织： 1. 蓝衣球员运球向前方球门运球射门后，黄衣球员开始向球门运球进攻。 2. 射完门的蓝衣球员要快速转身防守黄衣球员的进攻，然后回到队伍后面等待下一次练习 要求： 1. 战术：快速运球射门，一旦射门得分快速去防守下一个人的进攻 2. 技术：根据队员防守跑位的情况用距离球最近的脚射门（双脚） 3. 体能：快速运球，脚下频率 4. 心理：冷静，射完门后要快速占据最佳防守位置 队形： 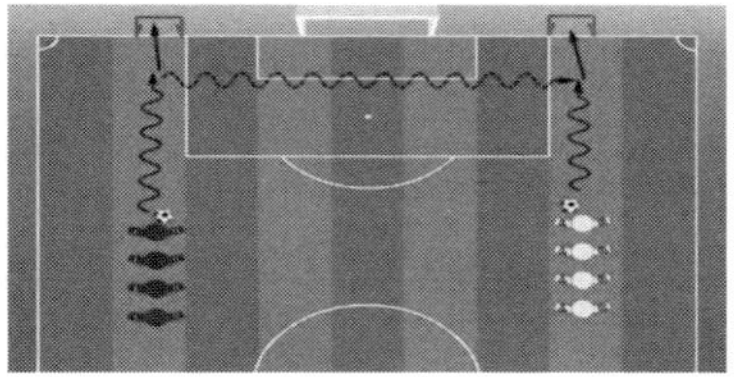	20次	12分钟	大

（续表）

部分（时间）	课的内容	组织教法及要求	练习分量		
			次数	时间	强度
结束部分	一、集合整队 二、放松练习 三、讲评本课 四、宣布下次课内容 五、回收器材，师生再见	队形：  要求： 1. 集合快、齐、静 2. 听评认真，放松充分	5次	5分钟	小
预计MVPA%	50%	预计心率：最高心率：140 次/分；平均心率：106 次/分			
课后小结		预计心率曲线 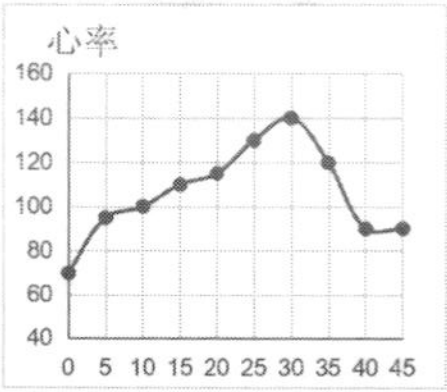 			

高一年级体育课课时计划第十周第一次课

<table>
<tr><td>教材</td><td colspan="2">1. 学习假动作运球过人
2. 爆发力练习</td><td>场地
器材</td><td>标志碟、标志桶
足球 10 个</td><td>人数</td><td>男
女</td><td>36
33</td></tr>
<tr><td>本课任务</td><td colspan="7">1. 认知目标：熟悉足球假动作的特点以及特定场景的应用。
2. 技能目标：掌握部分假动作技术要领，动作时机控制较好。
3. 情感目标：培养学生团结互助，机智果断的品质。</td></tr>
<tr><td rowspan="2">部分
(时间)</td><td rowspan="2">课的内容</td><td colspan="3" rowspan="2">组织教法及要求</td><td colspan="3">练习分量</td></tr>
<tr><td>次数</td><td>时间</td><td>强度</td></tr>
<tr><td>准备部分</td><td>一、课堂常规
1. 体育委员整队，报告人数
2. 师生问好，检查服装
3. 教师宣布课的内容与任务
4. 安排见习生</td><td colspan="3">1. 队形如图：

2. 要求：
整队快静齐，报数声音洪亮
见习生认真听讲不能随意跑动</td><td></td><td></td><td></td></tr>
</table>

（续表）

部分（时间）	课的内容	组织教法及要求	练习分量		
			次数	时间	强度
准备部分	二、准备活动 1. 绕足球场慢跑一圈 2. 徒手操： 原地后踢跑 原地前踢跑 扩胸运动 体转运动 正压腿	队形：  要求：动作协调，部位准确	5×8次	6分钟	小
基本部分	一、运球练习	队形： 	10次	5分钟	中

（续表）

部分（时间）	课的内容	组织教法及要求	练习分量		
			次数	时间	强度
基本部分	二、运球假动作 要领： * 身体重心 * 脚步晃动 * 假动作逼真 * 节奏	组织：将学生分为男、女两组，两个人一个球轮换进行练习，运球场地长度为 10 米。 要求：运球脚法合理，控球平稳 队形：  组织： 1. 教师讲解示范 2. 全班分成四组，排头学生运球到指定位置，途中遇标志碟做运球假动作，完成后将球踢回给队列同学，人回到队尾。 要求：认真听讲，仔细观察，积极思考。互帮互助，注意动作	10次	10分钟	中

（续表）

部分（时间）	课的内容	组织教法及要求	练习分量		
			次数	时间	强度
基本部分	三、1v1 进攻突破 提供选择机会 过人动作 时间限制 小组成员动作不重复	组织： 在 10＊10 规定的区域内，队员分成两组进行 1v1 的运球突破过目标线练习。 要求：观察防守人的身体姿势和位置，选择突破的时机。运用合理的技术动作突破防守。注意突破防守后要加速。得分：过目标线得分 限制：进攻突破完成的时间(5 秒)	10次	10分钟	大
	四、2v2 比赛 选择机会 利用个人突破完成射门得 2 分，其它方式射门得 1 分 时间限制	组织：在 30＊30 规定区域内，进行 2v2 的对抗练习，要求进攻方用多种方式为同伴创造 1v1 的空间 要求：加速摆脱防守后，尽快完成射门。无球队员的快速穿插跑动创造空间。观察防守人的位置，合理的决策。	2组	9分钟	大

（续表）

部分（时间）	课的内容	组织教法及要求	练习分量		
			次数	时间	强度
结束部分	一、集合整队 二、放松练习 三、讲评本课 四、宣布下次课内容 五、回收器材，师生再见	队形：  要求： 1. 集合快、齐、静 2. 听评认真，放松充分	5次	5分钟	小

（续表）

预计 MVPA%	50%	预计 心率	最高心率： 150 次/分 平均心率： 106 次/分
课后小结		预计心率曲线	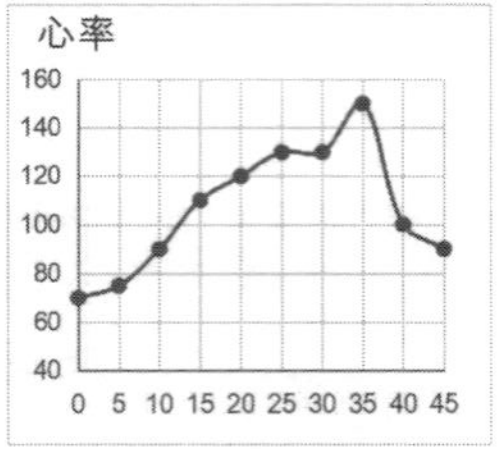

__高一__ 年级体育课课时计划第 __十__ 周第 __二__ 次课

教材	1. 学习正面抢截球 2. 步伐练习	场地 器材	标志碟、绳梯 足球10个	人数	男	36
					女	33
本课任务	1. **认知目标**：知晓足球抢截球在足球运动中的主要作用和价值。 2. **技能目标**：80%以上的学生能在团结、友好的氛围中正确掌握正面抢截技术。 3. **情感目标**：培养学生团结友爱，相互合作精神。					

（续表）

部分（时间）	课的内容	组织教法及要求	练习分量		
			次数	时间	强度
准 备 部 分	一、课堂常规 1. 体育委员整队，报告人数， 2. 师生问好，检查服装 3. 教师宣布课的内容与任务 4. 安排见习生 二、准备活动 1. 绕足球场慢跑一圈 2. 游戏： 单脚平衡接力 123 木头人	队形如图：  要求： 1. 整队快静齐，报数声音洪亮 2. 见习生认真听讲不能随意跑动 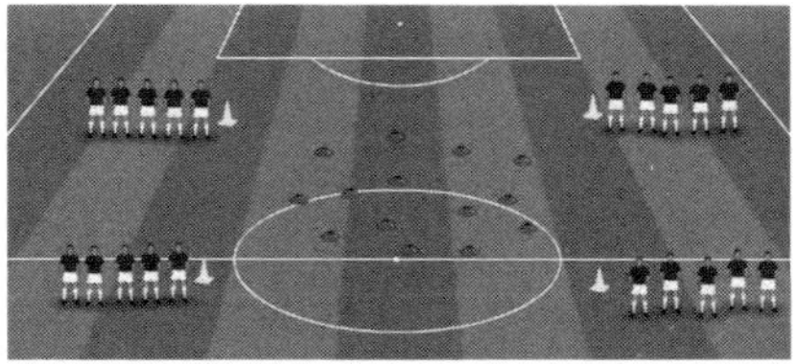	2 组	8 分钟	小

（续表）

部分(时间)	课的内容	组织教法及要求	练习分量		
			次数	时间	强度
准备部分		组织： 将学生分为四列横队，每一列到指定的地方站好，听哨声开始，每队第一人跑出去找一个标志碟单脚站立在标志碟旁3秒钟，跑回去与下一个同学击掌，再回自己的队尾，依次循环。第二个木头人，当听到老师两声哨时，全体同学跨标志碟跑动，听到一声哨声时停住。			
基本部分	一、足球正面抢截球 ＊选位 ＊抓住时机实施抢劫动作 ＊密切衔接下一动作	队形：  正面抢截球练习方法： 1. 给学生介绍正面抢截球 2. 示范讲解 3. 6人一组练习正面抢截球	20次	10分钟	中

（续表）

部分（时间）	课的内容	组织教法及要求	练习分量		
			次数	时间	强度
基本部分	二、运球与抢截球游戏 目的：提高运球技巧和抢截能力 提供选择机会 上抢强度 进攻队员限制触球次数	4. 进攻者由消极到积极过渡 5. 进行巡视了解并强调注意事项 要求：注意听教师讲解，记住动作要求，认真观察教师示范，建立动作表象。 组织： 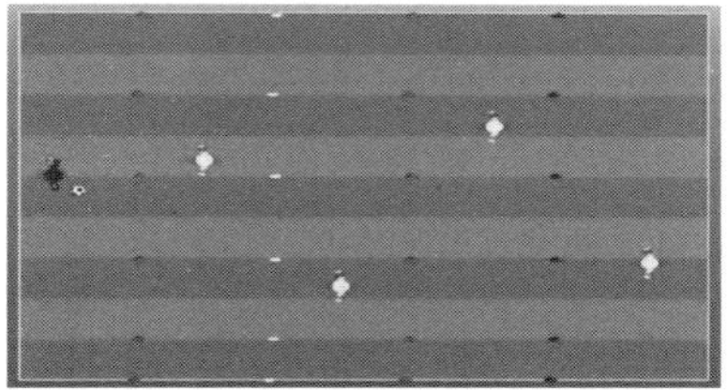 1. 每个队员站在规定的区域，只能在本区域防守，进攻队员带球突破各个区域。 2. 防守队员只能在自己的区域内运用封堵、逼抢、或拦截进行防守。 3. 如果防守队员抢球成功，则立即回传给进攻队员，他继续前进，直到最后一个区域。	10次	15分钟	大

（续表）

部分（时间）	课的内容	组织教法及要求	练习分量		
			次数	时间	强度
基本部分	三、步伐练习 1. 横向小滑步 2. 前进小碎步 3. 前前后后	4. 进攻完成后，下一个队员前移一个区域，原先的运球队员在最后一个区域防守。 5. 每突破几个区域得一分，规定轮数后积分多则获胜。 要求： 1. 练习开始时，防守队员站在各自区域底线，进攻队员进入区域后上前逼抢。 2. 禁止倒地铲球。  要求： 1. 轻快、节奏感强，脚踝有弹性。 2. 发展脚步控制力，身体平衡能力。 3. 提高步频和速度。	5次	7分钟	中

（续表）

部分（时间）	课的内容	组织教法及要求	练习分量		
			次数	时间	强度
结束部分	一、集合整队 二、放松练习 静力拉伸腿部 三、讲评本课 四、宣布下次课内容 五、回收器材，师生再见	组织：成体操队形散开。 队形：  要求： 1. 集合快、齐、静 2. 听评认真，放松充分	5次	5分钟	小

（续表）

预计 MVPA%	50%	预计心率	最高心率：175 次/分 平均心率：133 次/分
课后小结		预计心率曲线	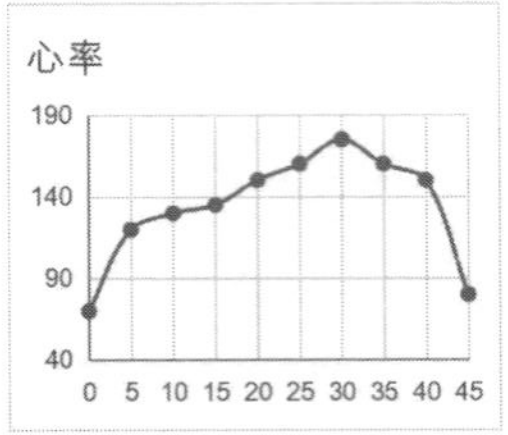

高一 年级体育课课时计划第 十一 周第 一 次课

教材	1. 学习掷界外球 2. 力量练习	场地器材	标志碟、背心若干、足球 10 个	人数	男	36
					女	33
本课任务	1. **认知目标**：学生熟悉掷界外球的规则、要领、作用。 2. **技能目标**：80%的学生正确掌握掷界外球技术动作。 3. **情感目标**：培养学生吃苦耐劳，敢于战胜困难的精神。					

（续表）

部分（时间）	课的内容	组织教法及要求	练习分量		
			次数	时间	强度
准备部分	一、课堂常规 1. 体育委员整队，报告人数， 2. 师生问好，检查服装 3. 教师宣布课的内容与任务 4. 安排见习生	1. 队形如图：  2. 要求： 整队快静齐，报数声音洪亮 见习生认真听讲不能随意跑动			
	二、准备活动 1. 绕足球场慢跑一圈	组织：让学生站成四路纵队，在每队前放置标志碟，绕标志碟跑。			

（续表）

部分（时间）	课的内容	组织教法及要求	练习分量		
			次数	时间	强度
准备部分	2. 游戏:蛇形跑		8次	6分钟	小
基本部分	一、足球掷界外球技术: 要领: ＊脚:面对出球方向,前后开立,重心在后脚上、。 ＊手:掷时后脚发力,摆腿,收腹,挥臂,当球摆至头上时甩腕。 注意:双脚均不可离地	组织: 1. 教师首先完整示范使学生形成动作表象 2. 讲解技术动作的要点,然后再示一次 3. 学生徒手分解练习 “1”学生做好准备引球至头后。 “2”学生完成蹬地等一系列动作。 4. 教师在自我练习时,巡回指导,语言提示。 5. 对于共性问题,集合再讲解纠正。	20次	14分钟	大

（续表）

<table>
<tr><th rowspan="2">部分
（时间）</th><th rowspan="2">课的内容</th><th rowspan="2">组织教法及要求</th><th colspan="3">练习分量</th></tr>
<tr><th>次数</th><th>时间</th><th>强度</th></tr>
<tr><td>基
本
部
分</td><td>二、掷界外球游戏

游戏目的：提高掷界外球技术

提供选择机会</td><td>队形：

组织：
1. 两种颜色背心分成两队，没有守门员，一个队先进攻。
2. 队员之间用手掷球和接球完成传接球，不能用脚踢。
3. 抢到球、球出界、掷球方式不正确、射门得分后交换球权。
4. 防守方可以用手阻挡传球和射门的球。</td><td>3
组</td><td>15
分
钟</td><td>大</td></tr>
</table>

（续表）

部分（时间）	课的内容	组织教法及要求	练习分量		
			次数	时间	强度
基 本 部 分	规定传接数量 射门方式变化 三、力量练习 1. 俯卧撑 20 * 3 2. 收腹跳 20 * 3 3. 单脚跳 20 * 3	 要求：强调正确的掷球方式 弧线与速度 观察与换位 组织队形： 	20 次	5 分钟	中

（续表）

部分（时间）	课的内容	组织教法及要求	练习分量		
			次数	时间	强度
结束部分	一、集合整队 二、放松练习 静力拉伸腿部 三、讲评本课 四、宣布下次课内容 五、回收器材，师生再见	组织：成体操队形散开。 队形：  要求： 1. 集合快、齐、静 2. 听评认真，放松充分	10次	5分钟	小

（续表）

预计 MVPA%	50%	预计心率	最高心率：165 次/分 平均心率：120 次/分
课后小结		预计心率曲线	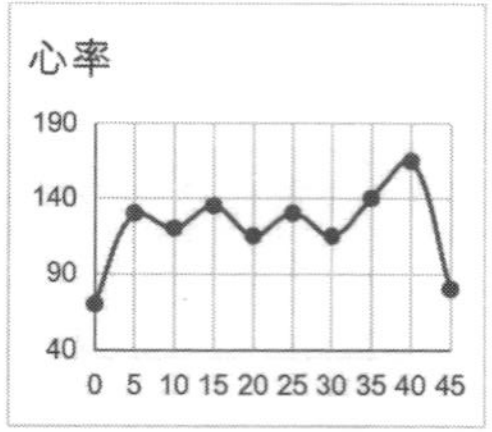

<u>高一</u>年级体育课课时计划第<u>十一</u>周第<u>二</u>次课

教材	1. 学习脚背内侧踢球技术 2. 介绍守门员技术	**场地 器材**	足球场 足球 10 个	**人数**	男	36
					女	33
本课任务	1. **认知目标**：培养学生对运动的兴趣，使每个学生都能快乐的参与其中。 2. **技能目标**：60%的学生初步掌握脚背正面球技术动作。 3. **情感目标**：在练习中积极主动，具有较高的学习热情，并乐于参与讨论。					

（续表）

部分（时间）	课的内容	组织教法及要求	练习分量		
			次数	时间	强度
准备部分	一、课堂常规 1. 体育委员整队，报告人数， 2. 师生问好，检查服装 3. 教师宣布课的内容与任务 4. 安排见习生 二、准备活动 1. 绕足球场慢跑一圈	队形如图：  要求： 1. 整队快静齐，报数声音洪亮 2. 见习生认真听讲不能随意跑动 组织： 1. 教师讲解示范 2. 学生成四列横队站好			

（续表）

部分（时间）	课的内容	组织教法及要求	练习分量		
			次数	时间	强度
准备部分	2. 徒手操 ① 头部运动 ② 腕踝关节运动 ③ 腰部运动 ④ 膝关节运动 ⑤ 肩关节运动 ⑥ 髋关节运动 ⑦ 弓步压腿 ⑧ 侧压腿		4×8拍	8分钟	小
基本部分	一、脚背内侧踢球 动作要领： * 直线助跑 * 支撑脚在球侧 * 踢球腿由后向前摆动 * 触球脚 * 踢球后的随前动作	组织： 	20次	12分钟	中

（续表）

部分（时间）	课的内容	组织教法及要求	练习分量		
			次数	时间	强度
基本部分	 二、守门员技术： 守门员技术包括位置选择、准备姿势、移动、接球、扑接球。	1. 教师讲解示范 2. 无球模仿脚背内侧踢球技术 3. 固定球练习，主要体会脚与球的接触部位，交换练习。 4. 小距离两人互传 5. 中远距离两人互传 要求：支撑脚站稳，位置合适 触球脚脚型与随前 组织与教法： 1. 在教师手势指示下，做左、右、前、后的移动练习。 2. 二人一组，相距 6—7 米，一人掷球，另一人做接球练习。包括掷地滚球、半高球和高球。 3. 二人一组，相距 6—7 米，一人掷球，另一人扑接球。 4. 二人一组，一人掷球，另一人做拳击球、托球练习。 5. 二人一组一人掷球，另一人做托球或发球练习。 6. 守门员站位于球门，接射来的各种路线球	10次	5分钟	中

（续表）

部分（时间）	课的内容	组织教法及要求	练习分量		
			次数	时间	强度
基本部分	三、踢准射门比赛 游戏目的： 提高脚背内侧踢球技术 规范守门员常见技术 提供选择机会 加守门员 射门位置 球的速度与弧线	组织：  分五组进行，每组排成一路纵队，站踢球线后，距离踢球线20米摆放5人制球门。从排头到队尾每人轮流一次射门，进球得一分，一轮过后哪个小组得分多哪个小组获胜。比赛3轮。 要求： 1. 脚背内侧踢球 2. 脚型正确 3. 守门动作规范	3轮	10分钟	大

（续表）

<table>
<tr><th rowspan="2">部分
（时间）</th><th rowspan="2">课的内容</th><th rowspan="2">组织教法及要求</th><th colspan="3">练习分量</th></tr>
<tr><th>次数</th><th>时间</th><th>强度</th></tr>
<tr><td>结
束
部
分</td><td>一、集合整队

二、放松练习
静力拉伸腿部

三、讲评本课

四、宣布下次课内容

五、回收器材，师生再见</td><td>组织：成体操队形散开。

队形：

要求：
1. 集合快、齐、静
2. 听评认真，放松充分</td><td>5次</td><td>5分钟</td><td>小</td></tr>
</table>

（续表）

预计 MVPA%	50%	预计心率	最高心率： 150 次/分 平均心率： 111 次/分
课后小结		预计心率曲线	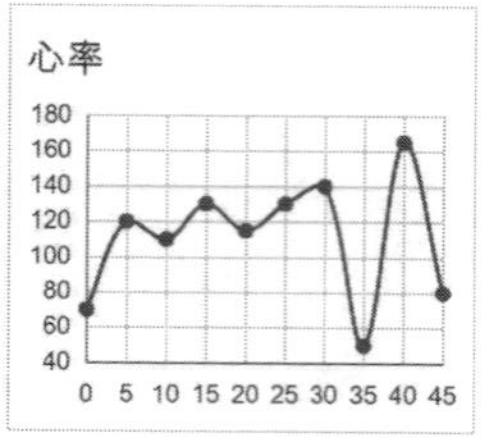

<u>高一</u>年级体育课课时计划第<u>十二</u>周第<u>一</u>次课

教材	1. 复习脚背内侧踢球技术 2. 小场地教学比赛	场地 器材	足球场 足球 10 个	人数	男	36
					女	33
本课任务	1. **认知目标**：学生积极参与活动和练习，知晓脚背内侧踢空中球的作用和关键环节。 2. **技能目标**：大部分学生能正确运用技术完成踢球动作。 3. **情感目标**：在比赛中熟练动作，发挥团队精神，提高人际交往能力。					

（续表）

部分（时间）	课的内容	组织教法及要求	练习分量		
			次数	时间	强度
准备部分	一、课堂常规 1. 体育委员整队，报告人数， 2. 师生问好，检查服装 3. 教师宣布课的内容与任务 4. 安排见习生	队形如图：  要求： 1. 整队快静齐，报数声音洪亮 2. 见习生认真听讲不能随意跑动			

（续表）

部分 （时间）	课的内容	组织教法及要求	练习分量		
			次数	时间	强度
准 备 部 分	二、准备活动 1. 绕足球场慢跑一圈 2. 徒手操 ① 头部运动 ② 腕踝关节运动 ③ 腰部运动 ④ 膝关节运动 ⑤ 肩关节运动 ⑥ 髋关节运动 ⑦ 弓步压腿	徒手操队形：  教法：老师示范、领做 要求： 1. 慢跑时保持队形 2. 充分活动开各个关节	4×7拍	7分钟	小

（续表）

<table>
<tr><th rowspan="2">部分
（时间）</th><th rowspan="2">课的内容</th><th rowspan="2">组织教法及要求</th><th colspan="3">练习分量</th></tr>
<tr><th>次数</th><th>时间</th><th>强度</th></tr>
<tr><td>基
本
部
分</td><td>一、复习脚背内侧踢球

动作要领：
* 直线助跑
* 支撑脚在球侧
* 踢球腿由后向前摆动
* 触球脚
* 踢球后的随前动作</td><td>队形：

组织：
1. 教师讲解示范
2. 无球模仿脚背内侧踢球技术
3. 固定球练习，主要体会脚与球的接触部位，交换练习
4. 小距离两人互传
5. 中远距离两人互传
6. 教师来回巡查，纠正错误，再找出做的好的同学进行示范</td><td>20脚</td><td>15分钟</td><td>中</td></tr>
</table>

（续表）

部分（时间）	课的内容	组织教法及要求	练习分量		
			次数	时间	强度
基本部分	二、小场地比赛 动作要领： ＊步幅要小 ＊身体重心 ＊击球部位 ＊变向节奏 ＊传球配合 提供选择的机会 脚背内侧长传球、射门 二过一配合 运球突破	队形：  要求： 1. 比赛积极，配合队友，注意安全。 2. 充分利用场地的宽度和纵深，利用脚背内侧过顶长传。 3. 积极射门。 4. 一个球轮换，不进球 10 分钟双下。	3组	18分钟	大

（续表）

<table>
<tr><th rowspan="2">部分
（时间）</th><th rowspan="2">课的内容</th><th rowspan="2">组织教法及要求</th><th colspan="3">练习分量</th></tr>
<tr><th>次数</th><th>时间</th><th>强度</th></tr>
<tr><td>结
束
部
分</td><td>一、集合整队

二、放松练习
静力拉伸腿部

三、讲评本课

四、宣布下次课内容

五、回收器材，师生再见</td><td>组织：成体操队形散开。
队形：

要求：
1. 集合快、齐、静
2. 听评认真，放松充分</td><td>5
次</td><td>5
分
钟</td><td>小</td></tr>
</table>

（续表）

预计 MVPA%	50%	预计 心率	最高心率： 170 次/分 平均心率： 126 次/分
课后小结		预计心率曲线	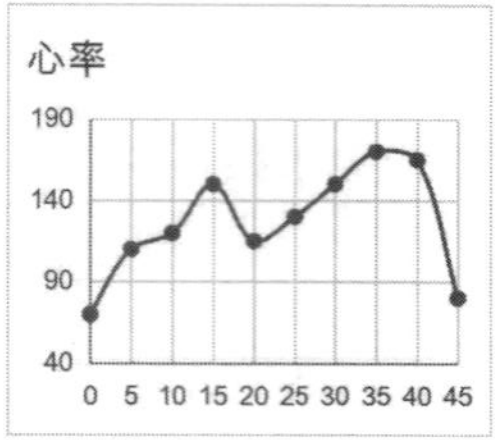

高一 年级体育课课时计划第 十二 周第 二 次课

<table>
<tr><td rowspan="2">教材</td><td rowspan="2">1. 复习前额正面头顶球
2. 学习大腿正面停接空中球</td><td rowspan="2">场地
器材</td><td rowspan="2">标志杆 20、标志碟、足球 20 个</td><td rowspan="2">人数</td><td>男</td><td>36</td></tr>
<tr><td>女</td><td>33</td></tr>
<tr><td>本课任务</td><td colspan="6">1. 认知目标：大部分学生认识到大腿停接空中球的重要性。
2. 技能目标：80%的学生掌握大腿正面停接空中球，进一步巩固前额正面头顶球技术。
3. 情感目标：培养学生吃苦耐劳的精神。</td></tr>
</table>

（续表）

部分（时间）	课的内容	组织教法及要求	练习分量		
			次数	时间	强度
准备部分	一、准备部分 1. 集合整队 2. 师生问好 3. 宣布本课的内容和任务 4. 安排见习生 二、热身运动 1. 围绕足球场慢跑两圈 2. 徒手操练习 ① 头部运动 ② 肩关节运动 ③ 腰部运动 ④ 手腕踝关节运动 ⑤ 正压腿 ⑥ 侧压腿	组织：  要求：集合快，静，齐 组织：（呈体操队形）  要求：教师带领学生做 学生积极参与，动作整齐	4×6次	7分钟	小

（续表）

部分（时间）	课的内容	组织教法及要求	练习分量		
			次数	时间	强度
基本部分	1. 复习前额正面头顶球	组织：头顶球：将学生分成六组，每组排头拿个球，面对本组同学，相距三米，排头拿球抛给下一位同学，下一位同学用前额顶球回给排头，顶完的同学排到队尾  要求：球不能顶偏，顶球的部位为前额，抛球的同学抛球的位置和力度适中	20次	8分钟	中

（续表）

部分（时间）	课的内容	组织教法及要求	练习分量		
			次数	时间	强度
基本部分	2. 大腿停空中球 A. 讲解示范 动作要领： ① 提大腿 ② 迎球 ③ 触球后撤 B. 自抛练习 动作要领： ① 找好球的落点 ② 把握抬腿后侧时机 C. 互抛练习 动作要领： ① 学生抛球力度适中 ② 停球落于体前 ③ 重心低	组织：  要求：教师示范到位 学生认真观察教师动作 组织：每人一球，将球抛起，用大腿停球 要求：体会接球缓冲感觉，停球部位的准确性  要求：停球要使球落于体前，抛球学生抛球时掌握好高度和力度	20次	10分钟	中

（续表）

部分（时间）	课的内容	组织教法及要求	练习分量		
			次数	时间	强度
基本部分	3. 头顶、大腿停球、运球突破、射门综合练习 练习目的：提高传接运射综合技术 要求：动作规范、衔接流畅。突破坚决，假动作逼真。射门角度力度兼备。攻防移动迅速、重心降低、站位准确。 提供选择机会 C处队员传球后迅速跑动防守形成1v1 两边同时开始	组织：ABC三个点，球员在AC两点排队等候。A球员手抛球给B球员，B球员跳起头球回做（或者完成胸停后脚弓回做、脚弓端回、大腿停球后脚弓回做等动作）后，迅速绕杆然后跑动到中间的小区域，接C点球员的传球，快速带球完成射门。 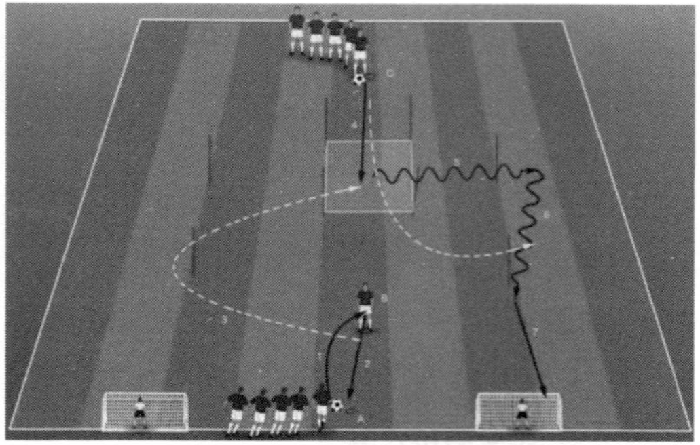	15次	15分钟	大

（续表）

部分（时间）	课的内容	组织教法及要求	练习分量		
			次数	时间	强度
结束部分	一、集合整队 二、放松练习 静力拉伸腿部 三、讲评本课 四、宣布下次课内容 五、回收器材，师生再见	组织：  要求：集合快，静，齐 学生放松充分	3次	5分钟	小
预计MVPA	50%	预计心率	最高心率：160 次/分 平均心率：118 次/分		
课后小结		预计心率曲线	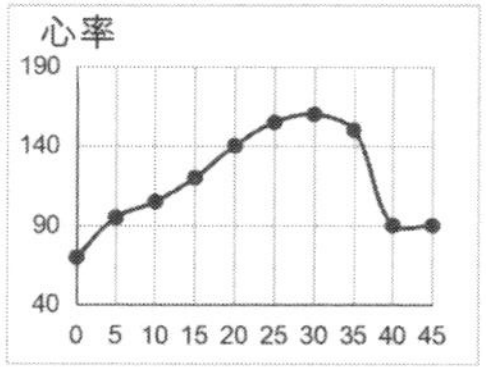 		

高一 年级体育课课时计划第 十三 周第 一 次课

<table>
<tr><td>教材</td><td colspan="2">1. 复习脚内侧踢空中球
2. 两人间 15 米传过顶球</td><td>场地
器材</td><td>足球场
足球 20 个</td><td>人数</td><td>男 36
女 33</td></tr>
<tr><td>本课任务</td><td colspan="6">1. 认知目标:使学生认识到踢空中在比赛中的作用。
2. 技能目标:90%的学生熟练掌握脚内侧踢空中球动作。
3. 情感目标:培养学生团结协作能力和积极阳光的健康心态。</td></tr>
<tr><td>部分
(时间)</td><td>课的内容</td><td colspan="3">组织教法及要求</td><td colspan="2">练习分量
次数 / 时间 / 强度</td></tr>
<tr><td>准备部分</td><td>一、准备部分
1. 集合整队
2. 师生问好
3. 宣布本课的内容和任务
4. 安排见习生
5. 热身:绕足球场跑一圈</td><td colspan="3">组织:

要求:集合快,静,齐</td><td colspan="2">2次 / 10分钟 / 小</td></tr>
</table>

（续表）

部分（时间）	课的内容	组织教法及要求	练习分量		
			次数	时间	强度
准备部分	6. 行进间徒手操 ① 正踢腿 ② 侧踢腿 ③ 后踢腿 ④ 加速跑 ⑤ 弓步压腿 7. 静态拉伸	组织：  要求：教师带领学生做，学生跟随教学，动作整齐	5×8拍	6分钟	小
基本部分	1. 复习脚内侧踢空中球 动作要领： ① 助跑 ② 着地 ③ 后摆 ④ 击球 ⑤ 随前	组织：两人一组相距十米左右，用脚内侧踢空中球给同伴，同伴把球停好再传回 	20次	10分钟	中

（续表）

部分（时间）	课的内容	组织教法及要求	练习分量		
			次数	时间	强度
基本部分	2. 两人间十五米传过顶球	要求： 触球脚绷紧贴地 弧线适宜 组织： 三人一组，其中两人相距 15 米，一人站两人中间，传过顶球  要求： 传球方向力度适中，传球要从队友头上经过	15 次	10 分钟	中

（续表）

部分（时间）	课的内容	组织教法及要求	练习分量		
			次数	时间	强度
基本部分	3. 绕障碍踢空中球射门 游戏目的:熟练脚内侧射门技术 提供选择机会 1. 球速 2. 左右脚 3. 射门角度与力度	组织：  1. 分为五组,每组两名队员向最后一个标志碟附近抛半高球。 2. 比赛开始后,每组第一名队员跑至最后一个标志碟处用脚内侧踢半高球射门。 3. 射门队员自己捡球跑向抛球区,抛球者跑向队尾。 4. 规定时间内进球多获胜。 要求： 1. 抛球高度、力度合适 2. 队员跑动后稳住重心后再射门 3. 脚内侧射门的部位准确,力度与角度兼顾	20次	15分钟	大

（续表）

部分（时间）	课的内容	组织教法及要求	练习分量		
			次数	时间	强度
结束部分	一、集合整队 二、放松练习 静力拉伸腿部 三、讲评本课 四、宣布下次课内容 五、回收器材，师生再见	组织：  要求：集合快，静，齐 学生认真听讲	2次	4分钟	小

（续表）

预计 MVPA	50%	预计心率	最高心率：155 次/分 平均心率：116 次/分
课后小结		预计心率曲线	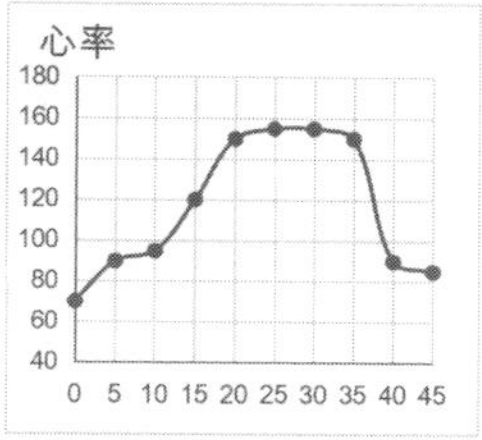

高一 年级体育课课时计划第 十三 周第 二 次课

教材	1. 学习局部进攻战术配合 2. 小场地比赛	场地 器材	标志碟若干 足球 15 个	人数	男	36
					女	33
本课任务	1. **认知目标**：学生基本了解局部传切球配合在比赛中的运用。 2. **技能目标**：通过本次课的学习，使 60%的学生基本掌握局部进攻战术配合的要点。 3. **情感目标**：培养学生团队意识和积极向上的精神面貌。					

（续表）

<table>
<tr><th rowspan="2">部分
(时间)</th><th rowspan="2">课的内容</th><th rowspan="2">组织教法及要求</th><th colspan="3">练习分量</th></tr>
<tr><th>次数</th><th>时间</th><th>强度</th></tr>
<tr><td>准
备
部
分</td><td>一、准备部分

1. 集合整队
2. 师生问好
3. 宣布本课的内容和任务
4. 安排见习生

二、热身运动

1. 围绕足球场慢跑两圈

2. 徒手操练习

① 头部运动
② 肩关节运动</td><td>组织：

要求：集合快，静，齐

组织：(呈体操队形)

</td><td>6×8拍</td><td>7分钟</td><td>小</td></tr>
</table>

（续表）

部分（时间）	课的内容	组织教法及要求	练习分量		
			次数	时间	强度
准备部分	③ 腰部运动 ④ 手腕踝关节运动 ⑤ 正压腿 ⑥ 侧压腿	要求： 学生积极参与 动作整齐			
基本部分	1. 传切配合 2. 传切二过一 二过一配合是足球比赛中比较常用的过人配合方法，局部地区两名进攻进攻队员通过两次连续传球配合，越过一名防守队员	组织： 局部进攻战术中运用最多的就是传切配合，控球成员将球传给切入的进攻队员以达到突破对方防线为目的。  要求：教师讲解示范战术，学生认真听讲，完成战术配合			

（续表）

部分（时间）	课的内容	组织教法及要求	练习分量		
			次数	时间	强度
基本部分	（1）菱形站位传跑练习 提高球员移动中传接球能力、跑位意识	组织： 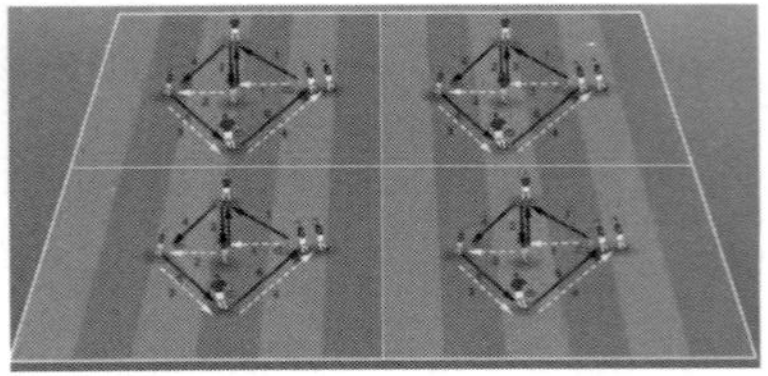 每组四到五名队员，每两分钟换最上方的传球人，传球路线按照 1—6 进行。 跑动路线 A 按照 123 顺序跑动，替换下方传球人，等待下一个队员到达后沿 4 跑回出发点。 要求：尽可能一脚出球，球速要快，球紧贴地面，要有呼应。	30 次	15 分钟	中
	（2）Y 型连续四人二过一传跑 提升球员二过一传接球能力和意识	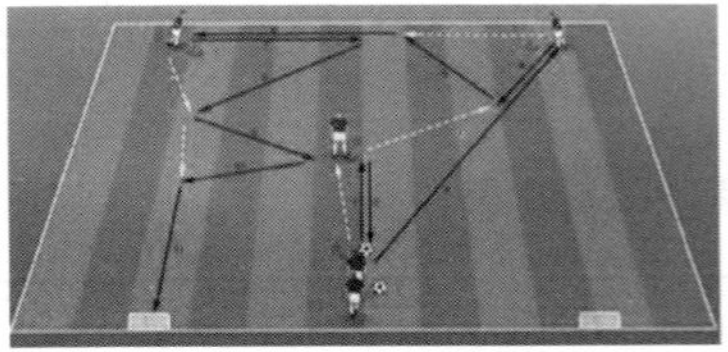	30 次	18 分钟	大

（续表）

部分（时间）	课的内容	组织教法及要求	练习分量		
			次数	时间	强度
基本部分	提供选择的机会 左右脚 起点变化 增加球数	组织： 1. 5—6 人一组，每组 2—3 个球 2. 球员以 1 至 11 的路线完成传球练习，同时以 ABCD 顺序做循环 3. 换方向以 ABDC 顺序循环 要求： 1. B 回传球 2 时要回接，给到 A 的外侧脚，传完球立刻转身。 2. A 传球 3 时要给 C 点的外侧，其余传球依理可推。 3. 球员应以标志碟为防守队员，注意传接球节奏变化。 4. 接球前反跑，外侧脚传接，一脚球。			
结束部分	一、集合整队 二、放松练习 静力拉伸腿部 三、讲评本课	组织： 	2次	5分钟	小

（续表）

<table>
<tr><td rowspan="2">部分
（时间）</td><td rowspan="2">课的内容</td><td rowspan="2" colspan="2">组织教法及要求</td><td colspan="3">练习分量</td></tr>
<tr><td>次数</td><td>时间</td><td>强度</td></tr>
<tr><td>结束部分</td><td>四、宣布下次课内容
五、回收器材，师生再见</td><td colspan="2">要求：集合快，静，齐
放松充分，学生认真听讲</td><td></td><td></td><td></td></tr>
<tr><td>预计
MVPA</td><td>50%</td><td>预计
心率</td><td colspan="4">最高心率：　160　次/分
平均心率：　117　次/分</td></tr>
<tr><td>课后小结</td><td></td><td>预计心率曲线</td><td colspan="4">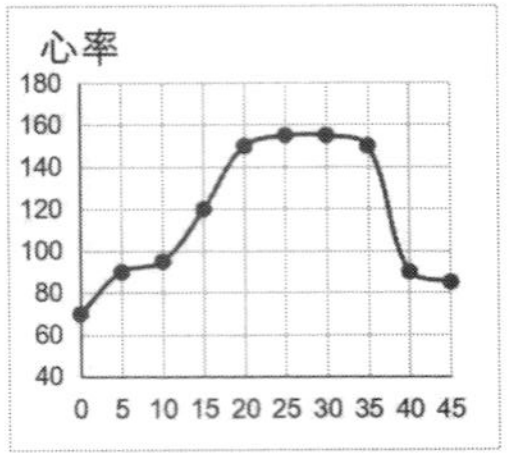</td></tr>
</table>

高一 年级体育课课时计划第 十四 周第 一 次课

<table>
<tr><td>教材</td><td colspan="2">1. 复习正面抢截技术
2. 小场地比赛教学</td><td>场地
器材</td><td>足球场、标志碟
足球 20 个</td><td rowspan="2">人数</td><td>男</td><td>36</td></tr>
<tr><td></td><td colspan="4"></td><td>女</td><td>33</td></tr>
<tr><td>本课任务</td><td colspan="7">1. 认知目标：进一步认识正面抢截技术，明确比赛中的运用。
2. 技能目标：90%以上的学生能在团结、友好的氛围中正确掌握正面抢截技术。
3. 情感目标：培养学生敢于拼搏，团结友爱的精神品质。</td></tr>
<tr><td rowspan="2">部分
（时间）</td><td rowspan="2">课的内容</td><td rowspan="2" colspan="3">组织教法及要求</td><td colspan="3">练习分量</td></tr>
<tr><td>次数</td><td>时间</td><td>强度</td></tr>
<tr><td>准备活动</td><td>一、课堂常规

1. 集合整队，清查人数
2. 师生问好
3. 宣布本课内容，任务
4. 检查着装，安排见习生</td><td colspan="3">组织：

要求：
1. 集合块、静、齐
2. 着装轻便，见习生随堂听课</td><td></td><td></td><td></td></tr>
</table>

（续表）

部分（时间）	课的内容	组织教法及要求	练习分量		
			次数	时间	强度
准备活动	二、准备活动 1. 绕田径场跑一圈 2. 徒手操 ① 头部运动 ② 肩部运动 ③ 扩胸运动 ④ 体转运动 ⑤ 膝关节运动 ⑥ 弓步压腿 ⑦ 侧压腿	组织：成一路纵队绕田径场慢跑 徒手操队形：  教法：老师示范、领做 要求： 1. 慢跑时保持队形 2. 充分活动开个关节	7×8拍	8分钟	小

（续表）

部分（时间）	课的内容	组织教法及要求	练习分量		
			次数	时间	强度
基本部分	一、运球与正面抢截球练习 要领： * 站位 * 重心 * 时机 * 衔接 提供选择机会 上抢强度 进攻队员限制触球次数	队形： 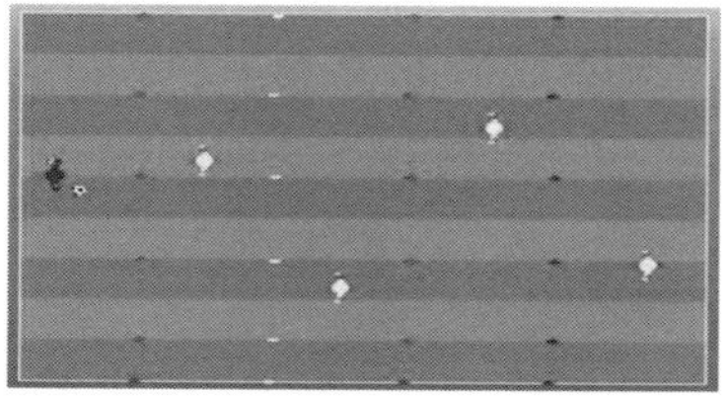 组织： 1. 每个队员站在规定的区域，只能在本区域防守，进攻队员带球突破各个区域。 2. 防守队员只能在自己的区域内运用封堵、逼抢、或拦截进行防守。 3. 如果防守队员抢球成功，则立即回传给进攻队员，他继续前进，直到最后一个区域。 4. 进攻完成后，下一个队员前移一个区域，原先的运球队员在最后一个区域防守。 5. 每突破几个区域得一分，规定轮数后积分多则获胜。	20次	10分钟	中

（续表）

部分（时间）	课的内容	组织教法及要求	练习分量		
			次数	时间	强度
基本部分	二、2v3 抢截球练习 加强对球的判断，提高移动，选位，控制抢球时机的能力，利用抢截球的成功率评价抢截技术的运用能力。	组织形式：  组织：五人一组，采用三攻二防形式，进行实战状态下的传球，防守队员抢截球，成功破坏对方进攻，进攻队员配合将球打入球门	5组	22分钟	大

（续表）

<table>
<tr><th rowspan="2">部分
（时间）</th><th rowspan="2">课的内容</th><th rowspan="2">组织教法及要求</th><th colspan="3">练习分量</th></tr>
<tr><th>次数</th><th>时间</th><th>强度</th></tr>
<tr><td>结
束
部
分</td><td>一、集合整队

二、放松练习
静力拉伸腿部

三、讲评本课

四、宣布下次课内容

五、回收器材，师生再见</td><td>组织：成体操队形散开。

队形：

要求：
1. 集合快、齐、静
2. 听评认真，放松充分</td><td>5次</td><td>5分钟</td><td>小</td></tr>
</table>

（续表）

预计 MVPA%	50%	预计心率	最高心率： 135 次/分 平均心率： 107 次/分
课后小结		预计心率曲线	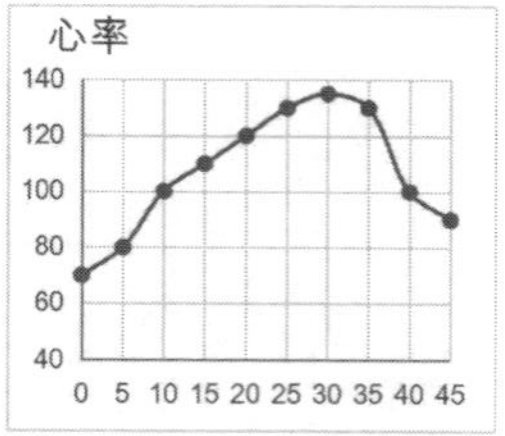心率 140 120 100 80 60 40 0 5 10 15 20 25 30 35 40 45

__高一__年级体育课课时计划第__十四__周第__二__次课

教材	1. 学习脚背正面踢球 2. 抢圈练习	场地 器材	足球场 足球 20 个	人数	男	36
					女	33
本课任务	**1. 认知目标**：通过学习使学生建立较清晰的脚背正面踢球技术动作表象。 **2. 技能目标**：70%的学生能够基本掌握脚背正面踢球技术。 **3. 情感目标**：培养学生团结协作精神并为教学比赛做准备。					

（续表）

部分（时间）	课的内容	组织教法及要求	练习分量		
			次数	时间	强度
准备活动	一、课堂常规 1. 集合整队，清查人数 2. 师生问好 3. 宣布本课内容、任务 4. 检查着装，安排见习生 二、准备活动 1. 绕田径场跑 1 圈 2. 徒手操 ① 头部运动 ② 肩部运动	组织：  要求： 1. 集合快、齐、静、 2. 着装轻便，见习生随堂听课 组织：成一路纵队绕田径场慢跑 徒手操队形：  	8×8 拍	8 分钟	小

（续表）

部分（时间）	课的内容	组织教法及要求	练习分量		
			次数	时间	强度
准备活动	③ 扩胸运动 ④ 体转运动 ⑤ 踢腿运动 ⑥ 膝关节运动 ⑦ 弓步压腿 ⑧ 踝、腕关节运动	教法：老师示范、领做 要求： 1. 慢跑时保持队形 2. 充分活动开各个关节			
基本部分	一、学习脚背正面踢球 动作要领： * 身体姿势 * 支撑腿位置 * 脚型 * 力量 * 脚型稳定	组织： 站成 4 排，前后排之间相互传球。 反复练习 练习完每排进行轮换 队形： 	10次	10分钟	中

（续表）

部分（时间）	课的内容	组织教法及要求	练习分量		
			次数	时间	强度
基本部分	二、脚背正面射门练习 练习目的：提高球员正脚背射门能力 提供选择机会 触球次数 劣势脚	要求： 1. 踢球力度适中 2. 踢球脚型正确 组织  球员带球从标志桶之间运过后与禁区前队员做二过一配合后射门 要求：传跑快，节奏有变化 比赛中禁区前沿空挡善于发现和利用	20次	15分钟	大

（续表）

部分（时间）	课的内容	组织教法及要求	练习分量		
			次数	时间	强度
基本部分	三、抢圈练习 要领： * 时机 * 力度 * 方向 * 假动作	组织： 1. 学生分成 6 小组 2. 进行抢圈练习 队形：  要求：注意力集中，技术运用合理。	10次	7分钟	中

（续表）

部分（时间）	课的内容	组织教法及要求	练习分量		
			次数	时间	强度
结束部分	一、集合整队 二、放松练习 静力拉伸腿部 三、讲评本课 四、宣布下次课内容 五、回收器材，师生再见	组织：  要求： 1. 集合快、齐、静 2. 听评认真，放松充分	5次	5分钟	小

（续表）

预计MVPA%	50%	预计心率	最高心率： 140 次/分 平均心率： 106 次/分
课后小结		预计心率曲线	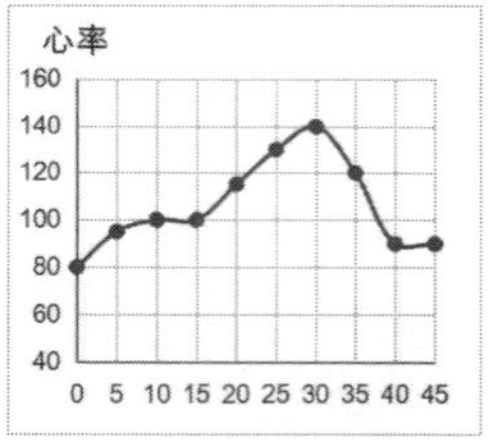

高一 年级体育课课时计划第 十五 周第 一 次课

<table>
<tr><td rowspan="2">教材</td><td rowspan="2">1. 颠球练习
2. 介绍防守技术(盯人,保护等)</td><td rowspan="2">场地
器材</td><td rowspan="2">标志桶若干、
足球 20 个</td><td rowspan="2">人数</td><td>男</td><td>36</td></tr>
<tr><td>女</td><td>33</td></tr>
<tr><td>本课任务</td><td colspan="6">1. 认知目标：初步建立选人与盯人、保护等防守技术的动作表象。
2. 技能目标：60%的学生初步掌握盯人、保护等防守技术动作。
3. 情感目标：培养团队协作、机智果断的意志品质。</td></tr>
</table>

（续表）

部分（时间）	课的内容	组织教法及要求	练习分量		
			次数	时间	强度
准备活动	一、课堂常规 1. 体育委员整队，报告人数 2. 师生问好，检查服装 3. 教师宣布课的内容与任务 4. 安排见习生 二、准备活动 1. 绕足球场慢跑一圈 2. 游戏：	队形如图：  要求： 1. 整队快静齐，报数声音洪亮 2. 见习生认真听讲不能随意跑动 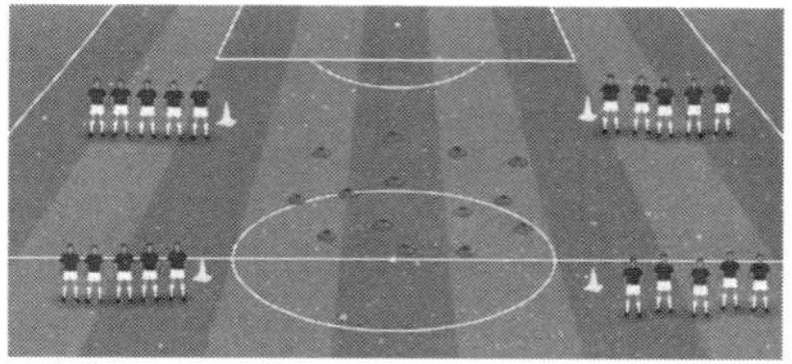	5次	10分钟	小

（续表）

部分（时间）	课的内容	组织教法及要求	练习分量		
			次数	时间	强度
准备活动	单脚平衡接力 123 木头人	组织： 将学生分为四列横队，每一列到指定的地方站好，听哨声开始，每队第一人跑出去找一个标志碟单脚站立在标志碟旁 3 秒钟，跑回去与下一个同学击掌，再回自己的队尾，依次循环。第二个木头人，当听到老师两声哨时，全体同学跨标志碟跑动，听到一声哨声时停住。			
基本部分	一、颠球练习 1. 教师示范颠球技术动作 2. 动作要领： * 身体姿势 * 触球部位 * 触球力度 * 节奏	队形：  组织：将学生左右分成四列横队，相对站立，中间相距 3 米，左	20 次	10 分钟	中

（续表）

部分（时间）	课的内容	组织教法及要求	练习分量		
			次数	时间	强度
基本部分	二、介绍防守盯人技术 1. 选位与盯人 选为根据比赛实际情况，不断调整防守位置 盯人要适当保持与对手的距离，以便随时上前抢断对方的球 2. 抢截技术 不给对手从容运球传球或射门而进行的狙击活动	右两队第一排每人一球，进行自抛自颠练习，练习 5 次后，给下排的同学。 队形：  组织：分相对应的组进行联系 分成 2 大组，两两一组进行对抗，一个轮回后，防守队员与进攻队员进行交换。	10 次	10 分钟	中

（续表）

<table>
<tr><th rowspan="2">部分
（时间）</th><th rowspan="2">课的内容</th><th rowspan="2">组织教法及要求</th><th colspan="3">练习分量</th></tr>
<tr><th>次数</th><th>时间</th><th>强度</th></tr>
<tr><td>基
本
部
分</td><td>三、1v1 防守，2 人小组防守相结合的对抗

练习目的：
1v1 防守的基本技巧(选位，盯人)，小组防守的收缩与保护

提供选择机会
触球次数限制
防守强度</td><td>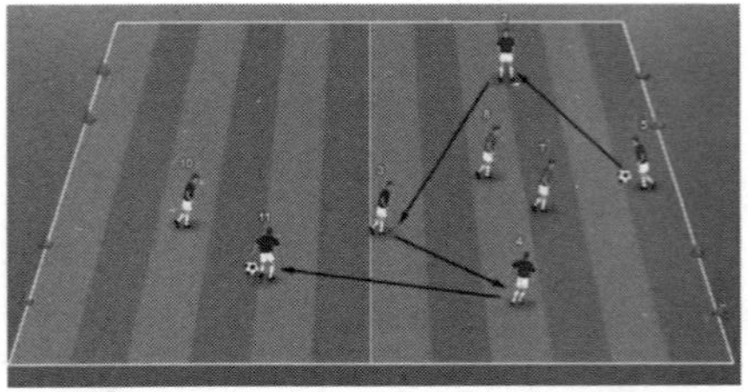
1. 右侧 4v2，左侧 1v1。
2. 练习开始后，右侧的控球队员控球，必须传够若干次后(根据队伍的水平调整)，才能传给左侧的 11 号蓝色球员，11 号球员拿到球后，1v1 进攻 2 个小门。
3. 右侧的两名防守球员抢到球后，可以射门，同时四名防守球员需快速收缩，反抢。
要求：
1. 2 名防守球员的选位，盯人，保护。
2. 2 人不要平行站位，一前一后，(因为实战中是一个抢、一个保护)。
3. 传接球的基本技术，传地面，不能传高球。</td><td>10 次</td><td>10 分钟</td><td>大</td></tr>
</table>

（续表）

部分（时间）	课的内容	组织教法及要求	练习分量		
			次数	时间	强度
结束部分	一、集合整队 二、放松练习 静力拉伸腿部 三、讲评本课 四、宣布下次课内容 五、回收器材，师生再见	组织：成体操队形散开。 队形：  要求： 1. 集合快、齐、静 2. 听评认真，放松充分	5次	5分钟	小

（续表）

预计 MVPA%	50%	预计 心率	最高心率：　165　次/分 平均心率：　112　次/分
课后小结		预计心率曲线	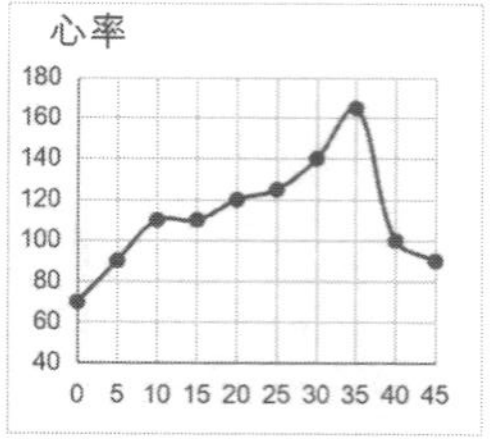

高一 年级体育课课时计划第 十五 周第 二 次课

教材	1. 复习颠球 2. 学习综合性运球的绕杆练习	场地 器材	足球场、足球 10 个、标志桶	人数	男	36
					女	33
本课任务	1. **认知目标**：进一步强化学生基本颠球技术和球性感知。 2. **技能目标**：80%的学生基本掌握运球和射门技术动作。 3. **情感目标**：培养学生团队协作精神。					

（续表）

部分（时间）	课的内容	组织教法及要求	练习分量		
			次数	时间	强度
准 备 活 动	一、课堂常规 1. 集合整队，清查人数 2. 师生问好 3. 宣布本课内容、任务 4. 检查着装，安排见习生 二、准备活动 1. 绕足球场一圈	组织：  要求： 1. 集合快、齐、静、 2. 着装轻便，见习生随堂听课 队形如图： 			

（续表）

部分（时间）	课的内容	组织教法及要求	练习分量		
			次数	时间	强度
准备活动	2. 游戏：火车赛跑	组织：把游戏者分成相同人数的若干组，各组成纵队站在起点，每组排头是火车头，组员向前举起右腿，前面的人用手握住后面举起腿的踝关节，最后到达终点那组，全体俯卧撑10个。 要求：火车不能断开，学生积极参加。要有团队协作的精神	3次	6分钟	小
基本部分	一、复习颠球 动作要领 ＊身体站位 ＊触球部位 ＊控球力度	队形：  组织： 成四路纵队站立在中圈外围，五人一组进行颠，球练习，然后进行比赛。3分钟内累计颠球最多次数的获胜。	20次	10分钟	中

（续表）

部分（时间）	课的内容	组织教法及要求	练习分量		
			次数	时间	强度
基本部分	二、绕杆运球。 教师讲解，并做完整示范。 动作要领。 ＊触球部位 ＊急停变向 ＊控制步幅 ＊降低重心	要求：求不出圈，必须两脚交换 队形：  组织：学生成四路纵队站立，面向球门。	10次	10分钟	中
	三、综合运球加射门练习 练习目的：提高学生运球和射门能力 提供选择机会 触球次数 劣势脚	 组织：	10次	14分钟	大

（续表）

部分（时间）	课的内容	组织教法及要求	练习分量		
			次数	时间	强度
基本部分		球员带球从标志桶之间运过后与禁区前队员做二过一配合后射门 要求：传跑快，节奏有变化 比赛中禁区前沿空挡善于发现和利用			
结束部分	一、集合放松 二、本课小结 三、归还器材 四、宣布下课	队形：  要求： 1. 集合快、齐、静 2. 听评认真，放松充分	2次	5分钟	小

（续表）

预计 MVPA	50%	预计心率	最高心率： 175 次/分 平均心率： 135 次/分
课后小结		预计心率曲线	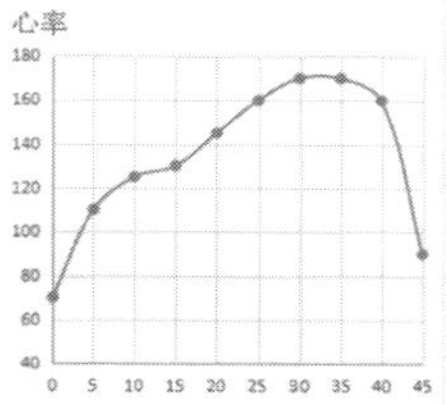

高一 年级体育课课时计划第 十六 周第 一 次课

教材	1. 复习运球、踢球技术动作 2. 小场地比赛	场地器材	足球、标志桶、标志圈	人数	男	36
					女	33
本课任务	1. **认知目标：**进一步强化学生对足球基本技术的认识，提高学生参加运动的积极性。 2. **技能目标：**90%的学生掌握基本的运球、踢球技术动作。 3. **情感目标：**培养学生团结协作、吃苦耐劳的意志品质。					

（续表）

部分（时间）	课的内容	组织教法及要求	练习分量		
			次数	时间	强度
准备活动	一、课堂常规 1. 集合整队，清查人数 2. 师生问好 3. 宣布本课内容、任务 4. 检查着装，安排见习生	组织：  要求： 1. 集合快、齐、静、 2. 着装轻便，见习生随堂听课			

（续表）

部分（时间）	课的内容	组织教法及要求	练习分量		
			次数	时间	强度
准备活动	二、准备活动 1. 绕足球场慢跑一圈 2. 游戏：抢圈 3. 拉伸练习	队形：  组织： 教法：规则：每次 2 人在圈内抢断圈上人的传球，用脚内侧传球，第三脚必须将球踢出去，抢断后轮换。 要求：抢球积极，三脚触球。	10次	10分钟	小

（续表）

部分（时间）	课的内容	组织教法及要求	练习分量		
			次数	时间	强度
基本部分	一、复习运球练习 动作要领： * 触球部位 * 击球力度 * 身体重心 * 及时变向	队形： 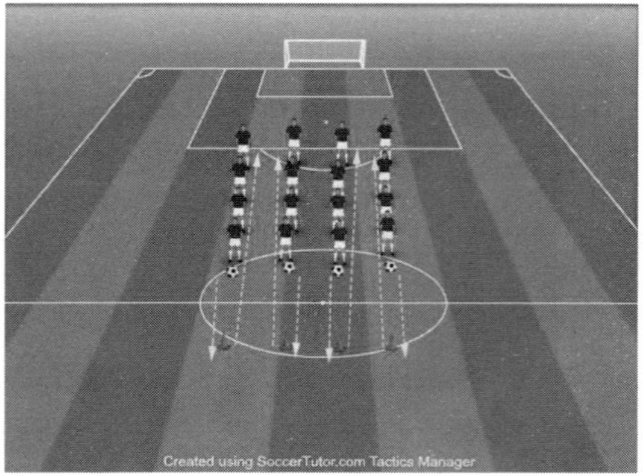	5次	7分钟	中
	二、复习脚背正面踢球及运球。 动作要领： * 身体放松 * 步幅小 * 运球脚型 * 触球部位 * 击球部位	组织： 教法：分成 4 个小组，人数相等，完成一轮后进行小组比赛，落后两组背着获胜两组绕场地一个来回。 要求：学生在练习时积极参与，脚内侧踢球。	5次	8分钟	中

（续表）

部分（时间）	课的内容	组织教法及要求	练习分量		
			次数	时间	强度
基本部分	三、小场比赛 动作要领： * 身体重心 * 击球力度 * 触球部位 * 跑位 * 启动快	组织： 原队形不变，在标志碟的右侧运球，且每 2 个标志碟之间只能 2 次运达，运至最后一个标志碟然后踢地滚球给下一个队友。 队形：  组织： 5v5，分红蓝两队，每队 5 人，分成 4 组。比赛中用足球课中学习内容，多变向，队友之间相互配合。 要求：学生触球部位要正确，传球要传到队友脚下。	4组	15分钟	大

（续表）

部分（时间）	课的内容	组织教法及要求		练习分量		
				次数	时间	强度
结束部分	一、集合放松 二、本课小结 三、归还器材 四、宣布下课	队形：  要求： 1. 集合快、齐、静 2. 听评认真，放松充分		2次	5分钟	小
预计MVPA	50%	预计心率	最高心率：175 次/分 平均心率：135 次/分			

（续表）

课后小结		预计心率曲线	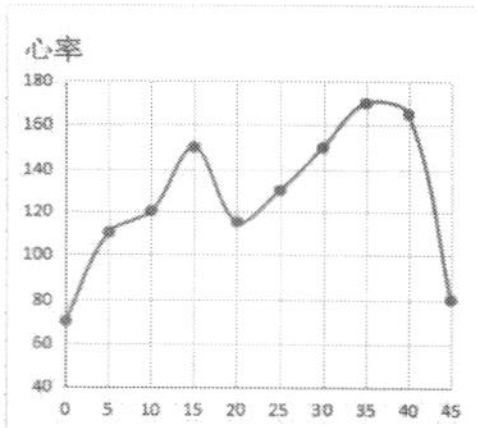

高一 年级体育课课时计划第 十六 周第 二 次课

教材	1. 复习运球、传接球技术 2. 小场地比赛	场地器材	足球 10 个、 标志桶、标志圈	人数	男	36
					女	33
本课任务	1. **认知目标**:提高学生对运球和传接球的理解能力,加深关键环节的认知。 2. **技能目标**:进一步提高学生在比赛中运用运球和传接球的能力。 3. **情感目标**:培养学生团队协作和不怕困难的品质。					

（续表）

部分（时间）	课的内容	组织教法及要求	练习分量		
			次数	时间	强度
准备活动	一、课堂常规 1. 集合整队，清查人数 2. 师生问好 3. 宣布本课内容、任务 4. 检查着装，安排见习生 二、准备活动 1. 绕足球场慢跑一圈	队形：  要求： 1. 集合快、齐、静、 2. 着装轻便，见习生随堂听课 队形：			

（续表）

部分（时间）	课的内容	组织教法及要求	练习分量		
			次数	时间	强度
准备活动	2. 游戏:抢圈 3. 拉伸练习	 组织: 规则:学生围绕场地慢跑,老师说一个数,学生相应的人数抱成一个团,未抱团成功的接受惩罚 5 个俯卧撑。 要求:要跑起来,听口令。	5次	8分钟	小

（续表）

<table>
<tr><th rowspan="2">部分
(时间)</th><th rowspan="2">课的内容</th><th rowspan="2">组织教法及要求</th><th colspan="3">练习分量</th></tr>
<tr><th>次数</th><th>时间</th><th>强度</th></tr>
<tr><td>基
本
部
分</td><td>一、复习传接球

动作要领
* 身体站位

* 触球部位

* 击球力度</td><td>队形：
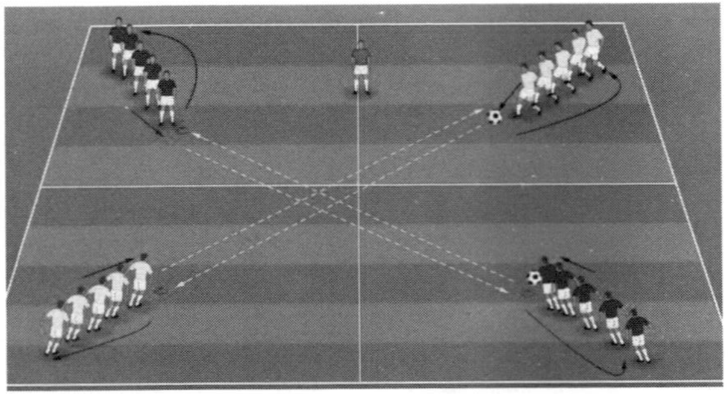
组织：
教法：学生分组自由练习，分成 4 组。每组人数相等相对站立，交叉传球，传完后跑到队尾，教师及时纠正练习中的错误动作，进行示范，改正。
要求：用脚内侧，不能用脚尖捅球。</td><td>20
次</td><td>10
分
钟</td><td>中</td></tr>
</table>

（续表）

部分（时间）	课的内容	组织教法及要求	练习分量		
			次数	时间	强度
基本部分	二、运球练习 动作要领 * 触球部位 * 急停变向 * 控制步幅 * 降低重心	队形：  组织：原队形不变，将球运到对面，然后站在现在队伍队尾，蓝队传球，黄队运球 要求：只能踢地滚球，运球时观察，注意节奏变化。	10次	5分钟	中

（续表）

部分（时间）	课的内容	组织教法及要求	练习分量		
			次数	时间	强度
基本部分	三、小场比赛 动作要领： ＊步幅要小 ＊身体重心 ＊击球部位 ＊变向节奏 ＊传球配合 提供选择机会 触球次数限制 传球与个人突破	队形：  要求：比赛积极，配合队友，注意安全。	4组	17分钟	大
结束部分	一、集合放松 二、本课小结 三、归还器材	队形： 	5次	5分钟	小

（续表）

<table>
<tr><th rowspan="2">部分
（时间）</th><th rowspan="2">课的内容</th><th colspan="2" rowspan="2">组织教法及要求</th><th colspan="3">练习分量</th></tr>
<tr><th>次数</th><th>时间</th><th>强度</th></tr>
<tr><td>结束
部分</td><td>四、宣布下课</td><td colspan="2">要求：
1. 集合快、齐、静
2. 听评认真，放松充分</td><td></td><td></td><td></td></tr>
<tr><td>预计
MVPA</td><td>50%</td><td>预计
心率</td><td colspan="4">最高心率：　175　次/分
平均心率：　145　次/分</td></tr>
<tr><td>课
后
小
结</td><td></td><td>预计心率曲线</td><td colspan="4">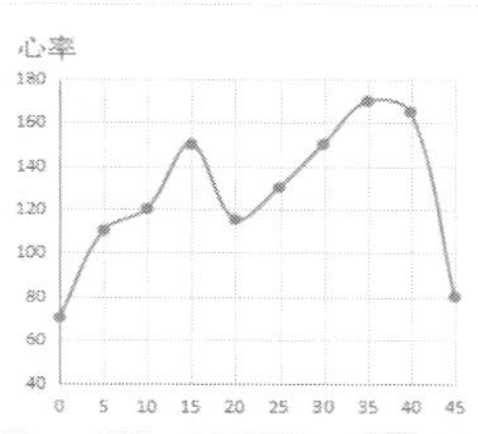</td></tr>
</table>

高一 年级体育课课时计划第 十七 周第 一 次课

<table>
<tr><td rowspan="2">教材</td><td colspan="2" rowspan="2">1. 学习合理碰撞技术
2. 力量练习</td><td rowspan="2">场地
器材</td><td rowspan="2">足球10个
标志碟、标志桶</td><td rowspan="2">人数</td><td>男</td><td>36</td></tr>
<tr><td>女</td><td>33</td></tr>
<tr><td>本课任务</td><td colspan="7">1. **认知目标**:初步了解足球合理碰撞规则和技术动作运用。
2. **技能目标**:70%的学生基本掌握合理碰撞的技术动作要领。
3. **情感目标**:培养学生积极主动、相互配合的精神。</td></tr>
<tr><td rowspan="2">部分
(时间)</td><td rowspan="2">课的内容</td><td colspan="3" rowspan="2">组织教法及要求</td><td colspan="3">练习分量</td></tr>
<tr><td>次数</td><td>时间</td><td>强度</td></tr>
<tr><td>准备活动</td><td>一、课堂常规
1. 集合整队,清查人数
2. 师生问好
3. 点名
4. 宣布本课内容、任务
5. 检查着装,安排见习生</td><td colspan="3">组织:

要求:
1. 集合快、齐、静、
2. 着装轻便,见习生随堂听课</td><td></td><td></td><td></td></tr>
</table>

（续表）

部分（时间）	课的内容	组织教法及要求	练习分量		
			次数	时间	强度
准备活动	二、听数抱团游戏 规则：在慢跑过程中，教师随便叫个数字则需要相对应的几个人抱一起。 例如：教师喊数字“5”，则需要 5 个同学抱一起。 惩罚：多余或少于教师喊出的数字，需要做五次深蹲，游戏继续。 三、静力性拉伸练习 1. 弓步压腿 2. 侧压腿 3. 燕势平衡	组织：男女生各成一路纵队绕标志桶慢跑  要求： 1. 慢跑时保持队 2. 认真听口令	5 次	8 分钟	小

（续表）

部分（时间）	课的内容	组织教法及要求	练习分量		
			次数	时间	强度
基本部分	一、合理冲撞 动作要领 ＊部位 ＊时机 ＊力度 ＊目的	组织： 跑动中或跳起做徒手冲撞练习 两人一组在行进间交替运球和抢球  要求：冲撞时机、动作合理	20次	10分钟	中
	二、力量练习 上肢 下肢 腰腹	组织： 腿部力量：球上双脚/单脚左右跳、前后跳 20＊5，连续纵跳 20＊3 上肢力量：撑球俯卧撑 20＊5，击掌俯卧撑 10＊5 腰腹力量：平板支撑 90 秒＊3，仰卧头顶球 30＊5	7组	10分钟	大

（续表）

部分（时间）	课的内容	组织教法及要求	练习分量		
			次数	时间	强度
基本部分	三、背人小场比赛 背人 7v7 比赛 提供选择机会 结合球的力量练习 背人比赛	队形：  要求：注意安全、不允许手上动作 充分利用合理冲撞	4组	12分钟	大

（续表）

部分 （时间）	课的内容	组织教法及要求	练习分量		
			次数	时间	强度
结 束 部 分	一、整队集合 二、课堂小节 三、放松练习 四、归还器材 五、师生再见	组织：  要求： 1. 集合快、齐、静 2. 听评认真，放松充分	5次	5分钟	小
预计 MVPA%	40%	预计 心率	最高心率：165 次/分 平均心率：115 次/分		

（续表）

课后小结		预计心率曲线	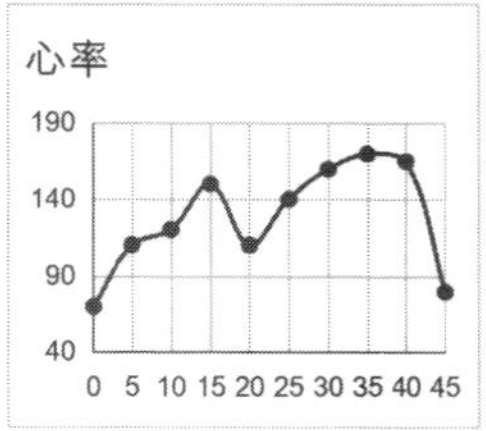

高一 年级体育课课时计划第 十七 周第 二 次课

教材	1. 介绍比赛阵型及场上各位置职能 2. 小场地教学比赛	场地器材	标志桶、绳梯、足球10个	人数	男	36
					女	33
本课任务	**1. 认知目标**：初步了解比赛阵型及场上各位置职能。 **2. 技能目标**：学生明确自我位置的任务要求，进一步强化足球基本技能。 **3. 情感目标**：培养学生公平，公正，公开的竞争品质。					

（续表）

部分（时间）	课的内容	组织教法及要求	练习分量		
			次数	时间	强度
准备活动	一、课堂常规 1. 集合整队，清查人数 2. 师生问好 3. 宣布本课内容、任务 4. 检查着装，安排见习生 二、准备活动 1. 绕半场慢跑 2. 行进间徒手操 ① 行进间扩胸运动 ② 行进间腰部运动	组织：  要求： 1. 集合快、齐、静、 2. 着装轻便，见习生随堂听课 队形： 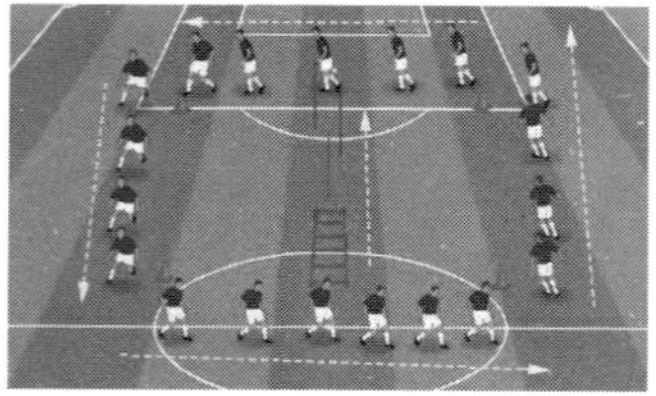	4×8拍	6分钟	小

（续表）

部分（时间）	课的内容	组织教法及要求	练习分量		
			次数	时间	强度
准备活动	③ 行进间外摆腿 ④ 快速跑 20 米	要求：慢跑时速度匀速精神泡满．队伍步调一致，小步跑时频率快速，绕杆时注意身体协调			
基本部分	一、比赛阵型介绍 常见比赛阵型讲解 每个位置的名称 每个位置的职责 常见中路配合 常见边路配合	队形：  教法： 1. 引导提问 2. 学生发言 3. 教师讲解 4. 手持球感受	1次	10分钟	小

（续表）

部分（时间）	课的内容	组织教法及要求	练习分量		
			次数	时间	强度
基本部分	二、组织半场比赛 注意每个位置的职能分工与合作 常见进攻和防守打法 局部二过一配合的使用 个人进攻和防守的原则 提供选择机会	5. 脚控球 6. 手机投影观看视频剪辑 队形：  教法： 1. 利用比赛强化学生阵型位置感 2. 比赛中出现问题时及时停止讲解	4组	24分钟	大

（续表）

部分（时间）	课的内容	组织教法及要求	练习分量		
			次数	时间	强度
基本部分	手持球比赛 脚触球次数限制 防守强度	3. 队员运用技战术的合理性讨论 4. 学生的自我认识与反思 5. 典型比赛情景分析			
结束部分	一、集合整队 二、放松练习 静力拉伸腿部 三、讲评本课 四、宣布下次课内容 五、回收器材，师生再见	组织：  要求： 1. 集合快、齐、静 2. 听评认真，放松充分	5次	5分钟	小

（续表）

预计 MVPA%	40%	预计 心率	最高心率：175 次/分 平均心率：135 次/分
课后小结		预计心率曲线	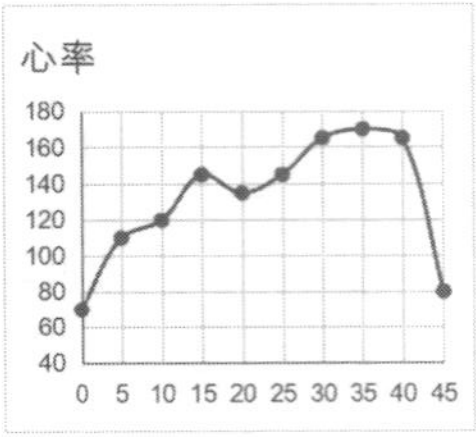

高一 年级体育课课时计划第 十八 周第 一 次课

教材	1. 复习绕杆和颠球 2. 小场地比赛	场地器材	足球 10 个、标志桶、标志碟	人数	男	36
					女	33
本课任务	1. **认知目标**：加深学生对足球基本技术和球性的理解，提高参与运动积极性。 2. **技能目标**：80%的学生掌握足球绕杆和颠球基本技术动作。 3. **情感目标**：培养学生热爱足球，阳光向上的精神面貌。					

（续表）

<table>
<tr><th rowspan="2">部分
（时间）</th><th rowspan="2">课的内容</th><th rowspan="2">组织教法及要求</th><th colspan="3">练习分量</th></tr>
<tr><th>次数</th><th>时间</th><th>强度</th></tr>
<tr><td>准
备
活
动</td><td>一、课堂常规
1. 集合整队，清查人数
2. 师生问好
3. 点名
4. 宣布本课内容、任务
5. 检查着装，安排见习生

二、准备部分
1. 慢跑 200 米

2. 行进间徒手操

① 行进间扩胸运动
② 行进间腰部运动
③ 行进间外摆腿</td><td>组织：

要求：
1. 集合快、齐、静、
2. 着装轻便，见习生随堂听课

队形：
</td><td>5×8拍</td><td>10分钟</td><td>小</td></tr>
</table>

（续表）

部分（时间）	课的内容	组织教法及要求	练习分量		
			次数	时间	强度
准备活动	④ 行进间里合腿 ⑤ 快速跑 20 米 3. 静力性拉伸 ① 弓步压腿 ② 侧压腿 ③ 燕势平衡	要求：动作整齐、舒展 精神面貌积极向上			
基本部分	一、颠球 * 身体姿势 * 触球部位 * 力度 * 方向 * 节奏	队形： 	20 次	10 分钟	中

（续表）

部分（时间）	课的内容	组织教法及要求	练习分量		
			次数	时间	强度
基本部分	二、运球绕杆练习 * 身体姿势 * 速度 * 节奏 * 变向时机 * 触球感觉	练习 1. 原地颠自己手坠落的球 2. 原地拉跳球练习 3. 原地拉跳球接着进行颠球 4. 原地拉跳球接着双脚交替颠球 组织： 1. 教师将学生分成左右四列横队站立，中间相距 2 米，每组第一排的同学拿球，依次绕杆后射门 2. 限制触球次数、左右脚射门 	10次	8分钟	中

（续表）

部分（时间）	课的内容	组织教法及要求	练习分量		
			次数	时间	强度
基本部分	三、头顶、大腿停球、运球突破、射门综合练习 练习目的：提高传接运射综合技术 要求：动作规范、衔接流畅。突破坚决，假动作逼真。射门角度力度兼备。攻防移动迅速、重心降低、站位准确。 提供选择机会 C处队员传球后迅速跑动防守形成1v1 两边同时开始	组织：ABC三个点，球员在AC两点排队等候。A球员手抛球给B球员，B球员跳起头球回做（或者完成胸停后脚弓回做、脚弓端回、大腿停球后脚弓回做等动作）后，迅速绕杆然后跑动到中间的小区域，接C点球员的传球，快速带球完成射门。 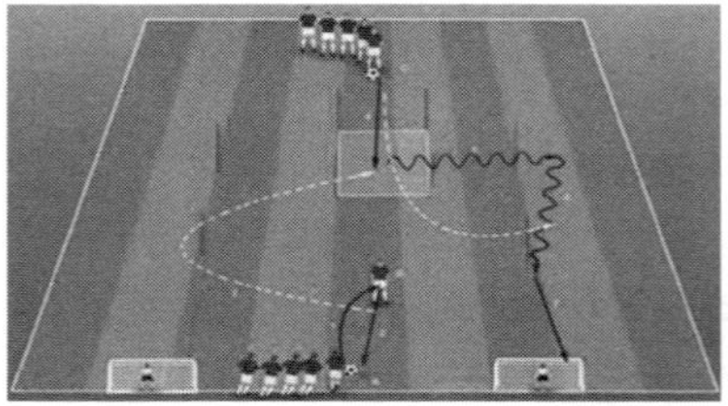	8次	12分钟	大

（续表）

部分（时间）	课的内容	组织教法及要求		练习分量		
				次数	时间	强度
结束部分	一、整队集合 二、课堂小节 三、放松练习 四、师生再见	组织：  要求： 1. 集合快、齐、静 2. 听评认真，放松充分		5次	5分钟	小
预计MVPA%	40%	预计心率	最高心率：　165　次/分 平均心率：　115　次/分			

（续表）

课后小结		预计心率曲线	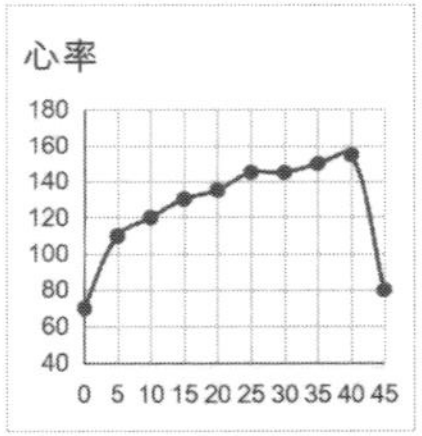心率 180 160 140 120 100 80 60 40 0 5 10 15 20 25 30 35 40 45

高一 年级体育课课时计划第 十八 周第 二 次课

课程名称	体育与健康	授课形式	理论
授课时间	45 分钟	周次/课次	18/2
教学内容	◆足球赛事简介 ◆课程考核内容与要求		
重点、难点	重点：世界主流足球赛事介绍 难点：足球运动的发展历史和趋势		
教学目标	通过学习使学生初步了解世界主流足球赛事状况，知晓国内外足球运动的发展趋势，进一步提高对足球运动的兴趣与认知。		

（续表）

<table>
<tr><td>讨论、思考题、作业</td><td colspan="3">1. 简述世界主流足球赛事的开展状况以及你对足球赛事的认识。
2. 简述你对足球比赛的认识。
3. 简述你对世界著名球星的认识。</td></tr>
<tr><td>教学方法和手段</td><td colspan="3">理论讲授
多媒体教学</td></tr>
<tr><td>参考资料</td><td colspan="3">1. 何志林. 现代足球[M]. 北京：人民体育出版社，2000. 普通高等教育“九五”国家级重点教材
2. 王崇喜. 球类运动——足球[M]. 北京：高等教育出版社，2014. 普通高等教育“十二五”国家级规划教材</td></tr>
<tr><td colspan="2">教学过程与教学内容</td><td>教学手段</td><td>教学组织与方法</td><td>时间</td></tr>
<tr><td colspan="2">一、足球运动的特点和作用
足球运动是以脚支配球为主，两个队在同一场地内互相进行攻守的体育运动项目。它是世界上最受人们喜爱、开展最广泛、影响最大的体育运动项目之一，被誉为“世界第一运动”。有些国家将足球定为“国球”。一场精彩的足球比赛，能吸引成千上万的观众和数以亿计的电视观众，有关足球消息的报导，占据了世界上各种报刊的篇幅，也成为电视节目中的重要内容，当今足球运动已成为人们生活中不可缺少的组成部分。据不完全统计，现在世界上经常参加比赛的球队有近 80 万支，登记在册的运动员近 4000 万人，其中职业运动员近 10 万人。
足球运动有如此大的魅力，主要在于足球运动丰富的内涵，并与足球运动的特点和作用有关。</td><td>讲授
结合
多媒体
教学</td><td>引导提问
小组探究</td><td></td></tr>
</table>

（续表）

教学过程与教学内容	教学手段	教学组织与方法	时间
（一）足球运动的特点 1. 整体性 2. 对抗性 3. 多变性 4. 艰辛性 5. 易行性 （二）足球运动的作用 1. 有助于良好的心理品质及思想品行的形成 2. 有助于增强体质、促进健康 3. 有助于精神文明建设 4. 有助于振奋民族精神 5. 有助于人际交往与国际交往 6. 有助于国家税收 二、现代足球运动的起源 1. 起源 1863 年 10 月 26 日，英国的 11 个足球俱乐部在伦敦成立了世界上第一个足球协会一英格兰足球协会，并统一了足球比赛规则，标志现代足球的诞生。			

（续表）

教学过程与教学内容	教学手段	教学组织与方法	时间
2. 国际足球比赛 1872 年 11 月 30 日，在苏格兰的格拉斯哥城内的苏格兰西部板球俱乐部，英格兰和苏格兰之间进行了现代足球历史上第一场国际比赛。比赛结果是 0:0。 3. 职业俱乐部 1857 年在英国成立了世界上第 1 个足球俱乐部，1885 年英格兰又首创了第一个职业足球俱乐部。 三、国际足球联合会(FIFA) 时间——1904 年 5 月 21 日成立，是由法国、比利时、丹麦、荷兰、西班牙、瑞典和瑞士等 7 国共同发起并创建的。 总部地点——瑞士苏黎世 宗旨：促进国际足球运动的发展，发展各国足球协会之间的友好关系。 目前国际足联已有成员国 203 个，是成员协会最多的国际单项体育组织。 1954 年 5 月 8 日亚洲足联正式成立。 四、世界性大赛简介 1. 世界杯男子足球比赛 国际足联 1928 年在荷兰首都阿姆斯特丹举行会议，决定每 4 年举行一届世界足球锦标赛。参赛队员不受职业或非职业选手的限制。各国都能组成本国最高水平的球队参赛。最初这一比赛叫世界足球锦标赛，1956 年改名为朱尔·里梅杯。后简称里梅杯或世界杯足球赛。			

（续表）

教学过程与教学内容	教学手段	教学组织与方法	时间
1928 年决定举行世界杯足球锦标赛后，还决定设专门的流动奖杯——“里梅杯”即“雷米特杯”也叫“金女神杯”，奖给获得冠军的球队。同时还规定哪个国家三次获得冠军，就永久地占有这座奖杯。1970 年巴西队首先第三次获得冠军已永久地占有了金女神杯。 1971 年国际足联重新制作了新的奖杯，称之为“国际足联世界杯”，并规定永久性流动。 2. 奥运会足球比赛 从 1896 年第一届现代奥运会举办以来，奥运会足球比赛每四年一届，除 1916 年、1940 年、1944 年因两次世界大战为举办奥运会外，只有 1932 年洛杉矶奥运会上没有足球比赛项目但直到 1912 年第五届奥运会才将足球列为正式比赛项目。 3. 19 岁以下世界青年比赛 1977 年国际足联决定每两年举办一届世界青年足球锦标赛，开始两届为试办性质，直到 1981 年在澳大利亚举办的第三届世界青年锦标赛才得到国际足联的正式承认，并命名为“国际足联世界青年锦标赛——可口可乐杯”规定队员年龄必须在 20 岁以下。 4. 17 岁以下世界少年比赛 1985 年在中国试办了国际足联 16 岁以下柯达杯世界足球锦标赛，比赛获得圆满成功 1991 年正式成为国际足联的世界少年锦标赛，全称为“国际足联 17 岁以下柯达杯世界锦标赛”，每两年举行一次。 5. 五人制足球比赛 室内足球起源于北欧斯堪的纳维亚半岛国际足联于 1989 年在荷兰举行了首届五人制室内足球赛，此后每四年举行一届比赛。			

（续表）

教学过程与教学内容	教学手段	教学组织与方法	时间
6. 世界女子足球锦标赛 在国际足联倡导下，1988 年 6 月在中国广东成功地举办了有 12 个国家参加的国际女子足球邀请赛，为正式进行世界女子足球锦标赛奠定了基础。1991 年第一届世界女子足球锦标赛在中国广东举行。该项比赛同男子世界足球锦标赛一样，每四年举行一届。 五、世界性大赛成绩 引导＋提问的形式 六、中国足球运动 1. 古代足球 中国古代足球起源的最早时间推断不一。但是古代足球起源于中国是世界公认的。汉代足球的比赛场称为“鞠城”，球门称“鞠室”，汉代蹴鞠比赛时就已有比赛规则和裁判员。裁判员称为“长”，副裁判称为“平”。比赛规则为“例”和“常”，唐代蹴鞠游戏在设备上有二个重要的创造，其一是用灌气的球代替了过去用毛发等物充填的实心球，其二是用球门代替了“鞠室”。 2. 新中国足球运动 1955 年 1 月 3 日成立了中国足球协会宗旨：1. 遵守国际足球联合会及亚洲足球联合会章程。2. 团结全国足球工作者，广泛开展足球运动，为增强人民体质、丰富群众的业余文化生活、提高足球水平和加强精神文明建设服务。 1979 年 10 月 13 日国际足球联合会执行委员会作出决定，恢复中华人民共和国在国际足球联合会的合法地位			

（续表）

教学过程与教学内容	教学手段	教学组织与方法	时间
3. 职业化是中国足球冲出亚洲走向世界的突破口 1992 年，国家体委决定体育改革以足球为突破口，同时在红山口全国足球会议上正式提出足球改革口号。 （1）改革体制，注入竞争机制 （2）改革竞赛制度，开拓新型的球市 （3）对参加职业联赛的队员进行体能测试 （4）加强梯队培养，采用“走出去、请进来”政策。 4. 对我国足球运动发展的思考 引导＋提问＋讨论的形式展开 七、著名球星视频欣赏 提问＋观看＋反思			
作业与课堂练习	1. 简述世界主流足球赛事的开展状况以及你对足球赛事的认识。 2. 简述你对足球比赛的认识。 3. 简述你对世界著名球星的认识。		
本课教学小结			

高一 年级体育课课时计划第 十九 周第 一 次课

<table>
<tr><td rowspan="2">教材</td><td rowspan="2">1. 复习颠球、绕杆、定点传球
2. 技能考核</td><td rowspan="2">场地
器材</td><td rowspan="2">足球 20 个、标志桶、标志碟</td><td rowspan="2">人数</td><td>男</td><td>36</td></tr>
<tr><td>女</td><td>33</td></tr>
<tr><td>本课任务</td><td colspan="6">1. 巩固和提高足球基本技术及运用能力。
2. 通过考查，检查教与学的效果，提高学生对足球运动的爱好。
3. 发展学生的运动能力，培养学生团队精神。</td></tr>
<tr><td rowspan="2">部分
（时间）</td><td rowspan="2">课的内容</td><td colspan="2" rowspan="2">组织教法及要求</td><td colspan="3">练习分量</td></tr>
<tr><td>次数</td><td>时间</td><td>强度</td></tr>
<tr><td>准备活动</td><td>一、课堂常规
1. 集合整队，清查人数
2. 师生问好
3. 点名
4. 宣布本课内容、任务
5. 检查着装，安排见习生</td><td colspan="2">组织：

要求：
1. 集合快、齐、静、
2. 着装轻便，见习生随堂听课</td><td>10
次</td><td>10
分钟</td><td>小</td></tr>
</table>

（续表）

部分（时间）	课的内容	组织教法及要求	练习分量		
			次数	时间	强度
准备活动	二、准备部分 1. 慢跑 200 米 2. 行进间徒手操 ① 行进间扩胸运动 ② 行进间腰部运动 ③ 行进间外摆腿 ④ 行进间里合腿 ⑤ 快速跑 20 米 3. 静力性拉伸 ① 弓步压腿 ② 侧压腿 ③ 燕势平衡	队形：  要求：动作整齐、舒展 精神面貌积极向上	5×8拍	8分钟	小

（续表）

部分（时间）	课的内容	组织教法及要求	练习分量		
			次数	时间	强度
基本部分	一、考核内容练习 1. 颠球 * 身体姿势 * 触球部位 * 力度 * 方向 * 节奏	队形：  练习： 1. 原地颠自己手坠落的球 2. 原地拉跳球练习 3. 原地拉跳球接着进行颠球 4. 原地拉跳球接着双脚交替颠球	10次	5分钟	中
	2. 运球绕杆练习	组织： 1. 教师将学生分成左右四列横队站立，中间相距2米，每组第	3次	5分钟	中

（续表）

部分（时间）	课的内容	组织教法及要求	练习分量		
			次数	时间	强度
基本部分	＊身体姿势 ＊速度 ＊节奏 ＊变向时机 ＊触球感觉 3. 脚内侧踢准	一排的同学拿球，依次绕杆后射门 2. 限制触球次数、左右脚射门  组织教法： 1. 教师讲解动作要点，必要时再次示范 2. 学生分组练习，在规定时间交换（分组轮换） 3. 教师集体辅导与个别指导相结合	10次	5分钟	中

（续表）

部分（时间）	课的内容	组织教法及要求	练习分量		
			次数	时间	强度
基本部分	二、考试	组织： 1. 教师讲解考核内容 2. 宣布考核方法及评分标准 3. 安排体育骨干，协助教师考核	2次	20分钟	大
结束部分	一、整队集合 二、考试小节 三、师生再见	组织：  要求： 1. 集合快、齐、静 2. 听评认真，放松充分	2次	3分钟	小

（续表）

预计 MVPA%	40%	预计心率	最高心率：165 次/分 平均心率：115 次/分
课后小结		预计心率曲线	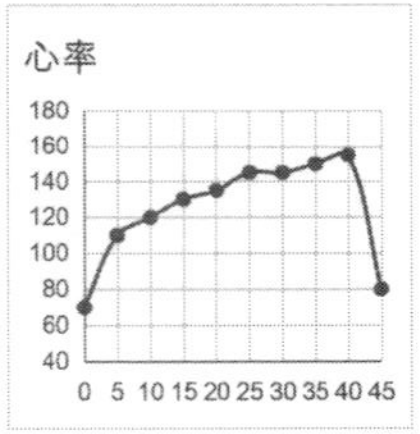

高一 年级体育课课时计划第 十九 周第 二 次课

教材	1. 复习颠球、绕杆、定点传球 2. 技能考核及补考	场地器材	足球 20 个、标志桶、标志碟	人数	男	36
					女	33
本课任务	1. 巩固和提高足球基本技术及运用能力。 2. 通过考查，检查教与学的效果，提高学生对足球运动的爱好。 3. 发展学生的运动能力，培养学生团队精神。					

（续表）

部分（时间）	课的内容	组织教法及要求	练习分量		
			次数	时间	强度
准备活动	一、课堂常规 1. 集合整队，清查人数 2. 师生问好 3. 点名 4. 宣布本课内容、任务 5. 检查着装，安排见习生 二、准备部分 1. 慢跑 200 米 2. 行进间徒手操 ① 行进间扩胸运动 ② 行进间腰部运动 ③ 行进间外摆腿	组织：  要求： 1. 集合快、齐、静、 2. 着装轻便，见习生随堂听课 队形： 	5×8拍	8分钟	小

（续表）

<table>
<tr><th rowspan="2">部分
（时间）</th><th rowspan="2">课的内容</th><th rowspan="2">组织教法及要求</th><th colspan="3">练习分量</th></tr>
<tr><th>次数</th><th>时间</th><th>强度</th></tr>
<tr><td>准备活动</td><td>④ 行进间里合腿
⑤ 快速跑 20 米

3. 静力性拉伸

① 弓步压腿
② 侧压腿
③ 燕势平衡</td><td>要求：动作整齐、舒展
精神面貌积极向上</td><td></td><td></td><td></td></tr>
<tr><td>基本部分</td><td>一、考核内容练习
1. 颠球

* 身体姿势
* 触球部位
* 力度
* 方向
* 节奏</td><td>队形：

</td><td>10次</td><td>5分钟</td><td>中</td></tr>
</table>

（续表）

部分（时间）	课的内容	组织教法及要求	练习分量		
			次数	时间	强度
基本部分	2. 运球绕杆练习 * 身体姿势 * 速度 * 节奏 * 变向时机 * 触球感觉	练习 1. 原地颠自己手坠落的球 2. 原地拉跳球练习 3. 原地拉跳球接着进行颠球 4. 原地拉跳球接着双脚交替颠球 组织： 1. 教师将学生分成左右四列横队站立，中间相距 2 米，每组第一排的同学拿球，依次绕杆后射门 2. 限制触球次数、左右脚射门 	5次	5分钟	中

（续表）

部分（时间）	课的内容	组织教法及要求	练习分量		
			次数	时间	强度
基本部分	3. 脚内侧踢准	组织教法： 1. 教师讲解动作要点，必要时再次示范 2. 学生分组练习，在规定时间交换（分组轮换） 3. 教师集体辅导与个别指导相结合	10次	5分钟	中
	二、考试	组织 1. 教师讲解考核内容 2. 宣布考核方法及评分标准 3. 安排体育骨干，协助教师考核	2次	20分钟	大
结束部分	一、整队集合 二、考试小节 三、师生再见	组织：  要求： 1. 集合快、齐、静 2. 听评认真，放松充分	5次	2分钟	小

（续表）

预计 MVPA%	40%	预计心率	最高心率： 165 次/分 平均心率： 115 次/分
课后小结		预计心率曲线	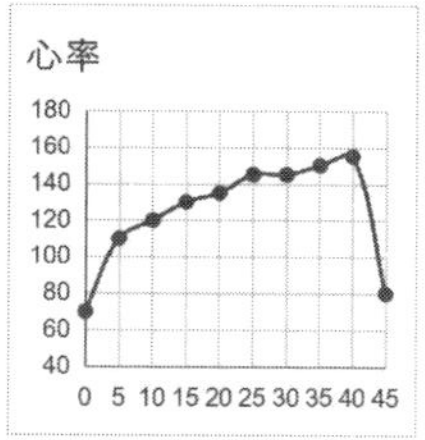

高一 年级体育课课时计划第 二十 周第 一 次课

教材	1. 体能考核 2. 小场地足球赛	场地器材	足球 5 个、标志桶、标志碟	人数	男	36
					女	33
本课任务	1. 考查学生巩固和提高足球基本技术及运用能力。 2. 通过考查，检查教与学的效果，提高学生对足球运动的爱好。 3. 发展学生的运动能力，培养学生团队精神。					

（续表）

部分（时间）	课的内容	组织教法及要求	练习分量		
			次数	时间	强度
准备活动	一、课堂常规 1. 集合整队，清查人数 2. 师生问好 3. 点名 4. 宣布本课内容、任务 5. 检查着装，安排见习生 二、准备部分 1. 慢跑 200 米 2. 行进间徒手操 ① 行进间扩胸运动 ② 行进间腰部运动 ③ 行进间外摆腿	组织：  要求： 1. 集合快、齐、静、 2. 着装轻便，见习生随堂听课 队形： 	5×8拍	8分钟	小

（续表）

部分（时间）	课的内容	组织教法及要求	练习分量		
			次数	时间	强度
准备活动	④ 行进间里合腿 ⑤ 快速跑 20 米 3. 静力性拉伸 ① 弓步压腿 ② 侧压腿 ③ 燕势平衡	要求：动作整齐、舒展 精神面貌积极向上			
基本部分	一、考核内容练习 1. 速度 50 米 2. 力量 立定跳远 引体向上（男） 仰卧起坐（女）	组织： 1. 教师讲解考核内容 2. 宣布考核方法及评分标准 3. 安排体育骨干，协助教师考核	2次	10分钟	中

（续表）

部分（时间）	课的内容	组织教法及要求	练习分量		
			次数	时间	强度
基本部分	3. 耐力 1000 米/800 米				
	二、体能测试				
	三、小场地比赛	队形：	2次	20分钟	大
	提供选择机会		2组	5分钟	大
	手持球比赛				
	脚触球次数限制				
	防守强度				

（续表）

部分（时间）	课的内容	组织教法及要求	练习分量		
			次数	时间	强度
基本部分		教法： 1. 利用比赛强化学生阵型位置感 2. 比赛中出现问题时及时停止讲解 3. 队员运用技战术的合理性讨论 4. 学生的自我认识与反思 5. 典型比赛情景分析			
结束部分	一、整队集合 二、考试小节 三、放松练习 四、师生再见	组织：  要求： 1. 集合快、齐、静 2. 听评认真，放松充分	2次	2分钟	小

（续表）

预计MVPA%	40%	预计心率	最高心率： 165 次/分 平均心率： 115 次/分
课后小结		预计心率曲线	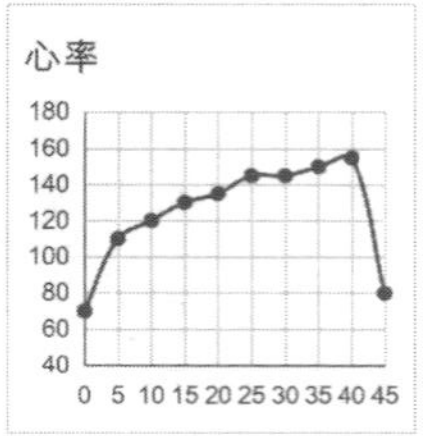

<u>高一</u>年级体育课课时计划第<u>二十</u>周第<u>二</u>次课

<table>
<tr><td rowspan="2">教材</td><td rowspan="2">1. 体能考核及补考
2. 小场地足球赛</td><td rowspan="2">场地器材</td><td rowspan="2">足球 5 个、标志桶、标志碟</td><td rowspan="2">人数</td><td>男</td><td>36</td></tr>
<tr><td>女</td><td>33</td></tr>
<tr><td>本课任务</td><td colspan="6">1. 考查学生巩固和提高足球基本技术及运用能力。
2. 通过考查，检查教与学的效果，提高学生对足球运动的爱好。
3. 发展学生的运动能力，培养学生团队精神。</td></tr>
</table>

（续表）

<table>
<tr><th rowspan="2">部分
（时间）</th><th rowspan="2">课的内容</th><th rowspan="2">组织教法及要求</th><th colspan="3">练习分量</th></tr>
<tr><th>次数</th><th>时间</th><th>强度</th></tr>
<tr><td>准
备
活
动</td><td>一、课堂常规
1. 集合整队，清查人数
2. 师生问好
3. 点名
4. 宣布本课内容、任务
5. 检查着装，安排见习生

二、准备部分
1. 慢跑 200 米

2. 行进间徒手操

① 行进间扩胸运动
② 行进间腰部运动
③ 行进间外摆腿</td><td>组织：

要求：
1. 集合快、齐、静、
2. 着装轻便，见习生随堂听课

队形：
</td><td>5×8拍</td><td>6分钟</td><td>小</td></tr>
</table>

（续表）

部分（时间）	课的内容	组织教法及要求	练习分量		
			次数	时间	强度
准备活动	④ 行进间里合腿 ⑤ 快速跑 20 米 3. 静力性拉伸 ① 弓步压腿 ② 侧压腿 ③ 燕势平衡	要求：动作整齐、舒展 精神面貌积极向上			
基本部分	一、考核内容练习 1. 速度 50 米 2. 力量 立定跳远 引体向上（男） 仰卧起坐（女） 3. 耐力	组织： 1. 教师讲解考核内容 2. 宣布考核方法及评分标准 3. 安排体育骨干，协助教师考核	1 次	5 分钟	中

（续表）

部分（时间）	课的内容	组织教法及要求	练习分量		
			次数	时间	强度
准备活动	1000 米/800 米 二、体能测试及补考 三、小场地比赛 提供选择机会 手持球比赛 脚触球次数限制 防守强度	队形： 	1次 2组	20分钟 12分钟	大 大

（续表）

部分（时间）	课的内容	组织教法及要求	练习分量		
			次数	时间	强度
准备活动		教法： 1. 利用比赛强化学生阵型位置感 2. 比赛中出现问题时及时停止讲解 3. 队员运用技战术的合理性讨论 4. 学生的自我认识与反思 5. 典型比赛情景分析			
结束部分	一、整队集合 二、期末总结 三、放松练习 四、师生再见	组织： 	2次	2分钟	小

（续表）

部分（时间）	课的内容	组织教法及要求		练习分量		
				次数	时间	强度
结束部分		要求： 1. 集合快、齐、静 2. 听评认真，放松充分				
预计 MVPA%	40%	预计心率	最高心率： 165 次/分 平均心率： 115 次/分			
课后小结		预计心率曲线	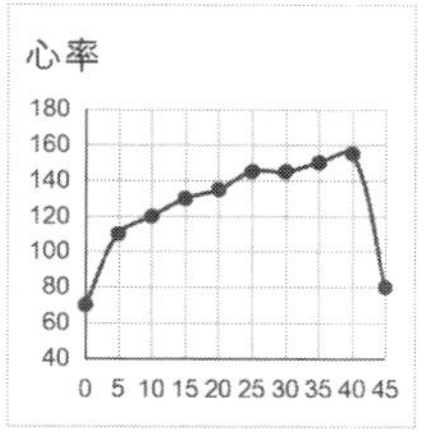心率 180 160 140 120 100 80 60 40 0 5 10 15 20 25 30 35 40 45			

附件 11 实验效度核查学生体育课需求支持感知问卷

以下问题是关于**体育课堂**中你感知到**体育教师对你的支持程度**。请根据自己的真实感受，选择你对以下各条目的同意程度，**圈出**相应的数字（1＝非常不同意，7＝非常同意）。

		非常不同意←—一般—→非常同意						
1	我们觉得体育老师在课堂中给我们提供了很多选择机会	1	2	3	4	5	6	7
2	体育老师让我们觉得自己能够完成课堂中的活动	1	2	3	4	5	6	7
3	体育老师支持我们	1	2	3	4	5	6	7
4	我们认为体育老师在课堂中很理解我们	1	2	3	4	5	6	7
5	体育老师让我们觉得自己很擅长体育	1	2	3	4	5	6	7
6	体育老师鼓励我们在练习中团结协作	1	2	3	4	5	6	7
		非常不同意←—一般—→非常同意						
7	体育老师相信我们在课堂中有能力做得很好	1	2	3	4	5	6	7
8	体育老师会提供一些建议和指南，帮助我们解决练习中遇到的问题，从而使我们得到提高	1	2	3	4	5	6	7
9	体育老师尊重我们	1	2	3	4	5	6	7
10	体育老师在课堂中鼓励我们提问	1	2	3	4	5	6	7

（续表）

11	体育老师经常鼓励和肯定我们的努力和进步，让我们觉得自己能够做得更好	1	2	3	4	5	6	7
12	体育老师很关心我们	1	2	3	4	5	6	7
13	体育老师课堂教学中会认真倾听我们打算怎么做	1	2	3	4	5	6	7
14	体育老师对我们很友好	1	2	3	4	5	6	7
15	体育老师提出一种解决问题的新方法之前，会尽力了解我们的想法	1	2	3	4	5	6	7

自主支持：指教师在教学中采用共情态度，教学组织上提供多种选择练习形式供学生选择，充分理解和信任学生，注重学生的主体地位，引导学生积极思考，积极提问，提高学生足球运动技能学习身心参与水平。具体的题项为1、4、7、10、13、15，题项的平均分为教师提供自主支持社会情境得分。

能力支持：主要是指课中技能练习时，在学生现有水平上着眼于学生的“最近发展区”，提供带有一定难度的内容和组织形式为学生创造最佳挑战，通过努力练习或轻微帮助指导就能获得成功，学习反馈时注重提供积极的建设性意见，关注学生努力程度和自身进步。具体的题项为2、5、8、11，题项的平均分为教师提供能力支持社会情境得分。

关系支持：主要指教师的言行举止让学生感受到教师的温暖、爱心和幽默。具体的题项为3、6、9、12、14，题项的平均分为教师提供关系支持社会情境得分。

需求支持得分为自主支持、能力支持、关系支持三个维度的平均分。

附件 12 访谈提纲

1. 你认为体育教师的课堂教学行为和教学内容有考虑到你们的兴趣爱好吗？

2. 体育老师是否给你和你的同伴在课堂中提供了选择的机会？

如果是：怎么提供的？你做了什么样的选择？

如果没有：为什么没有？

你是否喜欢这些选择机会？

如果是：为什么？

如果不是：为什么不喜欢？

3. 当你和你的同伴课堂练习时是否感觉到体育教师在帮助你们获取信心？

如果是：怎么帮助的？当你练习这些内容时你在思考什么？

如果不是：为什么没有？

4. 无论练习成功与否？你认为体育教师关心你和你的同伴吗？

如果是：他是怎样表现出来的？

如果不是：为什么没有？

5. 你认为课外体育锻炼重要吗？你是否希望每天都进行体育锻炼？为什么？

6. 你对课外体育锻炼的态度是什么？为什么？

7. 你能描述一下你身边的同学、老师、父母等重要的人对体育锻炼的认识和态度吗？对你有影响吗？

8. 你参加课外体育锻炼时有信心吗？

9. 你认为体育锻炼时的信心对你参加体育锻炼有影响吗？

10. 哪些因素影响你参加课外体育锻炼？

11. 上体育时的表现和感觉对你参加课外体育锻炼有影响吗？

如果有:怎么影响的？

如果没有:为什么？

图书在版编目(CIP)数据

青少年体力活动行为预测与干预研究/尹龙著.

--上海:上海三联书店,2020.10

ISBN 978-7-5426-7206-3

Ⅰ.①青… Ⅱ.①尹… Ⅲ.①青少年—体育锻炼—研究 Ⅳ.①G806

中国版本图书馆CIP数据核字(2020)第184683号

青少年体力活动行为预测与干预研究

著　　者　尹　龙

责任编辑　钱震华

装帧设计　陈益平

出版发行　上海三联书店

　　　　　中国上海市漕溪北路331号

印　　刷　上海昌鑫龙印务有限公司

版　　次　2020年11月第1版

印　　次　2020年11月第1次印刷

开　　本　700×1000　1/16

字　　数　345千字

印　　张　29.5

书　　号　ISBN 978-7-5426-7206-3/G·1573

定　　价　88.00元